上海外国语大学"211工程"三期建设项目
上海外国语大学重大科研项目

U0667475

多外语学习的语言习得原理、认知规律及学习方法研究

顾伟勤　秦悦　葛现茹　李茨婷　著

上海教育出版社

图书在版编目(CIP)数据

多外语学习的语言习得原理、认知规律及学习方法研究/顾伟勤著. —上海：上海教育出版社,2011.10
上海外国语大学"211工程"三期建设项目
ISBN 978-7-5444-3750-9

Ⅰ.①多… Ⅱ.①顾… Ⅲ.①外语—学习方法—研究
Ⅳ.①H3

中国版本图书馆 CIP 数据核字(2011)第 211577 号

多外语学习的语言习得原理、认知规律及学习方法研究

顾伟勤　秦悦　葛现茹　李茨婷　著

上海世纪出版股份有限公司
上　海　教　育　出　版　社　出版发行
易文网：www.ewen.cc
上海世纪出版股份有限公司外语教育图书分公司　出品
(邮政编码：200235　上海钦州南路 71 号 11 楼　021-64378133)
各地新华书店经销　启东市人民印刷有限公司印刷
开本 890×1240　1/32　印张 10.75
2011 年 12 月第 1 版　2011 年 12 月第 1 次印刷
书号 ISBN 978-7-5444-3750-9/G·2895
定价：26.50 元
此书如有印、装质量问题,请向出版社调换
联系电话：021-64082357

前　　言

　　《多外语学习的语言习得原理、认知规律及学习方法研究》一书是上海外国语大学"211 工程"三期重点学科建设项目《国际化创新型外语人才培养模式研究》的研究成果之一。该项目于2008 年启动,历时 3 年。

　　目前,全球的多语学习正在蓬勃开展。在欧洲、拉丁美洲和非洲的许多国家,多语教育非常普及,而且历史源远流长。以芬兰为例,每位学生在校期间要学习三种语言,其中有 40％左右的学生会学习四种语言,更有 30％左右的学童愿意学习五种语言,以增强国际竞争力。亚洲一些国家也很重视多语教育,并以此作为衡量人们社会价值的一个尺度,新加坡、马来西亚、以色列、印度、巴基斯坦等都是开展多语教育的典型国家。

　　当前在中国,学习两门以上外语的多外语学习者也越来越多,为适应社会的需求,许多中学和大学,尤其是外语类院校,都在积极地探索和尝试培养创新型多外语人才的模式。在他们学习新语言的过程中,已习得语言间的相互作用比起单一外语学习者的语际作用更为复杂,他们的既得外语学习经验在新的外语习得中发挥了何种作用,正在逐渐引起学者们的重视,多外语学习的研究势在必行。

　　二语习得研究始于 20 世纪 60 年代末、70 年代初,而三语习得研究是随着二语习得研究的深入,尤其是迁移理论的提出和发展,在 80 年代末开始出现的新学科。近年来,国外三语习得研究发展迅速,尤其是在欧洲和北美,研究涉及该领域的各个方面,如已知语言对三语习得的影响(Thomas 1988;Cenoz and Valencia 1994;Jessner 1999)、三语习得中的跨语言影响及其相互作用(Clyne 1997;Williams and Hammarberg 1998;Hufeisen 2000)、操双语者相对于操单语者在三语学习中的优势(Bild and Swain 1989;Cenoz and Genesee 1998)、三语语用产生与语用意识(Jorda 2005)等。2001 年出版的由 J. Cenoz, B. Hufeisen 和 U. Jessner 编著的《第三语言习得中跨语言影响的心理语言学研究》一书,更是汇集了该领域多位专家从心理语言学等角度对三语习得中跨语言影响的研究成果,内容涉及迁移、干扰、回避、借用、中介语、逆向迁移(即中介语对本族语的影响)以及与 L2 有关的语言丧失等多个方面。不难发现,众多的研究集中在了多外语学习和使用过程中多门语言之间的相互作用上。在我国,多外语学习的研究还处在起步阶段。因此,该课题的研究是一种新的尝试,也是非常有意义的一种探索和实践,不仅将填补我国多语习得研究领域的理论空白,还将对当前多外语人才培养的有效实施起到积极的指导作用,有较高的现实意义和实用价值。

本专著的研究参考了国内外一些书籍、刊物上的重要理论和观点,引用了大量的已有的实验研究成果,并进行了归纳和推理,同时又以学习者为对象进行了实证研究,对数据进行了统计处理,可以说是间接性研究和原始性研究相结合、定性研究与定量研究相结合,体现了该学科多元化研究方法的特点。本书对于多外语学习的探讨,其根本目的就是将三语习得的研究成果应用于我国的多外语教学实践,从而较快地提高我国的外语教学质量,满足社会对多外语人才的需求。当然，三语习得毕竟是一门新兴学科，其理论和假设都有待进一步的充实和发展，也需要更多的实证研究来验证，将其成果应用于外语教学实践更是有很长的路要走。

本书最后附有汉英术语对照表，提供了本书所涉及的语言习得领域的一些重要术语的汉英名称，以便读者对照参阅。

本书的写作和出版得到了上海外国语大学学科办、科研处和英语学院相关领导和教授的热情鼓励和积极支持，令我们深受感动，在此一并表示感谢。同时我们要诚挚地感谢上海教育出版社对本书的出版所给予的大力支持和帮助。由于该学科的研究在国内刚刚起步，加之我们学术水平有限，时间亦有限，书中难免存在不当之处，诚请同行专家和各位读者不吝赐教。

作　者

2011 年 8 月

于上海外国语大学

目 录

第一章

绪　　论

1.1　三语习得的研究对象

对于三语习得（third language acquisition）这一术语的认识，一直存在着某种程度的概念上的误区。所谓的"三语"，有人单纯地将它确定为"第三门语言"，有人将它定性为"第二门外语"，还有人将它等同于"多语"。这里的"三语"，其实并不指语言的具体数目，而是指除了学习者的母语（L1）和已经掌握的第二门语言之外目前正在学习的一种或多种语言。简单地讲，三语习得研究针对的是在第二门语言（L2）之后继续学习的那些语言，可以是第三门（L3）、第四门（L4）或第五门语言（L5）等，即 Ln。

然而，这一概念所涉及的各种语言（L2、L3、L4 等），由于语言背景和学习环境的不同，在性质上存在较大的差异。例如，L2 可以指在社会环境中自然习得并使用的、母语以外的第二语言，也可以指在外语学习环境下所学会的第一外语。

三语习得的一大主要特征和研究方向，就是学习者已习得的语言之间的相互影响和作用。由于学习者同时使用和学习着几门语言，这些语言之间的相互依存性使我们不得不将学习者的第一语言、第二语言和第三语言（或更多）作为整个语言体系来研究，而不是将这些语言作为孤立的、各自发展的个体来看待，这样才更加符合逻辑。

这样的话，多外语学习就不能被简单地理解成学习者语言数量上的增加，多学习一门语言势必会影响到学习者整体的语言机制，新的链接和错综复杂的网络势必重新建构，事实上，三语习得所研究的是语言的一种质的变化，而不是量的变化。

从心理语言学的角度看，三语学习者都是有经验的语言学习者，其语言能力和认知的发展有别于操单语的学习者。三语学习者的语言体系具有其独特性，它受到所涉及的几种语言之间的关系的不断变化的影响，处在不断的更新、重构之中，语言越多，关系就越繁琐，变化也就越复杂。尽管三语习得过程具有独特性和复杂性，但是它和其他的语言习得过程还是具有共性的，事实上，二语习得（second language acquisition）和双语（bilingualism）这两个领域的研究对三语习得研究产生了积极的影响。

1.2 三语习得与二语习得、双语的关系

三语习得曾经一度被归属于二语习得领域，尤其是在研究的初期，因为一些学者认为，"二语"可泛指第一语言（母语）之外的任何非本族语语言，习得一门外语的过程和再习得一门外语的过程并无任何差异（如 Sharwood Smith 1994；Gass 1996）。然而，近几年来，越来越多的学者开始意识到，虽然三语习得与二语习得之间有着密不可分的联系，但是在很多方面确实存在着本质的区别，需要将它作为一个独立的学科进行研究（Cenoz, Hufeisen & Jessner 2001；Cenoz 2003；Flynn, Foley & Vinnitskaya 2004）。

在二语习得领域，学习者只涉及到两门语言，即母语（L1）和第二语言（L2），这两种语言的习得顺序也很简单，只可能有两种情况，要么从小就同时学习两门语言（儿童双语现象），要么先学 L1，以后再学 L2。

而在三语习得领域，其语言的习得顺序就复杂得多了，即使在只

涉及第三门语言的情况下，也至少有四种可能的习得顺序（Cenoz 2000）：

a. 同时习得 L1、L2 和 L3，

b. 先后习得 L1、L2 和 L3，

c. 在习得 L1 之后，同时习得 L2 和 L3，

d. 同时习得 L1 和 L2，然后习得 L3。

这就决定了三语习得的复杂性和多样性。多外语学习者并不能被简单看成是几个操单语者的叠加或操双语者加几门外语，事实上，在习得多门语言的过程中，他们的 L1、L2 也在发生变化，他们的语言意识和语言处理机制都在发生变化，这些都是三语习得所需要研究和探索的，是二语习得所无法解答的。

双语的研究与二语习得的研究内容是密切相关的，但长期以来也一直属于独立的学科，这主要是由于两个研究领域的理论出发点不同，二语习得是以教学法为背景的，而双语研究根植于社会语言学。三语习得领域的研究，尤其是双语对三语习得的影响方面的研究，清楚地证明了两者之间密不可分的关系，也就是说，在超越两门语言之后，我们能更清晰地看到双语与二语习得研究之间的联系。

1.3 三语习得研究的历史和现状

二语习得研究起始于 20 世纪 60 年代末、70 年代初，而三语习得研究是随着二语习得研究的深入，尤其是迁移理论的提出和发展，在 80 年代末开始出现的新学科，其研究不仅针对学习者的语言机制的变化，而且涉及各种社会和心理因素。

三语习得领域的第一本学术专著是在 20 多年前，即 1987 年，出版的，在该书中，Ringbom 将在芬兰学习英语的两组不同人群进行了比较，一组是操单语（母语芬兰语）、英语作为第二门语言进行学习的学习者，另一组是操双语（芬兰语和瑞典语）、英语作为第三门语言进

行学习的学习者,其结论是,操双语的学习者在学习另一门新语言时比操单语者具有优势。

近年来,国外三语习得研究发展迅速,尤其是在欧洲和北美,研究涉及该领域的各个方面,如已知语言对三语习得的影响(Thomas 1988;Cenoz and Valencia 1994;Jessner 1999)、三语习得中的跨语言影响及其相互作用(Clyne 1997;Williams and Hammarberg 1998;Hufeisen 2000)、操双语者相对于操单语者在三语学习中的优势(Bild and Swain 1989;Cenoz and Genesee 1998)、三语语用产生与语用意识(Jorda 2005)等。2001 年出版的由 J. Cenoz,B. Hufeisen 和 U. Jessner 编著的《第三语言习得中跨语言影响的心理语言学研究》一书,更是汇集了该领域多位专家从心理语言学等角度对三语习得中跨语言影响的研究成果,内容涉及迁移、干扰、回避、借用、中介语、逆向迁移(即中介语对本族语的影响)以及与 L2 有关的语言丧失等多个方面。不难发现,众多的研究集中在了多外语学习和使用过程中多门语言之间的相互作用上。

当然,三语习得毕竟是一门新兴学科,其理论和假设都有待进一步的充实和发展,也需要更多的实证研究来验证,将其成果应用于外语教学实践更是有很长的路要走。

1.4　我国的三语习得研究

在我国,多语教育还处在起步阶段,这是一种新的尝试,也是非常有意义的一种探索和实践。

我国目前的三语研究,主要是从教育的层面研究少数民族的多语学习,如维吾尔族学习汉语和英语。研究的内容主要是关于少数民族语言、汉语以及外语三种语言之间存在的语言和语言认知层面上的内在联系、少数民族多语人才资源开发以及三种语言教育体系的构建,较少涉及三语习得的社会语言学和心理语言学等理论层面。

我国其他人群的多语学习主要是在部分外语类中小学和大学中展开,学习者的动机大多为工具型的,有的是出于应付考试的目的,有的是为了以后找工作有优势,再加上我国缺乏多语教育的自然环境,因此学习的效果总体并不理想,对他们的习得的研究基本也是一片空白。

1.5　三语习得研究的意义

首先,三语习得研究具有重要的理论价值。

三语习得研究涉及的是人类的语言学习活动,其最终目的是揭开人类学习多门语言的奥秘。这一活动本质上是一种人类的认识活动,涉及思维、记忆、认知等心理过程,而这些在大脑内部这个所谓"黑箱"内所进行的活动是看不见、摸不着的抽象事物,人类对其至今不得其解。三语习得的研究成果将为最终揭开人类的认识之谜做出贡献,并对相关学科的研究和发展产生积极的促进作用。

其次,三语习得研究具有重要的教学指导意义。

勿容置疑,科学的语言教学过程应建立在对语言性质和语言学习过程的了解之上,关于三语习得过程的语言学习理论势必将影响语言的教学方法。教师如何教应取决于学生如何学,教师应该顺应学习者的学习过程,并根据不同学生的学习特点来组织教学。只有根据三语习得的发生和发展规律进行教学,才能最有效地发展学习者的外语能力,大面积地快速提升教学质量,起到事半功倍的效果。三语习得理论的不断发展和完善,必将给如何设计多外语课堂教学提供越来越重要的理论依据和指导。

目前,全球的多语学习正在蓬勃开展。在欧洲、拉丁美洲和非洲的许多国家,多语教育非常普及,而且历史源远流长。芬兰是欧洲的一个出色的例子,学生在校期间,每人要学习三种语言,其中有44％的学生会学习四种语言,更有31％的学童愿意学习五种语言,以增强国际竞争力。亚洲一些国家也很重视多语教育,并以此作为衡量人们社会价值的一个尺度,新加坡、马来西亚、以色列、印度、巴基斯坦等都是开展多语教育的典型国家。

当前在中国,学习两门以上外语的多外语学习者也越来越多,为适应社会的需求,许多中学和大学,尤其是外语类院校,都在积极地探索和尝试培养创新型多外语人才的模式。在他们学习新语言的过程中,已习得语言间的相互作用比起单一外语学习者的语际作用更为复杂,他们的既得外语学习经验在新的外语习得中发挥了何种作用,正在逐渐引起学者们的重视,多外语学习的研究势在必行。本书对于三语学习的探讨,其根本目的就是将三语习得的研究成果应用于我国的多外语教学实践,从而较快地提高我国的外语教学质量,满足社会对多外语人才的需求,因此具有很高的现实意义和实用价值。

1.6 三语习得研究的方法

三语习得的研究方法与二语习得的研究方法基本一致,可通过多种方法来进行,根据不同的分类标准,其研究方法有多种不同的分类。

根据研究对象和资料信息来源的不同,研究方法可分为两大类,即间接性研究和原始性研究。间接性研究是指其研究资料主要来源于各种书籍、刊物或个人经验,研究者必须了解和掌握该领域的最新研究状况,并获取有价值的观点或研究成果;原始性研究的对象和研究资源主要来源于学习者本身,通常可分为两种,即个案研究和统计研究。

根据研究所收集的数据资料的不同性质,研究方法也可分为两大类,即定性研究和定量研究。定性研究是指利用非数字式数据资料所进行的研究,如访谈法、自然观察法、个案研究等,研究者用逻辑思维的方式,对获取的数据资料进行思维加工,将感性认识上升到理性认识,从而揭示出研究对象的本质、规律和发展趋势;定量研究是指利用数字形式的数据资料而进行的研究,即用数学的统计方法(如分布、平均数、标准差、卡方检验、t 检验、方差分析、相关分析、趋势分析等)分析数据,找出研究对象的数量特征、水平、比例、结构及发展变化的规律等。

下面是三语习得研究中最常用的几种研究方法的简要概述。

个案研究法是对一个或几个个体进行集中的、深入的、全面的描述和分析,是在相对稳定的一段时间内研究这个或这些学生的语言发展状况,这是一种纵向研究方法。目前,很多三语习得研究者已经把研究重点放到了学习者个体上,这样,个案研究的作用就更加不容低估了。

自然观察法是指研究者通过笔记、录音和录像等方法对现场进行观察和记录,而且不对环境中的变量进行任何控制,在研究开始时也不做任何假设。自然观察法是研究课堂语言习得常用的一种研究方法,也是实施个案研究的一种常见方法。

访谈法有问答式、半问答式和自由式三种操作方法。问答式是指研究者预先准备好一系列的问题让被访者回答;自由式是指研究者与被访者之间进行比较自由的交谈,试图从中发现问题;半问答式则介于这两者之间。与自然观察法一样,访谈法也常常采用笔记、录音和录像等方法。在三语习得研究中,有关学习者个体的数据资料,如学习动机、学习态度、学习策略等,往往是通过访谈法来收集的。

问卷调查法是指通过书面提出问题来收集样本数据,从而了解总体特点的一种研究方法,它采用标准化的资料收集方式研究大量被试的某些变量。问卷的类型有开放式和封闭式。开放式问卷的题目可由受试者任意作答,不受限制,而封闭式问卷的题目则限定受试者从所给出的答案之中进行选择或填写。设计问卷题目时,研究者应根据研究目的和内容采用与之相适应的问卷类型,或将这两种类型有机地结合在一起,取长补短,为我所用,使问卷能真正地收集到研究者所需要的真实信息。

实验研究法是指在一定的控制下，按照实验设计逐步变换条件，根据观察记录和实验数据，测定与此相关联的现象和数据的变化，以确定条件和现象之间的因果关系，从而发现三语习得客观规律的一种科学研究方法。实验研究是建立变量之间因果关系的最佳途径，通常具有较强的说服力。但实验的设计非常关键，要最大程度地消除除自变量之外的其他变量对实验结果可能产生的影响，也就是要尽量确保实验组和对照组之间除了自变量之外的其他变量基本一致。

相关研究法主要研究的是两个或多个变量之间的相关关系，与实验研究不同的是，相关研究中没有自变量，研究者也不对变量进行任何操作，因而不存在任何因果关系，只能对变量之间是否有关系、是正相关关系还是负相关关系做出判断。

事实上，三语习得领域的很多研究不只是采用某一种特定的研究方法，而是将多种研究方法有机地结合在一起。例如，一个以个案为主的研究应属于原始性研究，但研究者可以充分利用已有的书籍、刊物上的理论观点和研究结果，使之与间接性研究相结合，间接性研究为原始性研究提供了理论基础和指导，而原始性研究又为进一步的间接性研究提供了证据，而且，个案研究也可以同时利用定性研究范式和定量研究范式。多元化的研究方法是三语习得研究的发展方向和必然趋势。

本专著的研究参考了国内外的一些书籍、刊物上的重要理论和观点，引用了大量的已有的实验研究成果，并进行了归纳和推理，同时又以学习者为对象进行了实证研究，对数据进行了统计处理，可以说是间接性研究和原始性研究相结合，定性研究与定量研究相结合，体现了该学科多元化研究方法的特点。

第二章

三语习得的认知和心理语言学研究

2.0 引 语

由于世界范围内持续不断的移民潮和全球化进程,三语现象(trilingualism)和三语习得变得越来越重要。Cenoz & Jessner(2000)主编的《英语在欧洲:三语习得》(*English in Europe: The Acquisition of a Third Language*)认为,人类在正常情况下都是多语者,熟练的单语者或者说以前是单语者而现在正将接触第二门语言都属于特殊情况。但在过去,大多数的研究都把双语(bilingualism)视作多语(multilingualism)的最常见形式。因此,常常有学者仍然把双语定义为多语的总体概念,多语常当作是双语的同义词。但是随着研究的深入发展,多语一词被看作是总体概念,指的是两门或两门以上语言的习得及其习得结果。换句话说,二语习得和双语现象、三语习得和三语现象包含在多语中,是多语的一个变体。一个人如果能用至少三种语言实现自己的交际目的,他就是个多语者。双语和三语可以被视为是多语的特殊形式。

从认知的角度来看,学习自己母语以外的任何一门语言,能增强认知的灵活性,帮助学习者了解语言的普遍性。研究显示,双语的孩童有语言、思考方面的优势以及更敏锐的神经传导。这些都是在两种语言中不停的交换以及对照的结果。

三语习得(third language acquisition,简称 TLA)是在二语习得

(second language acquisition,简称 SLA)研究的基础上,在迁移理论的提出和发展后,于 20 世纪 80 年代末期出现的一个新的研究领域。近年来,三语习得和多语现象成为非常活跃的研究领域,语言习得方面的专家和学者们从心理语言、社会语言学、教育或运用语言学等不同的视角,探讨从 L2 到 L3 的语言迁移、元语言的知识和创造性的思维、互动能力、年龄因素以及沉浸式教学法、语用能力等。三语的习得往往发生在多语环境中,其情形远比二语习得文献中所讨论的复杂得多。本章主要讨论三语习得的认知和心理语言学研究。

2.1 三语习得的相关概念

2.1.1 三语习得:独立或附属

Jorda(2005)认为,"三语"(third language,简称 TL 或 L3)是一个总体概念,并不确指学习者学习语言的数目,而是指除了学习者的母语和已经掌握(可能是不完善的)的第二语言之外目前正在学习的一种或多种语言。因此,三语习得指的是除了学习者的母语和已经掌握的第二语言之外,进行的任何语言的学习或习得的一类习得,可以是习得第三门语言(L3),也可以是第四门语言(L4),也可以是第七门语言(L7)(Fouser, 1995;Jessner, 1999;Cenoz 2003a:71)。三语习得还可以包含同时进行或相继完成两门语言学习的双语习得(bilingual acquisition),甚至同时进行多门语言学习的多语习得(multilingual acquisition)。三语习得者并非单语的学习者(monolingual learner),而是双语的学习者(bilingual learner),甚至是多语的学习者(multilingual learner)。

但是,三语者是否应该视为与二语或双语者不同的学习者和使用者,二语习得与三语习得是否具有明显的区别,这是一个争论已久的问题。就语言习得和语言产出而言,有的学者认为双语者与多语者的习得过程并无多大的区别,因而他们把使用一种或多种非本族语的个人都划分为二语学习者,把三语习得看成是二语习得的下属或分支,认为多语习得只不过是双语习得或二语习得的简单变化。一切除了母语以外的语言习得都简单地归属于二语习得(Ellis,1994;Larsen-Freeman & Long,2000)。Sharwood Smith 就明确地指出:

> "第二"语言是个总括性的术语,一般指学习者或学习群体学的除第一语言外的任何语言,无关他们的学习环境,也无关他们学习了几门非本族语。(1994:7,原文斜体)

近年来,曾经被淹没在二语习得领域的三语习得日益引起语言学家的关注,成为语言学研究的热点之一。对三语的研究在应用语言学、应用心理语言学以及双语和语言教学领域快速壮大,2005 年 9 月在瑞士举行的第四次"三语习得和多语国际双年会"(the Biennial International Conference on Third Language Acquisition and Multilingualism)即是这一令人鼓舞的现象的明证。Herdina & Jessner(2002)、Cenoz(2003a)、Jessner(2006)、Jorda(2005)以及 De Angelis(2007)等学者均主张将三语习得视为独立的研究领域。这些学者认为二语学习与三语学习在很多方面是不同的,三语习得这个过程不仅仅更复杂,同时也要求学习者有不同的技能,必须从不同角度加以解释。二语习得(SLA)和三语习得(TLA)之间的区别,并不仅仅是量的区别,更是质的区别。它们之间的巨大区别需要不同的理论框架来指导。

自上世纪 80 年代以来,多语者的学习过程得到了深入和系统的研究,学者们也达成了普遍的共识:多语者是需要单独对待的语言学习者和使用者,不能把他们与 L2 学习者相提并论(De Angelis 2007:1)。他认为,两种不同的语言使用者间无疑是存在着区别的,以前学到的语言知识会在多方面影响多语者的习得过程。多语者有更多的知识可以利用和运用到新语言的习得和产出过程中。三语习得者已掌握语言熟练度、表现出的语言习得成熟度以及语言习得环境呈现出的复杂性等因素，都会造成三语习得与二语习得研究中语言学习者同时学习两门语言的本质的区别。De Angelis(2007：130)更是指出，"目前尚未发现有明显的证据证明二语习得与三语或额外语言(additional language)的习得没有区别"。Flynn 等(2004)对成人和儿童的三语习得研究所提出的关于语言学习的深刻洞察是一语习得和二语习得所不能提供的。下文即将讨论到的三语习得与二语习得的几个主要区别也表明，对三语习得的研究应该不同于二语习得领域。

但是，二语习得与三语习得并非是完全不相干的两个领域，三语习得的很多理论和模式都是在二语习得理论和模式的基础上借鉴和发展而来的。"目前对三语进行研究的三大主要方向就是：跨语言的影响、早期的三语现象以及三语学习对双语的影响"(Jessner 2006：20)。学习二语的过程以及已经学习了第二门语言会对三语的习得产生一定的影响，而这种影响会带来语言学习和过程的质的改变。因而，分析三语习得的过程会形成对双语和单语学习进行研究的基础(Cenoz *et al* 2003：3)。很多三语习得方面的研究都表明：由于其相关性，有关二语习得和双语的研究应该视为三语研究中不可分割的一部分(Jessner 2006：15)。

2.1.2　三语习得：区别与复杂性

三语习得与二语习得有很多共同之处，与二语习得一样，也可以从心理语言学、社会语言学以及教育学的角度出发，也受制于一般的二语习得的认知规律，但是也有自己的特点，究其原因是因为三语习得者比二语习得者有更多可调动的语言学习经验和经历，在学习三语时能调用两套语言系统(Cenoz 2003：71)，有两门主语言(base language)而非二语习得者的一门。因而，在三语习得过程中，语言与非语言变量的组合可能以及互动都会令三语习得的研究更加复杂。

Cenoz(2000)认为,二语习得与三语习得或多语习得之间的主要区别在于:1) 语言习得的顺序;2) 社会的以及语言方面的因素以及3) 心理语言学方面的因素。

1) 语言习得的顺序

在二语习得中,语言习得的顺序相对简单,或是先学一门语言而后再学一门语言,或是两门语言一起学。因而语言习得的顺序并不特别受到关注。在二语习得研究者看来,无论 L3 是在 L2 之后习得,还是同时学习 L2 和 L3,都被归入双语习得的范畴。但如果习得不止两门语言的话,情况就复杂得多。学习某门语言如 L3 的过程,可能会因一些外部因素而打断,如在外国工作需学习另一门语言 L4,或内部的因素如学习者缺乏动机或兴趣而中断。在这种情况下,语言习得的过程和结果显然会有不同。

三语习得与二语习得相比,有着更多习得顺序上的暂时多样性(temporal diversity)(Cenoz 2003a:72)。具体地说,当两门语言相遇时,它们只可能有两种临时组合,要么是同时学习两门语言,要么是先学一门再学一门。但当三门语言相遇时,就会有四种可能性了:L1→L2→L3,或 L1/L2→L3,或 L1→L2/L3,或 L1/L2/L3(Cenoz 2000)。这种顺序的不同会直接导致学习者在新学习一门语言时的认知状态的差异,从而影响学习效率和效果。

2) 社会的以及语言方面的因素

二语习得与三语习得的第二个不同在于:有一系列的学习环境和语言方面的因素会影响到三语的能力和表现。Cenoz 将这些因素分别归属于学习及使用这门语言的环境、语言类型以及该语言的社会文化地位。学习环境因素包括与语言的学习和运用有关的环境:L1、L2、L3 是运用在自然环境中(是否是社区使用的语言),还是运用在教学环境中(仅在课堂使用),还是兼而有之。这些环境因素都会影响到 L3 的习得过程。语言类型构成影响三语习得的另一个因素。与目标语语言类型相近的语言有利于习得。在语言类型上越接近目标语的新学习语言,其习得越容易得到促进,有利于语码混合(code-mixing)的过程,如从更接近目标语的语言中借用词汇。针对 L1 和 L2 对 L3 语言产出影响的研究发现,如果 L2 与 L3 语言类型相近,L2 就会被默认为 L3 语言产出的供源;如果 L1 与 L2 之间的语言距离更近,L2 就不一定是默认的 L3 语言产出的供源(Williams & Hammarberg,1998)。语言距离比习得的先后顺序更有影响力。

语言学习和使用的社会文化环境对习得很有影响。在大多数多语和双语社会中,语言都有不同的声望或运用优先(privileges)。也就是说,这些语言使用的方式和目的并不一样。不同语言的地位主导不同场合。占主导地位的强势语言通常有更高的社会地位,有更多的政治权利,而非强势地位的语言就没有那么多的政治权利,社会地位也较低。如地位较高的 L2 是媒体使用或工作场所的语言,地位较低的 L1 和 L3 则较多地用在社会成员日常交往的会话中,如在家庭环境。在此情境中,语言的声望必然会影响语言的学习和保持。

3)心理语言学方面的因素

相继学习或同时学习两门或以上的语言,或许共享一些与二语习得有关的特点。尽管如此,一门额外习得的语言毫无疑问会使语言学习者的内部认知处理(internal cognitive processing)变得复杂(Clyne 1997)。双语的掌握程度或者说 L1 和 L2 的水平会影响到 L3 的习得,跨语言的影响也会作用于三语习得。

除了习得时间顺序上可能出现的临时组合、开始习得的年龄、语言的使用外,双语现象也增添了三语习得的多样性。

同时,多语学习是复杂的。Aronin & O Laoire(2004)认为,包含着感情、态度、偏好、焦虑、认知层面、性格类型、社会纽带、社会团体影响等诸因素的多语性(multilinguality)其实是个"生物系统"(biotic system)(2004:19),多语者在语言学习和使用时发生的 L1、L2、L3 融和,意味着在习得不同阶段发生着一系列大范围的调整和同时互动,这些调整和互动构成了一种生态系统或生物系统。这个系统具有以下九个特点(2004:18-24):

1) 复杂性(complexity)

如上文所言,多语性(multilinguality)表现出极其复杂的特点,它包括一系列的能力、学习策略、观点、偏好、语言使用、语言习得以及语言学习的潜能、学习者的自我认知等有利于语言学习的因素。再者,多语者的优势语言群(dominant language constellation)和边缘语言(peripheral languages)以及为这些语言服务的不同的技能,如读和写等之间也存在着复杂的关系。有的人被动地拥有几种语言的一些知识,即虽然没有学过,却知道一些词语和表达,或虽然听得懂却不会写。

2) 相互关联性(Interrelatedness)

不同语言在所有层次上都相互关联、交流和接触,如用不同语言的后缀和词语的混用,或是不同语言间的语码转换,或是混淆了它们之间的区别。正如 Cenoz & Jessner(2000:3)所言:"在习得一门三语时,这三门语言的习得时间顺序并不一定与三语者使用的多寡或能力的高低相对应。"

3) 波动性(Fluctuation)

对系统中不同语言的掌握会受到时间流逝的影响。一些语言比另一些语言更经常得到激活,一些语言经常得到学习或复习,而有些则被束之高阁。多语者所拥有的这些语言会因时间的推移而有所不同,有的会有新语言的加入,有的已经学过的语言对其的掌握程度会发生变化。语言、技能以及与意义系统有关的知识会交叉重叠、起伏波动和相互交流。随着时间的推移和情形的变化,语言知识、使用频率和意义地位都会相应发生改变。

4) 掌握程度的不一致性(Variation and inconsistence)

双语者或多语者也许能很好地掌握一两门语言,粗通几门语言,再略知几门语言。有些语言在语言知识库里也许处于不用和待激活的状态,基本暂滞在记忆里。

5) 多功能性(Multifunctionality)

系统会执行任何语言都有的多种功能。这些功能包括口头的和书面的。这些功能的描述不仅仅是纯语言的,而且还扩展到其他必要的社会功能。

6) 功能的不平等性(Inequality of function)

某种语言可能更多地用于与朋友的交流,另一种语言则用于商务往来,而另一种则用于工作场所。

7) 自我平衡性(Self-balance)

在多语者的生物系统里,语言的耗损/磨蚀可视为起着一种保持自我的平衡的功能。总的来说,一些语言技能的退化和另外一些语言技能的发展,都能保证系统的完整和所有语言的功能的全覆盖。某方面技能的发展往往会使另一些技能退化,除非这些技能得到特别的维护。

8) 自我拓展性(Self-extension)

多语者往往会将自己的知识、技能和技能的运用推而广之。对双语者以及三语者动机和认知的研究表明,多语者常常会拓展应用他们的技能和知识。当他们知道得很多时,他们往往有很高的积极性去运用更多、学习更多。

9) 不可复制性(Non-replication)

上述讨论的种种特点都是相互联系、相互交织的。多语者的一整套语言中的任何语言都是不可忽视的。忽视了就意味着打乱了生态系统的平衡。它们的动态是不可以复制的。

2.1.3 三语习得: 主要特征

与二语习得相比,三语习得呈现出很多质的区别。三语习得的显著特征应至少包括下述四点(Herdina & Jessner 2000):

1) 非线性发展(non-linearity)

语言能力的获得是一种渐进的过程。语言学习者需要在一段时间的语言训练后才能掌握某种程度的语言熟练度。Nunan(1996)认为,在二语习得过程中,由于受到各种外部和内部因素的影响(internal and external factors),语言能力发展时快时慢。但是不管这个过程快或慢、有意识或无意识、学习动机强或弱(motivating or demotivating)，它的发展总是一种线性的。但 Herdina 和 Jessner 借鉴生物学的理论来解释多语学习过程中出现的非线性：

> 根据生物学原理，语言发展可以视为一个动态的过程（dynamic process）。这个过程伴随着某些阶段的加速或是迟滞。语言习得依赖于各种环境因素，并且是不确定的。（Herdina & Jessner 2002：87）

Herdina & Jessner(2002：85－88)又从心理语言学的角度提出了多语现象的模型，进一步解释非线性这一特点。在这个模型中，多语系统发展随时间推移和多个习得语言变量之间的相互作用而展开，多语学习的进程是一条曲线而非直线。也就是说，在理想的条件下，我们的学习呈现出一条类似正弦切线的曲线。在这条曲线上，可以观察到学习者的学习一开始是缓慢地进展，然后是加速上升，最后慢下来达到一个平衡状态。其发展是平衡—不平衡—平衡这样不断的平衡重建过程，是一个既有连续性又有间断性的过程，而不是单纯的线性过程(参见图2.1)。

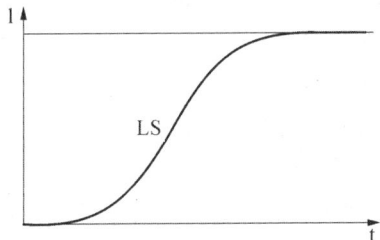

图 2.1　LS 代表语言系统；t 代表时间；l 代表语言水平 Herdina & Jessner(2002：90)

2) 语言维护(language maintenance)

语言维护是三语习得的第二个界定特征。

在迟滞阶段，语言就出现耗损/磨蚀。因此，语言不仅需要学习，还必须进行维护。学习者具有强大的语言习得能力的同时，也潜藏着极大的语言遗忘和语言丧失可能。语言学习者在一段时间没有使用该语言之后，很可能会发现再使用时会面临一定的困难，语言能力出现下降，即所谓的"语言耗损/磨蚀"。语言耗损/磨蚀（language attrition)指的是第二语言或外语学习者在接受语言教学后经过若干时间不使用而产生的第二语言或外语知识、技能丧失或退化的现象。语言习得与语言耗损/磨蚀密切相关,有语言习得就必有语言耗损/磨蚀。语言耗损/磨蚀是语言发展的逆过程(Herdina & Jessner 2000:91)。三语习得者在一段时间内没有使用已经掌握的语言,抑或没有接受足够的或是高质量的语言输入,其该门语言的水平也会下降。

语言学习者所习得的语言越多,其为语言维护所需付出的努力也就越多。大脑中的多种语言会互相干扰,从而导致语言耗损/磨蚀的发生。与第二语言学习者相比,三语学习者语言耗损/磨蚀产生的可能性和程度较大,需要投入维持语言水平的精力和努力也更大。在第三语言习得的过程中,学习者的 L3 和已掌握的 L1 和 L2 之间彼此干扰:L2 就像个过滤器,阻止 L1 的进入(Bardel & Falk:480)。新旧语言相互干扰彼此的保存和巩固。一个人如果是双语运用者或者多种语言运用者,大脑中的一种语言会与另一种语言竞争习得语言所需的有限精力资源(Jessner,2003)。由此可见,语言耗损/磨蚀是不可避免的。就语言学习的环境而言,由于 L3 对于大多数该语言学习者而言都为外语,无法具备像母语那样日常的习得与维护环境,语言耗损/磨蚀更是不可避免。时间固然是导致语言耗损/磨蚀的原因之一,但对于外语学习来说,经常性的真实的语言输入是防止语言耗损/磨蚀的有效手段,因为"语言维护和语言运用间有着密切联系。这意味着寻找机会进行交际是维护这些技能的重要部分,或者说是当这些技能出现退步时的补救方法"(Clark & Jorden,1984 转引自 Herdina & Jessner 2002:98)。语言学习者只有不断地"温故知新"(refreshment)才能防止或是部分抵消语言耗损/磨蚀的发生,才能保持其已有的语言的水平。总之,多语学习者为维护新学的语言所需的努力程度也需更大(Jorda,2005:12 - 13)。为语言维护所做的努力很自然会限制语言习得的方面的投入(Herdina & Jessner 2002:99)。

3) 个体差异(individual variation)

语言耗损/磨蚀现象也与三语习得者的个体特性(individual

traits)息息相关。作为复杂个体的学习者在学习 L3 时会受到一系列内外部因素的影响,这些因素又由于三语习得者的自身特点而大相径庭,它们之间的相互作用(interaction)也呈现出纷繁复杂的特点。就语言耗损/磨蚀而言,其过程不是线性的,发生在具体学习者身上的耗损/磨蚀现象也各有不同。因此,对三语习得过程的研究应该采取动态的视角,关注到三语习得各个特征以及各影响因素的差异以及它们之间的相互影响。

4)互相依赖性与质变(interdependence and quality change)

三语习得者的语言相互作用、相互依赖是界定三语习得的又一个特征。三语习得者所知的语言之间相互联系、相互依赖,他们的 L1、L2、L3、Ln 构成一个完整的语言系统,各门语言在其中同时起作用,而不是独自发展、各自为阵。多语现象不能简单地解释为双语者语言学习数量上的变化。事实上,一门新学习的语言会影响到学习者的整个语言系统,为系统新增大量的关联与关系,语言学习者的整个语言系统甚至都进行了重构(restructure),学习者从自己原有的语言学习经验中提炼出了新的语言技能以及新的语言学习技巧。三语学习者的语言系统受到已学语言间经常变化的关系的影响,有其独特性。因此,三语习得者不能简单地解读为其所掌握语言在数量上的增加和累计,而应该视为其语言质量的改变。

总之,三语习得是一个复杂的非线性过程,涉及到语言的维护和耗损/磨蚀问题、学习者自身内部的因素、所掌握和学习语言间的相互作用和相互依赖。三语学习者所独有的语言系统经常受到不同语言间不断建立的关系的影响。Jessner(2003)认为多语者的内心就是一个由自己的参数控制的复杂系统,多语系统是一个动态的系统,受制于时间带来的变化,并且一直在不断地演变和调整着自身。在这个系统内发生的学习是一个非线性的过程,是可逆的,取决于现有知识的互动。因此,对三语习得的研究应该从动态系统理论的角度出发,探索种种变量和因素间的相互作用和动态发展。

2.2 双语对三语习得的影响

"人类的认知系统是这样发展的：我们的感知系统往往会自动挑选出那些潜在相关刺激,我们的记忆提取机制常常自动地激活那些潜在相关的假设,我们的推理机制也主动地以最有效的方式处理这些相关信息"(Wilson & Sperber 2006：612)。在语言习得过程中,最相关的信息莫过于已经学到的语言知识以及由学到这些知识所获得的经验。三语学习者都具有两门以上语言的学习经验,相比较二语习得者而言,三语习得者有更多可调动的语言学习经验和经历,在学习三语时能调用两套语言系统(Cenoz 2003a：71)。那么,双语在三语习得中起什么作用? 是宝贵的资产还是恼人的累赘? 学习两种或两种以上的语言对个体的认知能力会产生什么影响? 是促进还是干扰? 影响程度如何? 影响的机制是什么?

2.2.1 先前的语言知识和学习经验：资产还是累赘?

先前的语言知识和先前的学习经验,并非一直被认为会对后来的语言学习产生积极的正面的作用。上世纪前半叶所进行的研究认为：双语对认知发展是有害的。许多学者认为学习双语导致了言语紊乱、认知不足、心智混乱甚至智力发育迟缓(De Angelis 2007：110)。从20世纪50年代到1969年,一些研究证明单语者和双语者之间的 IQ 得分并无区别。但这种认为双语对认知有消极影响的观点直到 Peal & Lambert(1962)发表了 *The Relation of Bilingualism to Intelligence* 一文才有很大的改变。从 20 世纪 60 年代到 20 世纪 70 年代早期,大多数研究者已经认为双语能促进认知发展,有利于以后学习其他的语言。在近年来的研究文献中,学者们都认为学习双语给个人带来的是一种优势而非劣势。Bialystok(2004)更是认为双语能令我们的大脑在年老的时候都保持年轻和活跃。

　　如果第二门语言的知识能提高认知发展并能帮助第二门语言之外的语言的习得，那么，我们对多语至少可以做出三种假设（De Angelis 2007：113）。第一种假设：学习第二门语言之外的语言能进一步提高认知发展并使得语言习得过程更容易。换句话说，一个人懂得的语言越多，他的认知技能就越高，语言习得就会更快、更有效率。第二种假设：多学的语言知识可能不会带来任何区别。双语者和多语者比起单语者学得更好、更有效率，但他们之间在认知发展和习得过程方面并无实质性区别。第三个假设：多学的语言知识是以学习者熟悉的语言的退化为代价的。

　　Lambert 心理学派的代表人物之一 Lambert（1977）提出了"社会心理模式"，认为二语学习会引起"自我认同"（self-identity）的转变，产生"添加性双语现象"（additive bilingualism），又称正双语或"削减性双语现象"（subtractive bilingualism），又称负双语。添加式双语指的是习得两门颇有社会声望的语言，而且两门语言都得到充分的发展。在习得目的语和目的语文化的同时，学习者的母语和母语文化认同得以维持，第一语言始终是占据主导地位；削减式双语指的是双语习得带来的负面的情感和认知结果，学习者的母语和母语文化认同被目的语和目的语文化认同所取代。由于一门语言威胁着替代或主控着另外一门语言（尤其是少数族裔的语言），于是出现第一语言逐步被第二语言所代替的情形。这两种情况都取决于这两种语言在社区的地位和使用情况。如果第一语言很受重视，那么即使习得第二门语言，第一门语言也不会被取代，那么，双语就有积极的认知结果，与之相反的情形就是削减式双语，在此情况下，双语反而是一种不利条件。Cenoz（2001）指出，积极的、正面的效果往往出现在添加式的学习环境中。双语对学习三语的影响受社会动机的调节，此间存在着因果关系（Valencia & Cenoz 1992）。

　　大多数研究表明，双语对三语习得起着正面的积极的影响和作用。双语对三语习得没有负面的影响，而且在很多情况下对三语习得有正面的帮助，尽管在牵涉到具体的语言层面时，结果不尽相同。

针对多语者进行的研究证明双语与三语的习得有正相关关系（Cenoz，2001；Cenoz & Valencia，1994；Lasagabaster，2000；Sanz，2000；Valencia & Cenoz，1992）。总的说来，双语现象对三语的总体水平是非常有利的。

2.2.2 关于先前的语言知识和学习经验的两个假设

关于先前的语言知识和先前的学习经验对认知发展和语言习得的影响有两个关键性的问题。一个问题是：对一门非本族语要熟悉到何种程度才能把双语或多语转化为学习者的资产。第二个问题是：关于一门语言的知识要学习到何种程度才会被迁移到另一门语言并且影响到那门语言的表现。Cummins（1976，1991）用两个假说——阈限假说或入门假设（Threshold hypothesis）和发展性相互依存假说（Developmental interdependence hypothesis）来回答这两个问题。

阈限假说认为有两种不同的语言水平——阈限。第一个阈限代表学习者为了避免双语负面影响所需达到的最低水平。而第二个阈限代表学习者精通双语并对其认知产生积极效应所应达到的水平。语言的高阈值（upper threshold）有正面的认知结果，而语言的低阈值（lower threshold）对语言的学习没有甚至会有负面的认知影响。发展性相互依存假说者认为，学习者的 L1 能迁移到第二语言的学习。学习者的 L2 能力在很大程度上依赖其 L1 水平。L1 越熟练，学习 L2 越容易。如果学生的 L1 长期在低水平循环，其双语的发展也会严重滞后。Cummins（1991）认为，双语者能够把自己第一语言中的技巧迁移到第二语言，同样也可期待他们把自己知道的这两种语言的技巧迁移到第三语言。

Cummins 的阈限假说和发展性相互依存假说阐述了已有的两门语言会对认知带来何种利弊。Lasagabaster（2001）指出，如发展性相互依存假说所预测的那样，如果我们假设 L2 的能力是取决于我们在 L1 中所获得的能力，那么，我们可以认为多语学习者也有可能把他们在 L1 或任何其他语言中获得的能力迁移到另一门非本族语中。换句话说,如果两门语言有相互依赖的关系、能相互影响的话,那么,同样的情形也会发生在 L2 和 L3、L3 和 L5 间,以此类推。在先前所学的语言中获得的能力越强,其在后来的语言学习中发挥的影响作用就越大。关于阈限假说中第二个阈限也是一样的道理。语言水平的高低与智力发展呈正相关。如果学习者必须达到某一个能力水平才能受益于双语带来的认知优势,很可能只有那些在上一门语言甚至更多语言中取得了较高层次能力的学习者才会展示出优越的认知能力。

2.2.3 双语现象对元语言意识和元语言思维的影响

元语言意识(metalinguistic awareness)是语言学习认知层面的一个关键组成部分(Jessner 1999:203)。元语言意识有各种不同的定义。Bialystok & Ryan(1985)将元语言意识视为一种让人能解决不同问题的能力。Sagasta Errasti(2003:28)认为元语言意识是一种"对语言使用的更高的敏感性"。Thomas(1988:236)将其定义为"学生对语言规则和形式的有意识的知识"。Diaz & Klingler(1991:173)的定义则比较详细,元语言意识"指的是一系列的能力:客观的意识和对语言变量的控制,如对词语所指关系(word-referent relations)的任意性(arbitrariness)的理解,能察觉并改正违背句法的错误的能力"。为了讨论的方便,De Angelis(2007:121)给出了一个宽泛的定义:元语言意识指的是"学习者思考语言和感知语言的能力,包括分别意义和形式、区别语言的不同组成、识别歧义和了解语法形式和结构的使用的能力"。Bialystok(1993)、Ricciardelli(1992)认为元语言意识包括语言知识的分析和语言加工的控制。双语现象对语言学习技能、语言管理技能和语言维持技能(Herdina & Jessner,2000:92-94)、认知发展、元语言意识以及交流沟通技巧都有影响(Cenoz 2003a:72-74)。

根据 Bialystok 的研究,双语孩子有着更高的元语言意识。同样,学习三语让三语者有着更强的分析和控制处理的能力,以便做出正确的决定,能正确地在语言上和交际上做出得当的反应。Baker (2001)、Harmers& Blanc(2000)等对双语现象对认知的发展做了深入的研究,有如下发现:1. 在发散性思维或创造性思维方面,双语孩子的得分比较高;2. 双语现象对元语言意识的影响表现在双语者更爱思考语言间的异同和操用所学语言。Bialystok(2001)的研究得出这样的结论:双语者在辨认字母组合是否会是单词(word awareness)、完成要求更高注意力的任务时表现更好;3. 双语孩子对谈话者的交流需求更为敏感,也能使用更多不同的交际策略。

元语言意识一般包括四种类型:语音意识、单词意识、句法意识和语用意识。双语者在学习第三门语言时,较之于单语者而言,在各个方面都进步更快。Cenoz(1991)发现,在社会经济因素、接触英语的机会和时间、智力水平、动机等因素都得到控制的情况下,双语者在学习英语作为第三语言时,其在英语总体方面的能力如听、写、说、读、语法和词汇方面都有突出的表现。元语言意识的发展与读写能力的发展有着密切的关系。Lasagabaster(1997,2000)对讲巴斯克语孩子的研究也对同样的变量进行控制,结果发现,学习者的英语口语和写作水平与其双语能力有着密切的关系。Sanz(2000)对比研究了操加泰罗尼亚语和西班牙语的双语者与只讲加泰罗尼亚语的单语者学习英语的情况。结果发现,双语者在英语测试中得分大大高于单语者。Sagasta(2001)对巴斯克地区的英语学习进行了研究、Brochy (2001)对瑞士操德语的单语者和操罗曼什语—德语的双语者的法语学习情况的研究,也得到了同样的结果。Gibson 和 Hufeisen 于 2003 年针对把德语作为第二语言、第三语言和第四语言的学习者进行了一项翻译测试,结果发现作为二语、三语和四语的学习者的准确率分别为 59%、74%和 81%(De Angelis, 2007:127-128)。这些研究都显示多语学习者在掌握第一和第二语言后再学习第三语言时表现出认知优势的特征。

元语言意识是个体思考和反思语言的特征和运用的能力,而且被认为是提高多语者学习其他语言的能力的重要因素之一。多语学习会引起说话者语言系统质量的改进，这种语言系统质量的改进会促进多语学习者元语言意识的发展，主要体现在语音、句法、词汇和语用意识方面。学者们研究了三语学习者在语音、词汇、句法或语用方面的情况，取得了结果不一的发现。在早期研究中 Zobl(1993)发现，单语者往往只会形成一些有限的、但包含少许错误的恰好够用于语言输入的语法，而多语者却能生成包含更多的错误的语法，但这些语法却能让他们进步更快。由于潜意识里具有的语法意识优势，多语学习者在学习新语言时往往表现得更好。

　　具有双语背景的学习者在语用方面也有突出的表现，双语者在语用方面的能力比单语者高。Jessner(1999)对三语习得中的语用意识进行了研究，结果表明双语学习者在学习英语为第三语言的过程中比单语学习者表现出更高的语用意识。为了调查双语者与单语者在语用产出方面的异同，Jorda(2005)对受试者进行了请求策略运用的实验。结果表明，双语者会使用的请求策略也多于单语者，从而得出结论：在三语学习过程中，双语者在语用产出方面优于单语者。

　　Sanz(2003)认为，双语者学习三语能更快地重设普遍语法认定的参数、调整运用策略、有更高的语言意识、对信息的出色的注意力、能抽象地思考语言。最重要的是，能玩味语言是多语者认知风格的一个特点。双语能影响整个语言学习和处理策略：较强的分析语言的能力、对反馈提示较敏感、能感知语言结构差异性(62-63)等。因此，三语学习者比初学一门外语的二语习得者更像语言学习方面的"专家"，表现在三语学习者能使用更多的策略。McLaughlin & Nayak(1989)，Nation & McLaughlin(1986)，Nayak et al. (1990)比较了单语者和多语者学习人工语言系统的情况，发现较之于单语者，多语者能 1) 更灵活地使用策略在语言间转换，2) 如果发现某一策略不起作用的话，他们会更有可能调整策略，3) 更有效地使用含蓄的学习策略。但是 Missler(2000)有个有趣的发现：使用策略多的人，并不一定在习得另一门语言时取得更多的进步。此外在反应时方面(reaction time)，多语者需要更多的时间。Magiste(1979)让单语者、双语者以及三语者完成编码和解码任务时,多语者所用的时间显然更长。由此可见,双语者对语言系统更敏感(Thomas 1988);在学习三语时,双语者的学习方法没有单语者那么保守(Zobl 1993)。

Cohen(1995:103)特别强调了就某门语言本身进行思考和通过某门语言进行思考的不同,而且还提出了一个重要的问题:多语学习者是通过 L1,还是先前学过的语言,还是目标语进行元语言的思考的? 他观察到在习得的早期阶段,由于能力水平很低,学习者还不能进行复杂的思考,尤其还不能进行元语言方面的思考。我们可以假设在习得的后期,当学习者能用非本族语表达自己的想法,情形也许会改变。Cohen 也坚持认为,多语者会从不同的语言中有意识地获取元语言信息。在某些情况下,多语者会利用非本族语来设计记忆策略。语言学习中元语言意识的发展和运用实际上是学习者先前所拥有语言的不同程度的互动。这些互动正是 L3 学习者提高自身的能力和技能的来源。

总的说来,双语影响认知、元语言意识以及交际技巧,而这些又会反过来影响三语习得中的认知发展,包括意识以及交际技巧。当然,在目前的双语对三语习得影响的研究中,还有一些问题需要进一步的回答和解释(Cenoz 2003a:81):

1. 双语在语言习得过程的不同阶段,其效果是否各有不同?

2. 为什么即使是在削减性双语的情景下也会有其优势的研究报道?

3. 哪些因素决定双语的后果是中立的还负面的?

2.3 三 语 能 力

2.3.1 关于三语能力的描述

从使用的情形和所处的社会环境来看,有五类不同的三语学习者和使用者：1) 家里的父母讲两种不同的语言,而社区语言又是第三种；2) 在双语社区长大的孩子,但家里的父母讲第三种不同的语言；3) 三语学习者,即已经掌握双语的人在学校里学习第三门语言；4) 双语者由于移民而成为三语者；5) 三语社区的成员。因此,从他们的学习经历来讲,又可分为三类：儿童时期的三语习得、学校的三语习得以及移民的三语习得。那么,他们的语言能力又是如何构成的呢? Oksaar(1977)从理论上叙述了她称之为 Lx 的孩子的正在发展的全部语言形式(repertoire)中的许多规则、从 L1、L2、L3 而来的一些元素、以及一些只属于 Lx 的典型规则。

　　单语儿童和双语儿童的语言能力被普遍认为有着质和量的区别。在三语学习者语言和语言运用缺少足够大的语料库资料时,讨论三语能力(trilingual competence)的界定特征,只能以双语能力为出发点,并假设除了量的区别外,某些社会的、文化的、心理的以及与个性有关的因素都会影响到三语能力(Hoffmann 2001a：1-17)。

　　Canale & Swain(1980)模型提出了语言能力的四个组成部分：语言能力(linguistic competence)、社会语言能力(sociolinguistic competence)、语篇能力(discourse competence)以及策略能力(strategic competence)。与其相似的是 Bachman(1990)提出的模型。该模型包含了语言部分和语用部分,认为语言是建立社会关系和交流信息的途径。Clyne(1997)认为,三语者的"多面能力"(multi-competence)包括语言知识和过程知识。三语者可以是许多含义不同的三语者,有些只是有两门明显的语言,再加上第三门不太标准的语言的变体；而有些三语者只是两对双语：每对与英语之间都有特殊的关系。Clyne 很关注三语的处理和产出,认为双语者和三语者运用一样的机制,尽管语言之间的距离是个重要的因素。

　　Grosjean(1985,1992)认为,双语者使用两门语言中的哪一门取决于语言运用的情景：话题、地点以及对话者,也许还要受其他社会和心理的变量的影响，如究竟是使用语言 A 还是使用语言 B 恰当、谈话中是希望包括还是排除某个对话者、是否愿意控制，或是迁就操弱势语言的对话者等。双语者也许会同时使用两门语言，其中经常夹杂着语码转换和借用。因此，双语者的语言能力必须从他的全部的语言形式来衡量。同样，三语者的能力也可以说包括了来自三门语言机制的语言部分、语用组成部分——包括社会语言能力、语篇能力以及策略能力。此外，三语能力还包括在二语或三语的语境中自如地选择语码和语码转换。拥有三语能力的学习者能创造自己的语言方式(linguistic means)以掌控具体的交际情景。

区别单语者与双语者或三语者的正是这种语用能力。对双语者或三语者来说，彼此交谈时在不同的语言间切换，是再正常不过的事了，语码转换是必不可少的策略。但当他们被要求对自己的能力做个判断时，他们往往忽视这种能力，而过多地将注意力放在语言方面，似乎总是以单语的水准来要求自己，苛求弥补在一门或两门语言上语法或词汇的不足。从长远来看，这种自觉的"不够"会让他们得出相应的策略，去避免使用相对较弱的那门语言，或限制这门语言使用的语域。同样的道理，强大的心理因素，如排斥某个具体的讲话者或某个具体的文化，或对自己的身份认同有困惑，都会导致三语者放弃一门或两门语言的使用。

区别单语者与双语者或三语者的另一个相关的领域是三语能力还包括与言语模式(speech mode)有关的结构和组织。Grosjean (1992)认为应该把双语者的语言模式视为一个连续体。当双语者与单语者对话时，他只使用一门语言，而另一门语言处于抑制状态；当双语者与双语者对话时，所发生的变化是沿着这个连续体走向双语言语模式。在此模式，双语者间的交谈包含着两门语言的经常性转换和借用。但在三语者间，情况又如何呢？是不是几门语言都同时被激活？还是在使用某门语言时，其他两门语言有不同程度的激活或抑制？又如何解释这门强势语言在激活或使其他两门语言受到抑制方面所起的作用？从理论上来看，至少有七种组合：三种单语(A、

B、C)、三种双语(A+B,A+C,B+C)以及三语(A+B+C)。但在相关的文献中,并没有此类描述,对实际三语者语言产出的研究也发现,三语者很少使用所有这七种模式,尤其是有一门优势语言出现后就更不可能。Hoffmann 所研究的三语者有使用三门语言之一(社区语言——英语;非社区语言——德语和西班牙语),英语加上其他两门语言中的一门共五种模式的情况,在任何情况下几乎没有发现同时使用三种语言的情形。在 Clyne 的观察中,三语者的言语行为更像双语者,或者说是加倍的双语者。三门语言中总有一门优势语言,实现的是优势语言与另外两门语言的双向切换,这是三语能力不可忽视的一个特点。

2.3.2　三语能力发展的动态模型

在三语的使用中,有一个不断重现的主题就是:是否有所谓的"三语能力"。对此,许多学者从语码转换和语码混用的角度讨论了这个问题。

语码混用(code-mixing,CM)指的是两种语言的词汇和语法特征出现在一个句子里(Muysken 2000:1);而语码转换(code-switching,CS)则涉及到两个语言系统的句子间从词到词组到从句的不同层次的混用。换句话说,语码混用可以看做是发生在句子内部的混用(intra-sentential),而语码转换则是发生在句子间的混用(inter-sentential),二者都是以句子作为一个语法单位在双语者的语言产出中呈现的显著特点。Li Wei(2007:15)认为,语码转换是双语者在使用的语言中暂时找不到想要表达的词而出现的情况。这不应当视为一个问题,而是表现出"对两门语言语法重叠部分的灵活运用,而且在语码转换中,无论说话者的水平如何,几乎没有不符合语法规范的例子"。能进行语码转换的能力是学习者具备双语能力的明证(Edwards & Dewaele,2007:222)。Clyne(1997)和 Clyne & Cassia(1999)都认为,双语者与三语者的语码转换之间没有什么区别,只不过后者更为复杂。

Hoffmann(2001a)则认为，双语能力与三语能力的区别不仅仅是所涉及语言数量上的区别。三种不同的语言系统、在实际使用中以及可能使用的选择组合、态度因素和社会文化因素的相互作用等等，这些都给二语能力和三语能力带来质的区别。双语者和多语者都对应该使用哪种语言的语言环境表现出高度的敏感性，对对话者的语言需求有着直觉的反应。Hoffmann & Stavans(2007)认为，这种高敏感度正是三语者元语言意识和语言能力的组成。Hoffmann & Stavans 对两个从小学习三语的儿童进行了语言产出方面的研究，并指出语码转换(code-switching, CS)和语码混用(code-mixing, CM)是三语能力发展的标志，反映了三语使用者的语言处理过程、形式选择偏好以及语篇策略。Hoffmann & Stavans 发现，儿童在小的时候出现的语码混用(CM)比较少，而大一点的时候，语码混用(CM)出现得更多。他们认为，这是因为语码混用要求更精确熟练的语言知识，而这种语言知识是随着认知发展的提高、语言接触和使用的日益增多才能精确熟练运用的。可见，语码混用(CM)与认知发展有很大的关系。语码转换(CS)为多语者提供了经济和有效的交流。语码转换(CS)对语境者很敏感。谈话的场景、对话者、话题、正式程度、态度、互动的目的以及语言水平等都会影响到成人和儿童的语码转换(CS)。这些因素会激活或抑制语码的选择。

Hoffmann & Stavans(2007)用机器作比喻，形象地阐述了语码转换(CS)和语码混用(CM)的区别。CS 是机器的结构，开动机器需要启动三语对话者的参与。也就是说，CS 取决于说话者—听话者—话语。CM 则是机器的"螺帽和螺栓"，是信息的具体组成。说话者需要把不同的语言放在一起，而这种语言的混用正是三语能力的一部分。拥有三语能力意味着不仅需要知道如何启动机器，需要有语用和语篇知识(主要体现在 CS 中)，而且还需要在进行信息编码时最大程度地利用三语资产，即暗含在有关语言结构和功能形态的句法知识(主要包含在 CM 中)。

Hoffmann & Stavans(2007)提出了多语能力的动态模式：

多语能力水平
(Degree of Multilingual Competence)

初级 ←————————————— + —————————————→ 高级
(Basic)   (Advanced)
CS(句子之间的)   CM(句子内部的)
CS(Inter-sentential)   CM(Intra-sentential)
语篇层面   句子层面   词组层面
(Discourse Level)   (Sentence Level)   (Phrasal-Lexical Level)
语言分析显示的证据
(Linguistic Analysis as Evidence)

这个连续体有两个平行的标尺：多语能力程度和语言分析。语言的组合，即混用和转换，可以在这两个标尺上进行分析，反映出它们在多语能力发展标尺上的程度或所处的位置。如前文所述，CS 受到很多社会语言因素的影响，是多语能力的基本表现。随着语言分析单位的变小，CS 走向更高层次。句子层次的 CM 有两种类型。一种是句子内部发展的混用，第二种是发生在从句或词组范围内的混用。这种混用会引发没有经过任何句法或形态句法（morphosyntactic）调整的功能词的借用（borrowing）。

Edwards & Dewaele(2007：235)在自己的研究中发现，受试者在三语状态下表现出不同的多能力（multi-competence），这种能力既非双语所特有的能力，也非三语者所特有的能力。假设我们接受了三语能力这个概念，以后是不是也应该有属于四语、五语的独特的四语、五语能力？因而，他们更倾向于用 Cook（1991，1992，2002，Dewaele & Pavlenko 2003)所提出的多能力概念，认为这一概念更能描述掌握不止一门语言的学习者的语言处理过程和行为。同时，他们也认为多能力不是一个固定的、理想的和最终的状态，而应该是一个动态的、不断演变的系统。

2.3.3 多语处理

Bialystok 认为语言处理由两部分组成：第一个组成部分是使心理表征（mental representation）变得更清晰和更有结构的所谓"语言

知识的分析";第二个组成部分是负责"语言处理的控制"(1991：116)。三语是个复杂的现象,这不仅仅是因为有着更多数目的语言系统相互作用,更因为它们的复杂处理。在这方面,双语与三语的根本区别仅仅是在量方面的。

Paradis(1985)和Perecman(1989)认为语言处理在不同的层次上进行：前语言的概念层次反映的是人类心灵的共同特质,是独立于语言的,接下来是起不同作用的语义—词汇层次,"各门语言的意义单位在此以不同的方式组合出概念特征"(Paradis 1985：9)。Perecman(1989：236)提出了语言处理的神经语言学模型。在这个层次模型中,概念层次是最高层次,是所有语言所共有的,对独立于各语言的信息进行加工处理。在其之下,是不同的语言层级：语义—词汇层面、句法层面、语音—发音层面。Perecman 认为,对单语者来说,他们所有的概念系统都可融入一个语言系统里,从概念到语音形式都是一个自动化的过程。与之形成鲜明对比的是,双语者的概念系统在语义—词汇层面进行处理时,得对两门不同语言的系统进行编码,整个过程不是那么的自动化。

Perecman(1989：233)认为,多种语言在前语言层次统一在一个单一的系统里,它们在语义—词汇层面紧密联系,而在从语义—词汇层面向语音—发音层面过渡时,这种联系渐渐减弱。有证据表明,在语义—词汇层面发生的语言混合远比语音—发音层面的频繁,这是因为不同的语言系统在后一个层次的联系最弱。参与工作的语言系统越是多,就越是有更多的语言组合,处理信息时就会有更多的互动,因一门或两门主导语言的不同,也会有更多的语言变异以及其他的心理因素。从某种意义上来说,三语学习者有着更多的语言学习负担或学习量,三语能力涉及到与二语能力不同的处理过程。

2.4 多语处理和言语产出的主要模型

大多数的多语言语产出模型主要是对双语言语产出模型大的扩展和修正,学者们所做的也是力证这些模型能同样解释多语的产出,很少有真正针对多语的言语产出的模型提出。Bock(1995)认为,要描述说话过程,言语产出模型必须满足两个核心条件:必须能明确阐述产出机制是如何工作的;预测从概念到发音的路径。由于学习者个体非本族语知识的迥异,第二个要求很难满足。目前解释多语处理和言语产出的模型主要有 Green 模型、De Bot 模型、Grosjean 模型、Herdina 和 Jessner 的多语的动态模型(Dynamic model of multilingualism)以及 Hufeisen 的因素模型等。其中的三个模型——Green 模型、De Bot 模型以及 Grosjean 模型,究其原文篇名—— *Control, activation, and resources: a framework and a model for the control of speech in bilinguals*；*A bilingual production model: Levelt's speaking model adapted* 以及 *Another view of bilingualism*——都是研究双语的言语产出的。但它们都是目前运用最广泛的主要的多语言语产出模型(De Angelis,2007:71)。这些言语产出模型讨论了与产出系统有关的问题,如信息处理过程中有多少不同的层次、信息是如何在不同的表征层次传递的等等。鉴于三语可以被视为是多语的特殊形式,因而从不同角度解释多语习得的模型也可以解释三语习得。

2.4.1　Green 模型

Green 模型指的是"抑制控制模型"(Inhibitory Control Model)和"激活和抑制模型"(The activation/inhibition model)。

Green 的模型能适用于健康人以及大脑受损的人的言语产出。Green 模型的中心概念是"完好的语言系统"(intact systems),任何对语言常态的偏离都可视为错误,是对语言系统的失控。虽然Green 并未对"完好的语言系统"做出过清晰明确的界定,但我们可以从他的阐述中推知,"完好的语言系统"包含近似本族语的知识(native-like knowledge)。三语者可以有三个完好的近似本族语的知识,四语者可以有四个完好的近似本族语的知识,而且这样的知识系统还可以增加。

"抑制控制模型"(Inhibitory Control Model)的假设是言语产出需要能量,而资源是有限的。所以,所有的语言的激活度是不相同的:最活跃的语言抑制其他的语言。Green 用"激活"和"抑制"来解释控制是如何执行的,并提出激活和抑制在言语产出过程中同时进行。对目标项(target item)的选择,即是激活那个目标项本身,同时也激活它的竞争者。提高其所有竞争者的激活水平即发生抑制,抑制会减少不正确项被选择的可能性。说话者运用语言资源来控制激活和抑制过程,这些资源经常能从资源产生器(resource generator)中得到补充。语言资源是言语产出的燃料或能量,但是在某个时间点,仅有限数量的资源能被使用,因而会出现说话者没有充分的资源来控制系统的情况。二语学习者尤其需要很多能量来控制系统,因为 L2 系统的自动化程度没有 L1 那么高。

调用多少量的资源来控制言语产出,对多语者来说是个问题,因为语言数量的增加意味着需要补充控制,也就是要有额外的资源。但 Green 认为,从某个时间点来看,被激活的语言门数很有限,因而需要的控制也自动减少。

双语者的语言不是时开时关的,而是表现出不同的激活程度。如果一门语言被选定并控制输出,这门语言就得到了最高程度的激活。Green(1986:215)认为,语言可以被激活到不同的程度,而且不外乎以下三种状态:被选择(selected)——正控制着言语产出、活跃(active)——参与在处理过程中以及休眠(dormant)——处于长时记忆中,对目前进行的处理没有影响。使用的频率决定一门语言是处于激活状态还是休眠状态。更经常使用的语言在信息即时处理中处于活跃状态,它同时产生的活动能对目标语产生某种影响。长时间没有使用的语言处于休眠状态,不会直接影响正在进行的处理过程。说话者可以选择他们想用的那门语言,给词、结构甚至语域做标注(tag)。由于一个人可以在说话和翻译间转换,Green 同时也假设存在一个所谓的"明示器"(specifier)。这个明示器的功能是指明执行某项任务需要哪种类型的控制。

Green 提出的模型解释了两门以上的语言间的互动,但这个模型也有一些令人担忧的地方。其一,"完好的语言系统"这一概念明显地带有单语偏见。其二,语言处于激活或是休眠状态取决于使用的频率这一说法只是部分正确,因为有关跨语言影响的研究有证据表明长时间未用的语言也会对语言的产出产生影响。除了频率和近因效应(recency effect)外,还有很多因素会影响到跨语言影响,如语言水平、L2 地位或语言类型等都未得到明确的阐释。最后,多语者在某个时间会做出多少个平行的计划也未得到解决。

2.4.2 De Bot 模型

De Bot 的模型是"双语/多语产出模型"(The bilingual/multilingual production model)。De Bot(1992)根据 Levelt(1989)的模型提出了自己的双语和多语言语产出模型(参见图 2.2)。

Levelt(1989)的模型是基于几十年的心理语言学研究以及大量的实证研究而提出的单语言语产出模型。Levelt 的模型包含五部分:概念形成系统/器(conceptualizer)、构成器(formulator)、发音系统/器(articulator)、听辩系统/器(audition)和言语理解系统/器(speech comprehension system)。同时包括三种知识来源:与概念形成系统相联系的语篇知识、语境知识和百科知识。Levelt 认为,言语信息的处理分别在四个不同的阶段进行。发生在第一阶段的初始的功能形成被称为信息生成(message generation)。信息生成是由话语概念所启动的。在早期阶段,首先产生一个意图,在此生成作为其输出的前言语信息。第二、第三阶段分别叫作语法编码和语音编码,是有关选择语义、句法、形态和语音信息的。形式合成器把前言语信息作为输入,并把它变为语音计划(phonetic plan)。语音计划制定后便由发音系统通过向神经肌肉系统发出指令来执行,到达第四也就是最后一个阶段——把信息转化为言语的发声阶段。发音系统将语音计划输入并把它变为真实的言语。说话者通过言语理解系统觉察此语音计划。与听辩系统相连的言语理解系统起到

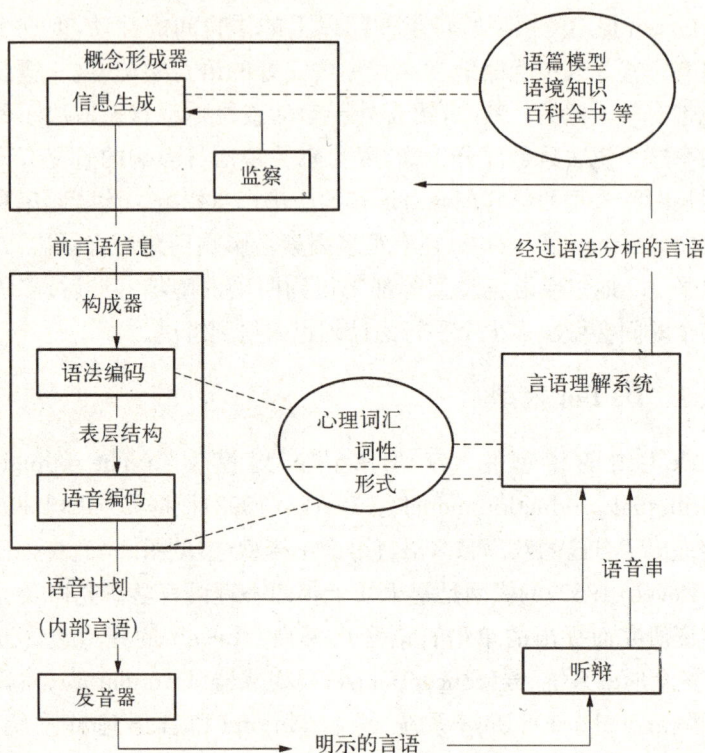

图 2. 2　**Levelt 的言语产出模型**

监察输出、提供反馈的作用。说话者通过听辩进入言语理解系统
的明示言语,以检查任何的异常输出并进行自我改正。Levelt 指
出,这四个阶段是在概念形成器、构成器和发音器里完成的。在这
个模型中,产出是从左到右的,中心思想是每个组成单位里的信息
处理都是逐渐增量、平行发生的。说它是逐渐增量的,是因为每个
组成单位在接收到语言输入时就立刻开始工作,即便此时的信息
还不完整。因此,每个组成单位的信息产出就变成了下一个组成
单位的输入;说它是平行的,是因为每个组成单位同时都在各自独
立地处理信息。

　　在 De Bot 最初把这个模型从单语模式改编运用到双语时,他认

为双语模型只需要一些小小的修改就可以解释更多的东西,并且他的目标是"尽可能保持原来模型的原封不动,只有当现在的这个模型无法解释言语产出方面的实证研究结果时才会稍作修改"(De Bot 1992:7)。之后他又把双语模型扩展至多语,因为"原则上这个模型可以无限制地推而广之到任何数目的语言,如果我们假定每门语言都有自己的微观计划和构成器"(同上:20)。尽管这其中有巨大的跳跃,De Bot 的模型仍然是迄今为止最全面和详尽的模型。

De Bot 认为一个双语的言语产生模型应该满足以下五个条件:(1)应该能够解释说话者在言语产出过程中运用或混用不同语言的能力,如语码混用的能力;(2)应该能够解释跨语言影响的实例;(3)不应该是只关于产出的速度,因为使用几门语言不应该减慢整个产出过程;(4)应该能够解释双语者不同的语言水平;(5)应该能够解决无限多的语言并且能够重现它们之间的互动(De Bot:1992)。为了满足这些要求,De Bot 对 Levelt(1989)的模型做了如下的改变:

概念形成器:Levelt 认为概念形成器里的活动都是与具体语言有关的(language-specific),而 De Bot 认为只有宏观计划阶段才是与特定语言有关的。De Bot 是针对 Levelt 的语域以及概念是如何在不同的语言中词汇化而提出这样的观点的。Levelt 认为,关于语域的信息是加载在概念形成器里的前语言部分的。说话者就是在这一阶段通过知识储备提取这种信息的。De Bot 同意这个原理,并且把它扩展至双语。De Bot 还考虑到了不同语言对概念的词汇表达,指出与特定语言有关的信息绝对有必要包括进概念形成器里的前语言部分。前语言部分必须包含一些信息,以便能让说话者在言语产生过程的早期即做出宏观计划,提取语篇模式、情景知识等。宏观计划阶段是基本的,与具体语言的要求无关。其原因是:在这一阶段,只要求意图/目标应该是具体明确的,再者,双语者还没有足够的信息去确定他们即将讲哪门语言。总之,概念形成器并不是完全与具体语言有关的。在概念形成器中的言语产出的第一个阶段,宏观计划是与具体语言无关的,而在第二阶段的微观计划才与具体语言有关。

在概念形成器里,交际的动机是以前言语信息的形式出现的。

关于构成器(formulator),De Bot 假定了两种情景。第一种认为两种语言存在共同的词库,它们的信息区别是仅有一个语言标记系统。第二种认为说话者的言语组织和词汇是完全分开的。De Bot 接着在两个极端之间提出了一个解决方案,即两门语言的某些成分(element)是共同存储的,某些成分是各自分开存储的。存储方式取决于语言距离和语言水平等因素。De Bot 认为这样的解决方案"是根据形式特点,如不同语言共有的同源词或共享的句法特征语言,把几门语言放在连续体上"(De Bot,1992:9)。Green 模型(1986)指出在进入到发音阶段(articulatory stage)前,两门语言是各自平行处理的。De Bot 也持同样的观点,认为构成器(formulator)处理不同语言的不同组成单位,为每门语言产生不同的言语计划。关于心理词汇的组织,De Bot 认为,存在着一个大的包含与特定语言有关、能被各自激活的许多子集的心理词库。

每门语言都有一个自己的子言语形成系统这个观点在语音编码阶段放弃了。Levelt(1989)认为,说话者存储了大量的音节和发音模式(articulatory patterns),语音计划的单位是音节而非单个的语音。语音层面就是由一系列的音节组成的。De Bot(1992)指出,双语者两门语言的音节是共同存储的,只有当两门语言的发音模式完全一致才会被存储一次,如果没有匹配的模式就各自存储。Paivio(1986)则有不同的看法。他认为双语者有两套不同的语言和非语言系统;非语言系统独立于语言系统并担任两门语言间的共享的概念系统。

简单地说,De Bot 的扩展体现在两个方面:有两个构成器(formulator)以及发展了词库中的与特定语言有关的子集。

图 2.3 是 De Bot 的双语/多语产出模型:

信息在三个地方存储:概念特征、句法特征以及形式要素(如发音、音节等)。在每个存储地,都有与某门语言特殊相关的子系统。这些子系统反映的是所涉及语言的同词源的交叉重叠部分。语言节

```
                交际意图+语言
                (Communicative
              Intentions + language)
                      │
                      ▼
                  词汇概念                          语言节点
              (Lexical concepts)                (Language Node)
                      │
                      ▼
                 词元(Lemmas)  ──────►      句法步骤
                      │                     (Syntactic
                      ▼                     procedures)
                 词位(Lexemes)
                      │
                      ▼
              音节/发音/发音方式
          (syllables/sounds/gestures)
                      │
                      ▼
                 输出(Output)
```

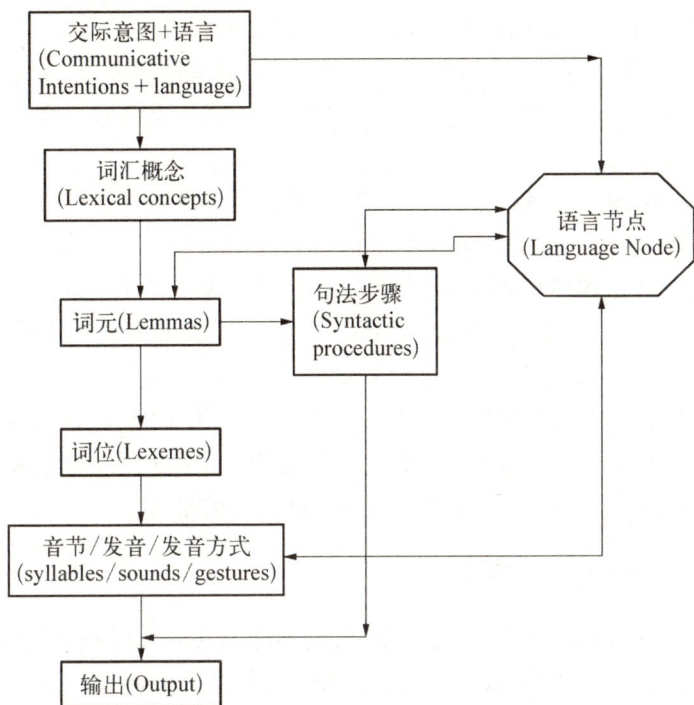

图 2.3　De Bot 的双语/多语产出模型(De Bot 2004：29)

点控制需要使用语言的不同处理成分。使用某一门语言的意图源于概念/交际意图层次,然后再传递给产生词汇概念和语言节点的系统。对于下一个层次的组成单位,被使用语言的信息有两个来源:来自于词汇概念以及直接来自于语言节点。早些时候的研究认为,决定是否选择使用某一门语言的信息包含在词汇概念中,但是有些方面(如说话时故意带上外国口音)很难如此加以控制。外部的语言节点系统能更多地在局部掌控语言的选择。需要使用某一门语言时,语言节点会通知所有相关单位(即句法或形式信息需要在此进行选择的部分)激活子系统。这种更高层次的激活会导致从正确的语言中选择要素。关键的问题是,有关激活子系统的信息(无论是通过词汇概念还是直接通过语言节点)会在不同语言的子系统进行交换。

换句话说,当 A 语言的句法过程子系统被激活时,这一信息就会继续传递到语言节点(然后传送到系统的其他部分)以及与 A 语言相关的形式要素。因此,激活一门语言的某一部分也会激活这门语言的其他层次。

同时,由于子系统是交叉重叠的,彼此间共享的一些要素也会激活其他子系统。语言节点从两方面传达如何选择语言的信息:从概念层次传递到更低层次;在更低层次的不同组成单位间相互传递。语言节点积累不同语言的激活状态的信息,同时也承担着监察作用(monitor),比较意图使用的语言与实际使用的语言。

我们需要明确的一点是,在这个模型中,"语言"是具有高度特质化(idiosyncratic)的现象,其要素几乎经常处于变化中,句法和形式层面的许多普遍性会限制子系统中可能出现的组合。

2.4.3 Grosjean 模式

Grosjean 的"语言模式假说"(The language mode hypothesis)提出双语者(以及多语者)的言语产出受几种模式的调控。他解释了"语言模式假说"以及影响言语产出的一些因素:

> 模式指的是双语者语言和语言处理机制的激活状态。这个状态受一些变量的影响,如双语者与谁对话或听谁讲话、情景、话题、互动的目的等等。在连续体的一端,双语者完全处于单语模式。在单语模式中,他们只用单语者的一门语言交流或只听单语者的一门语言,或者只用或只听另一门单语者的语言。一门语言是活跃的,另外一门语言是抑制的。在连续体的另一端,双语者处于双语模式。在这个模式中,他们能与和他们共享两门或以上语言的双语者进行交流(或听),而且也会出现一些语言的混用现象(即语码混用和借用)。在这种情况下,两门语言都是激活的,但是被用作主要语言的那一门比另一门更活跃。这些都是终端点,视上述因素影响的不同,双语者会发现自己会

处在介于两者之间的不同点。(Grosjean 1998：136)

图2.4是语言模式连续体的直观呈现。双语者在这个连续体上的位置是用垂直虚线表示的,语言的激活用黑色方块的深浅表示(黑的是激活,白的是未激活)。双语者的语言模式(language mode)指的是双语者的语言和语言机制在某一时间点的激活程度(Grojean 2001)。语言A、语言B分别由图上方和下方的方块表示,它们的激活程度由黑色方块的深浅度来区分:黑色代表高度激活的语言,白色代表被抑制的语言。同一位双语者假定的位置用标有数字1、2、3的三条虚线表示。在所有三个位置上,双语者用语言A为主语言(base language)进行交流,因而是最活跃的(黑色方块)。说话者在位置1是处于单语模式:语言A完全被激活,而语言B则没有被激活(Green 1986的用词是"被抑制")。之所以会处于这种模式,是因为对方是单语者(操语言A),话题、情景和互动的目的都要求只讲一门语言以便排除他人。在这个单语模式中,干扰,即说话者对目前所讲语言的特有的偏离,会显得特别的明显。说话者在位置2是处于中间位置。语言A依旧是最活跃的(它是用于交际的语言),但是语言B已经有了部分的激活。我们举例说明出现这种模式的情形:当一个双语者与另一个双语者交谈时,对方并不想用另一门语言(语言B),或是当一个双语者与另一个语言B水平有限的双语者交流时,就往往会发生这种情况。对话者、话题、情景或交际目的等因素的综合,都会让双语者处于这样的位置。说话者所在的位置3是双语连续体的末端。两门语言都很活跃,但语言B不如语言A那么活跃,因为目前语言B还不是用于交际的语言。这种情况常常出现在一个双语者与另一个双语者用他们彼此都很胜任的两门或更多语言交流时。他们通常会选择一门语言作为主要的语言(此处是语言A,因为它有更高的活跃度),而另一门被称为客语言(guest language)的语言则以备语码转换或借用之需。语码转换指的是完全转移到另一门语言去使用一个词、词组或句子,而借用则指的是从那门不怎么活跃

的语言来的、经过形态句法(甚至语音方面)的调整进入主要语言的词或短语。借用分形式和内容两方面的借用。当然,话题和情景的改变也会导致主要语言的改变。语言 B 也有可能变得最活跃,而语言 A 则不那么活跃(黑方块里会有白的对角线)。应该指出的是,双语者彼此间的不同表现在他们在这个连续体上所处的不同位置。有些人很少到达过双语的末端,而有些却很少离开这一端。

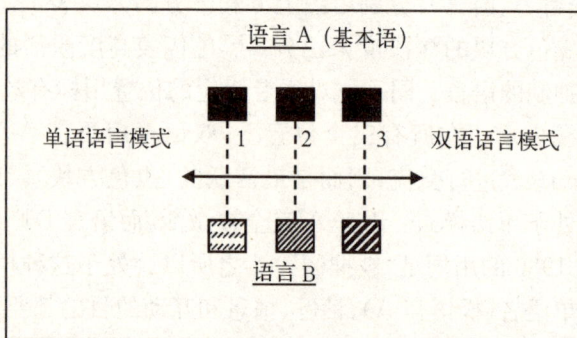

图 2.4　语言模式连续体直观图(Grosjean 1998：136)

简单地说,Grosjean(2001)的语言模式理论认为,当双语者处于单语模式时,他们的另一门语言在很大程度上受到抑制。在此模式中,他们的语言产出与单语者相差无几。当他们处于双语模式时,两门语言都被激活,他们的语言产出中会出现借用和语码转换。Grosjean 的理论可以用来解释三语者的产出。我们不妨把三语者的语言产出想象成单语者、双语者或三语者语言模式的不同程度的激活。处于何种状态主要看三个不同的语言系统被激活或抑制的程度。

Hoffmann(2001b) 在其文章 *The status of trilingualism in bilingualism studies* 中指出,双语和三语的区别主要是数量上的区别,双语的处理机制同样可以适用于三语。她认为,Grosjean 的模型(1997)可以很容易地把三语者的产出包括进来。Grosjean 自己就给出了三语者或四语者语言产出的解释,并且认为"语言模式这个概念可以推而广之,它在多语中的各种表现将会得到研究"(Grosjean,

2001：13)。Grosjean(2001)认为语言模式假说也适用于操多门语言的人,因为这些语言在语言处理过程中能有不同程度的激活,并影响到目标语的产出。Grosjean 的假设尚未在多语者身上得到广泛的研究,就 De Angelis(2007：81)所知,只有 Dewaele(2001)以及 Dijkstra & van Hell(2003)将语言模式假说运用到多语者的研究。

在正式和非正式情景访谈学习法语的多语学习者时,Dewaele(2001)试图发现他们的言语产出是更接近于连续体上的单语一端,还是更接近于双语一端。Dewaele 的研究结果支持 Grosjean(1992)的观点:情景影响言语产出。在非正式情景中访谈的多语者更接近语言模式连续体的双语一端,而在正式情景中访谈的多语者,很小心地监控他们的言语,因而他们的产出更接近连续体的单语一端。其有效性还有待于更多的实证研究的验证。Dewaele 认为,说话者在处于单语模式时,他们最不倾向于选择非目标语的语言形式(linguistic forms),但当他们处于双语模式时,情况就相反了。说话者很可能进行语码转换,因而语言产出中会出现非目标语的形式。这种情况的发生,是由于说话者在说话中使用一套按层次进行组织的产出规则。如果"处于上面的产出规则不能带来满意的效果,说话者就会选择位于组织层次下面一些的规则,如果有必要这个过程还会重复进行"(Dewaele 2001：85)。

另一个着眼于语言模式假说研究的是 Dijkstra & van Hell(2003)对 L1 荷兰语—L2 英语—L3 法语的三语者所进行的测试。参与者并没有被告知是要测试他们的外语知识。实验的目的是揭示即使把说话者故意设置在单语模式,在背景中的语言也能被激活。两位作者仔细观察处于单语模式的受试者处理同源词的方式是否会不同于非同源词,因为平行激活的证据即是表明无论语言模式如何,不同的语言会被同时激活。他们确实发现,即使说话者被故意设置在单语模式的情况下,同源词还是激活了另外的语言中的语言信息。他们的研究发现并不支持 Grosjean 的语言模式假说。事实上,该发现意味着"多语者的处理机制在语言方面是不表现出特定语言选择性的" Dijkstra & van Hell(2003)。然而,必须指出的是,Grosjean

(1992)在某种程度上提出了这样的看法：说话者在单语模式下仍然会在背景中有一些"残存的激活"，因为"双语者很少能完全抑制另一门语言"(Grosjean，1992：59)。很显然，Grosjean 的语言模式假说的有效性还有待于更多实证研究的验证。

2.4.4 多语的动态模型

多语的动态模型(Dynamic model of multilingualism)的理论来自于动态系统理论(Dynamic System Theory)。动态系统理论是二战后从数学、生态、工程和计算机科学等领域诞生的理论，是研究自然界的复杂和非线性系统如何从混乱无序的状态进入有序状态的科学。动态系统理论在应用语言学领域方面的研究不过十年有余。Larsen-Freeman1997 年发表于 *Applied Linguistics* 上的"Chaos/complexity science and second language acquisition"一文，对语言发展研究有着相当重要的启示，开创了把动态系统理论应用于第二语言习得研究的先河。Herdina & Jessner(2002)提出的"多语的动态模型"(Dynamic model of multilingualism, 简称 DMM)是继 Larsen-Freeman 后运用动态系统理论的一大突破。它汲取了生物学、认知心理学、神经和心理语言学的研究成果，是把生物学的研究成果和多生物行为的观察运用到多语的研究上的心理语言学模型。

动态系统理论认为，语言的学习呈现非线性。传统的理论总把它看成是线性的发展，语言学习是由简单到复杂、由低水平到高水平的过程。而实际上，二语的习得并不是呈线性的发展，会受到如动机、学能、语言输入以及语言间的相互牵制等诸多因素的影响，语言习得和耗损/磨蚀要比所谓的线性发展复杂得多，是非线性变化的一条曲线。

动态系统理论还认为，语言系统由若干分系统构成。每一个人的语言系统都是由语言的分系统构成，包括语音、词法、句法、篇章等。这些分系统构成了一个人的独立的语言动态系统(De Bot，*et al.*，2005)。多个语言系统构成了一个更大的语言系统。包含诸多子系统在内的语言系统总是处于不断变化中，无论主系统还是子系统都具有变异性。系统中的各种资源可以相互起变化。

在这个模型中,两位作者把多语设为默认状态,双语在其中只不过是一种变异。他们的这个模型试图解释学习过程,不仅包括习得、维护,也包括语言的耗损/磨蚀。DMM用一条正弦曲线描述语言的发展:缓慢开始、学习加速、逐渐减弱。作者认为,语言是个动态系统,呈现出六个特征。1. 非线性(non-linearity);2. 退化性(reversibility)(即语言的耗损/磨蚀);3. 稳定性(stability)(这取决于学习者对维护语言所做的灵活的努力);4. 相互依存性(依赖性)(interdependence)(每个学习者大脑里的独立的语言系统在很大程度上取决于其他语言系统都发生了什么);5. 复杂性(complexity)以及6. 质的变化(change of quality)(包括语言管理和语言维护的技能,这也反映出每个学习者以前的学习经历)。

动态系统理论非常令人信服地解释了语言的耗损/磨蚀现象。在语言学习这个动态系统中,停止或减少语言输入和使用所学外语,经过一段时间的语言耗损/磨蚀后所学外语就会退化或被遗忘。此外,多种语言系统的相互影响也是造成语言耗损/磨蚀的原因。多语动态系统理论表明,学习第三或第四门语言会需要更多的认知资源,而这些资源的获得是以牺牲其他语言的资源用以维护学习的语言为代价的。

Jessner & Herdina还说明了多语因素(multilingualism factors)具体组成间的复杂关系。多语因素包括多语学能(multilanguage aptitude)、语言习得过程(language acquisition process)、动机(motivation)、感知的语言能力(perceived language competence)、自尊(self-esteem)以及焦虑(anxiety)。这其中任何一个因素的改变都会影响到整个系统,使个体学习者的语言系统自动呈现动态(参见图 2.5)。

根据动态理论,可以得出"多语的动态模型"(DMM)中的多语能力水平(multilingual proficiency)的基本公式:

LS1＋ LS2＋ LS3＋LSn＋ CLIN＋ M ＝MP

其中:

LS＝language system 语言系统

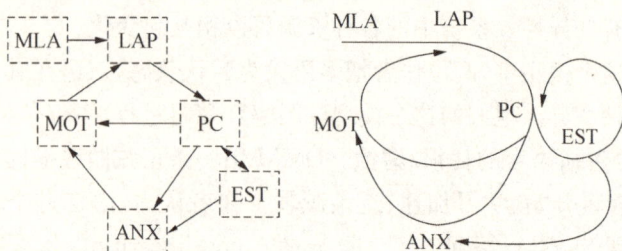

图 2.5 多语的动态模型 Philip Herdina & Ulrike Jessner(2002：90)

MLA=multilingual language aptitude 多语学能
LAP=language acquisition process 语言习得过程
MOT=motivation 动机
PC=perceived language competence 感知的语言能力
EST=self-esteem 自尊
ANX=anxiety 焦虑

CLIN= cross-linguistic interaction 跨语言互动

M=M(ultilingualism)-factor 多语因素

MP=multilingual proficiency 多语能力水平

在多语的动态模型(DMM)中，多语能力水平衡量心理语言系统(LS1、LS2、LS3 等)相互接触的累积、它们表现在跨语言中的互动以及多语系统在学习者身上的发展和学习过程。也就是说，学习者形成了很难在没有经验的学习者身上找到的技能和质量，而这种语言学习质的改变与三语学习的催化效果是有关系的。

多语的动态模型(DMM)把多语者视为一个复杂的由个人多个语言系统(L1、L2、L3 等)组成的心理语言学系统，清晰地呈现了多语习得中相互依赖的以及独立的变量，使我们能预知多语系统的发展。

2.4.5　因素模型

Britta Hufeisen 的因素模型(Factor model)主要从应用的角度探讨了多语学习中影响不同语言的学习和产出的因素。她列出了所有影响语言的因素，重点关注了区别正在学习第一门外语和已经学习了一门外语的学习者方面的因素。她认为，学习的语言越多，习得过程中介入的因素也就越多。多学一门语言,累计的并不仅仅是语言本身,还有其他的因素,如个人生活和学习经验、个人的学习策略、通过学习二语而获得的经验或策略、对自己学习类型的了解等,也会深刻地影响另一门外语的学习、认知和产出。因此,多学一门语言对习得过程的改变不仅仅是量上的变化,更是质上的变化。这种质的变化来自于这样一个事实:开始学一门语言时,学习者已经拥有了一些与语言有关的知识、一般的以及具体的语言学习经验,以及在学第一门语言时所没有的策略。

　　Hufeisen 纲要式的因素模型如下图所示:

神经生理因素(Neurophysiological factors):一般的语言习得能力、年龄……

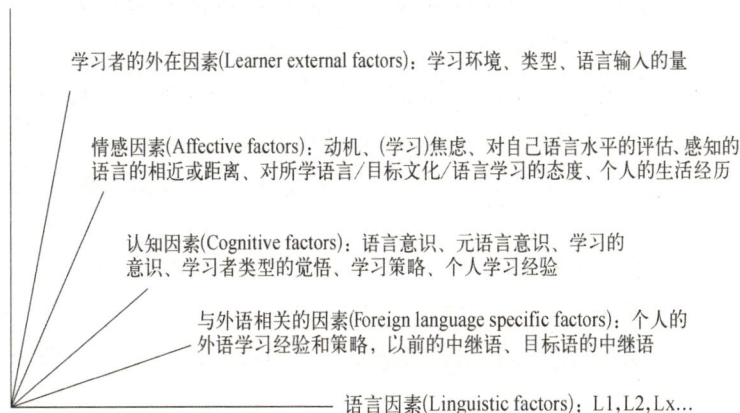

学习者的外在因素(Learner external factors):学习环境、类型、语言输入的量

情感因素(Affective factors):动机、(学习)焦虑、对自己语言水平的评估、感知的语言的相近或距离、对所学语言/目标文化/语言学习的态度、个人的生活经历

认知因素(Cognitive factors):语言意识、元语言意识、学习的意识、学习者类型的觉悟、学习策略、个人学习经验

与外语相关的因素(Foreign language specific factors):个人的外语学习经验和策略,以前的中继语、目标语的中继语

语言因素(Linguistic factors):L1,L2,Lx…

　　Hufeisen 提出的 TLA 发展模式强调 SLA 与 TLA 之间的区别,说明了为什么学第三语言比学第一门外语要复杂得多。

2.4.6　角色—功能模型

　　Björn Hammarberg 跟踪研究了一位多语者 Sarah Williams 的学习经历,并据此共同提出了角色—功能模型(Role-function model)理论。

　　英语为本族语的 Sarah 在开始学习瑞典语之前,已经学习了法语、意大利语和德语。在搬到瑞典居住之前,Sarah 在德国住过几年,因此德语讲得很流利。除了英语外,德语对瑞典语的影响非常明显。德语的频繁出现并非偶然,而是在目标语的产出中起到了不同于 L1 的功能。作者观察发现,L1 的功能本质上是元语言的,在 Sarah 的瑞典语输出中担任工具语(instrumental language),而德语则是经常被默认的语言供源(default supplier language),常常在无意间溜进目标语的产出中。由此可见,学习者不同的语言背景会在目标语的产出中发挥不同的作用。一般说来,只有一门语言会被默认为语言供源,而选定哪一门语言往往取决于下面四个条件:语言类型的相似性(typological similarity)——语言间有何关联,或者更确切地说,学习者认为语言间有何关联;熟练程度(proficiency)——这些语言的运用是否娴熟;近时性(recency)——是否有可能经常使用默认的语言供源;作为二语的地位(status as an L2)——外语更有可能是默认的语言供源。与 L1 不同的外语习得机制在三语习得中会被激活,而 L1 却因为其非外语性(non-foreign)而遭到压制,学习者在学习第三门或第四门外语时,更倾向于求助于自己以前学过的外语。

学习者的背景语言往往担任不同的角色、承担不同的功能,如 L1 成为优势的工具语言,而另一门外语却担任默认的语言供源。但是,它们的角色会因目标语能力的提高、对其他语言的依赖的降低而发生变化。

本模型还有待完善,但它指出了 L2 在 L3 产出方面的重要性远比我们之前想象的要重要的多。

2.4.7 多语处理模型

多语处理模型(Multilingual Processing Model)(Franz-Joseph Meißner,2003)是个建构主义的模型。建构主义的学习观认为,学习者的先前经验、学习情境、与学习有关的我们称之为学习共同体的社会文化环境都会参与学习者对知识的主动建构。在学习中,学习者需要结合自己原有的经验体系,学习探索新知识,将所学知识的不同部分联系起来,将新知识与原有的知识经验联系起来,将正式的知识与自己日常的直觉经验联系起来,形成深刻的理解,作出合理的推论和预测。学习者还要依照知识之间的逻辑联系,以基本原理和概念为核心,形成良好的、统一的经验体系(结构),建构的是属于他们自己的知识经验(参见图 2.6)。

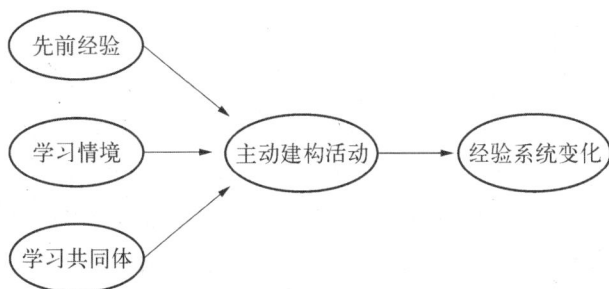

图 2.6　建构主义学习模式

这一模型认为,在初遇到一门新的语言时,学习者往往求助于其他相关语言,根据语言情境中的线索,调动头脑中事先准备好的多方面、多层次的先前经验,来解释这些新信息、解答这些新问题,以形成对这门语言的假设,并且通过这个假设建立目标语的"即时语法"(spontaneous grammar)。这一切都取决于学习者对其他相关语言的了解,并根据多语策略进行重组、转换或者改造。学习的实质就是学习者的经验系统的变化。也就是说,学习者经过学习,其经验系统得到了重组、转换或者改造。这一学习结果是由于学习者经历了主动建构的过程而导致的。

与角色—功能模型一样,该模型也认为学习者使用一门或多门"桥梁语言"(bridging languages),即学习者已经知道的并且在理解目标语时能调用的语言系统,只有这些牵线搭桥的语言在词源上与新学语言相近,并且学习者也达到了一定程度的水平。学习者每新学一门语言,他们就多增加了"多语言中介语法"(Pluralingual intergrammar)。这种多语言中介语法包含着所有他们所知语言中的相应部分,成为将来所学语言的基础。这一模型的不足之处在于它仅仅关注语言学习中的接受能力。

2.5　多语词汇的心理语言学研究

心理语言学家把词汇知识在人脑长时记忆中的组织,即词汇的心理表征,称为心理词汇。Carroll(2000)认为,心理词汇的特征包括词的意义、拼写、发音、与其他词的关系以及相关信息。由于心理词汇必须兼顾大容量储存和有效提取两方面,常被比喻成人脑里的字典。因此,"心理词汇"又叫"心理词库"、"心理词典"、"内部词汇"、"内部词典"(mental lexicon 或 internal lexicon)等。心理词汇不仅包括讲话人了解的每个单词的词形变化,而且包括关于单词的所有语言信息:单词的语义内容、句法特征、音位的形状等(Navracsics,2007)。

心理词汇呈网状分布,在大脑的永久记忆中形成语义网。语义网上布满了节点,一个节点对应一个概念或其相应的概念名称——单词,不同的节点间相互连接,一个节点的激活将会促进其他节点的激活,越近的节点得到的激活越强。激活节点即可从心理词汇中提取相应的概念或相对应的概念名称——单词。"心理词汇是研究词汇是怎样储存在记忆里和怎样被提取的"(桂诗春,2000)。围绕着L3/多语的词汇加工处理以及心理词库的本质和语间的相互作用,Leung(2007)认为,最关键的两个问题是:1) 是一个单一的词库还是多语词库并存;2) 词汇提取是具备语言选择性的还是不具备语言选择性的。

2.5.1　共享的单一词库 vs. 独立分存的多语词库

心理词汇包括母语心理词汇和多语心理词汇(贾冠杰,2008:27)。不同语言的词汇在记忆中是分别存储还是共同存储,语义知识是共享表征还是独立表征的,这是两种完全对立的看法。

　　一个统一共享的单一的心理词库(an integrated lexicon)包括讲话者所知的所有的语言信息。来自另外的语言的信息只不过是加入现有的词条(existing entries),所以词库会随着信息的增加而扩大规模。在这个巨大的统一的心理词库中,说话者能通过语言标记(language tags)或包含语言身份(language membership)的节点来区别不同的语言,而语义标记的使用会因说话者是处在语言产出还是语言理解过程中而有所不同。相反的观点则认为,说话者的几种语言都有各自独立分开的词库。由于语言信息是根据语言身份划分的,语言标记在引导产出和理解过程中并不发挥中心功能。

　　Kolers(1963)提出了双语知识表征的共享存储模型(shared store model)和分离存储模型(separate store model)。共享存储模型认为双语者只有一个超语言的语义表征系统,形成一个单一的语义认知系统,而分离存储模型认为语义知识的表征是因语言而异的(language-specific),在头脑里分别进行表征,双语者具有两套分别对应于各自形式表征的语义表征系统,分别处理来自第一语言(L1)和第二语言(L2)的信息。Paivio(1986)认为双语者有两套不同的语言和非语言系统;非语言系统独立于语言系统并担任两门语言间的共享的概念系统。

　　目前所进行的研究既有证据支持独立分存的几个心理词库,也有支持一个单一的、统一共享的心理词汇库。这些兼而有之的证据说明这两种假设在某些方面都是正确的。独立分存的心理词库在某些方面是统一的,统一共享的心理词汇库在某些方面是分离的(De Angelis 2007:99)。随着研究的深入,研究者比较一致地认为:两种语言信息的词汇表征(lexical representation)是独立的,而两种语言的概念表征(concept representation)是共同的。Singleton(2003)指出,大多数支持一个统一共享的心理词汇库的学者所依据的都是语言间的跨词汇联结,而不是完全的统一。同样,独立也不是完全的分离。研究发现,所谓的独立更多的是功能的分离而非内部信息的完全分离。因此,非此即彼的立场可能不能很好地解释多语心理词库的结构组成。De Angelis(2007:108)指出,对语言产出的研究证据支持词库分离的观点,而与语言理解有关的研究支持共享词库的观点。

来自跨语言影响方面的研究证据也支持独立的观点。跨语言影响以隐藏的或明显的形式发生在所有的层次(Odlin 1989)。如果两个词库统一在一个词库里,那么一种语言的词汇就不会轻易地影响到另一种语言的词汇,而事实正相反。不同的语言经常渗透性地相互影响,这就意味着不同的词库间有一定程度的分离,主要在即时处理时才会允许选择与特定语言有关的信息。

2.5.2　非特定语言提取 vs. 特定语言提取

心理词汇的提取是语言理解与输出的重要步骤。词汇的提取(lexical access)就是指我们激活(activate)心理词库中某一词语的心理表征的过程。当某个词在我们的心理词库中被找到时,与其相关的信息也同时被激活了。但是,词汇提取的控制机制是什么? 词汇的提取表现出的是非特定语言提取还是特定语言提取? 换句话说,单词的加工是否具有语言选择性(language selectivity)? 当我们面临词汇选择的任务时,我们是先从一门语言中提取,然后再处理另一门语言,还是平行进行,同时从所有语言中搜寻? 心理语言学对阅读和单词辨认的研究表明,在这个过程中,不仅仅是目标语单词本身的信息被激活,其他分享了该目标词的词汇形式的词也同样被激活。在某种程度上,单词辨认具有平行提取的特点,不同层次的信息相互作用直到出现一个候选词(McClelland & Rumbelhart,1981)。那么,被激活的非目标语言词汇与被激活的目标语言词汇之间是否形成竞争或者干扰? 对于这个问题的回答,形成了两种对立的观点:非特定语言提取(language-unspecific selection)和特定语言提取(language-specific selection)。

非特定语言提取的理论认为,当语义系统将双语者的两个词库激活之后,双语者会考虑所有被激活的词汇,而不管它们属于哪种语言。双语者两个词库被激活的词汇都在词汇提取的候选词之列,那么,非目标语言的词汇必然会对目标语言的词汇提取产生干扰或者竞争。在这种情况下,双语者让两个词库词汇的激活水平保持一种非平衡状态,使目标语言词汇的激活水平高于非目标语言词汇的激活水平,从而成功地选择适当的词汇。(李利等,2006:648)

特定语言提取的理论认为,当语义系统将双语者的两个词库激活之后,双语者只考虑目标语言中被激活的词汇,而非目标语言中被激活的词汇并不在双语言语产生中的候选词汇之列。这样,非目标语言中被激活的词汇并不会对目标语言中词汇的提取造成干扰,而且它们也不会有能力去干扰目标语言中词汇的提取。(李利等,2006:650)

简单地说,"特定语言提取认为词汇是可以从特定语言的网络中单个地提取,正确语言的选择是通过'输入转换'(input switch)来指导选择过程的,而非特定语言提取则认为,来自不同语言的词汇是平行激活的直到选择过程中的某一点。"(Dijkstra 2003)在过去的几十年里,特定语言选择派更受青睐(Gerard & Scarborough 1989;Macnamara & Kushnir 1971),但近二十年来对单词辨认中的临近效应(neighbourhood effect)的研究、对同源词以及不同语言间同音词/同形词处理的研究、跨语言启动(priming)和重复效应的研究、眼动轨迹(eye-tracking)的研究、大脑映像(brain imaging)以及语言产出中图片命名(picture-naming)等方面的研究,都更支持非特定语言选择派的观点(De Bot 2004:17-20)。关于在 L3 语言产出中,语言是否具备选择性这个问题,在双语研究领域获得的心理语言学和神经语言学实证研究似乎都更支持非选择性提取。

如果语言的提取与特定语言无关的话,那么,两门语言必须处于活跃状态。根据 Grosjean(2001)的语言使用模式(Language Mode model)，掌握不止一门语言的学习者处于从完全单语模式到完全双语或多语模式。某门语言的单词需要有一定程度的活跃性，这样它们才能处于与另一门语言大致相同的层面，以便被提取。我们可以这样理解多语的处理：除了为了完成某一具体的任务而保持活跃外，这门语言的其他成分(elements)也要保持高于某一水平的默认活跃度，但这也并不意味着多语者的所有语言，无论其熟练水平如何，都同时参与竞争。Meuter & Allport(1999)认为，如果要使用L2，就需要对掌握得更扎实的L1进行积极的抑制。从L2转换到L1时，这种对L1的抑制依然持续存在，这使得提取L1比转换到L2更困难。相比之下，L2不是被压制得很厉害，因而激活L2就不是那么困难。这一研究发现与特定语言选择观点是相悖的。

如果词汇的提取是具有特定语言选择性的话，那么在未被选择的语言中的干扰项应该不会造成什么影响。但是，如果词汇的提取是非特定语言选择性的话，非目标语的干扰项不仅会影响不小，而且它们的位置也能告诉我们是跨语言间的哪个层次参与了竞争。

事实上，非特定语言提取和特定语言提取从一个侧面反映出心理词库是一个共享的单一词库还是多语词库独立并存这个问题。Kroll & Dijkstra(2000)谨慎地表达了他们对不同提取模式的看法："从逻辑上说，没有必要把特定语言提取与分离的词汇表征联系在一起，把非特定语言提取与一个共享的词库联系在一起；不同的表征和不同的提取方式可以被视作独立的领域"(Kroll & Dijkstra 2000：301)。

绝大多数的实证研究揭示，在双语的词汇提取中，即使两门语言都有自己的不同表征，两门语言都被激活(尽管是不同程度的激活)。关于多语/L3的词汇加工处理，Dijkstra(2003)和Wei(2003)都一致认为存在一个统一的词库(a unified lexicon)，虽然二人关注的侧重点不一样：前者关心的是视觉理解(visual perception)，后者关注的是产出。Hall& Ecke(2003)的研究似乎也暗示着同样的立场。Lemhofer等(2004)研究了同源词效应在28位操荷兰语—英语—德语的三语者三语加工处理中的情况并发现：作为 L2 的英语能加快 L3 德语的单词辨认。其研究结果也支持语言提取的非选择性。换句话说，多语者以前所学的所有语言在词汇提取时是同时被激活的，情况并非是只有 L1 被激活了，或是 L1 在 L3 的加工处理中具有优先权。这些结果证明，三语者的所有三门语言都是同时被激活和进行平行处理的。当然，也有学者持不同的见解。Spottl & McCarthy (2003) 却对独立词库的解释持怀疑的态度。Herwig (2001) 更是做出了在一个大的网络系统中允许语言的选择的研究结论。她对多语词汇处理的研究表明，词汇的获取"需要对几门语言进行自动的、有意的查询。"Schonpflug (2000) 指出，多语者心理词库的不同语言都有各自的表征，即时处理时是分别提取的。

　　虽然很多研究发现都支持双语、三语和多语在词汇的处理加工中，所有的语言都被激活，但是否所有语言的激活程度都一样？其中一门会不会比其他的更活跃？如果情况如此，那么，应该是哪门语言？

　　对第一个问题的回答是：不同的语言的激活程度是各不相同的，而这些不同的激活程度取决于接触和使用的量、所达到的熟练程度、教学方法、习得年龄以及其他许多的变量。假定在某个时间段，每门语言都有自己的默认活跃度。经常使用的 L1 有更高的活跃度，而一门多年前学的或是几个星期前学的语言的活跃度就非常低。激活一门语言意味着提高它的活跃度，降低其他语言的活跃度。鉴于不同的语言的激活程度是各不相同的，我们需要一个机制来保证一门有较低的活跃度的语言能够被激活。如果没有这样一个机制，较常使用的语言肯定总是占上风。

　　激活甚至于具体说到抑制都永远不会像一对开/关，确切地说像按压在水桶里的乒乓球，用手能按压住大多数球，但总有几个会不时地跳到水面。同样的道理，完全地压制一门语言，尤其是一门活跃度很高的语言几乎是不可能的。在三语现象中，人们往往以为 L1 对 L3 的影响会比 L2 对 L3 的强。但 Hammarberg (2001) 和 Dewaele

(1998)的研究表明,L2 对 L3 的影响远比我们从其活跃度所做出的预期要强。根据 Clyne(1997)的观察,不同语言间的汇合(convergence)很可能起了重要的作用。另一种解释是,由于 L1 用得较多,因而它形成了更强的网络,相比较联系松散的 L2 和 L3,很容易将其作为一个整体进行抑制。

对后一个问题的回答取决于不止一个因素。跨语言提取、干扰的来源和强度受制于这样一些变量:L1 的主控地位(其原因在于 L1 更多地得到使用,有着更强的网络联结)、语言水平以及新近的激活度(recency of activation)。此外,Hammarberg(2001)还提出了 L3 习得中的 L2 因素——从 L2/L2s 而非 L1 迁移的倾向,以及 L2 状态——激活 L2/L2s 而非 L1 的倾向。这两个概念似乎表明,所有的非本族语都"自成一组",与 L1 对立,因此,L2 相比较 L3 而言,被提取的更快,对 L1 的影响也相应更强。这个结论似乎与另一个重要的因素——语言类型相抵触。根据语言类型的观点,是 L1 还是 L2 发生迁移,这取决于与目标语是否相近。

多语的词汇提取的研究,也是一样的原理,结论也大致相同:

● 心理词库中词汇的提取是非特定语言选择性的。来自几门不同语言的词汇都会争取表现出一定的活跃性,但最低限度的熟练水平/活跃性是必须的,而且它们默认的活跃度要足够高这样才能参与竞争,以便被提取。

● 非特定语言选择提取并不意味着任何语言中的词汇都有平等选择的机会。其原因是:处于一组中的语言或受到激活或受到抑制。经常使用的语言有很高的默认活跃度,因而难以被压制或抑制,但一旦被抑制就更难被激活。

● 如果语音层次上有共享的形式,那么,这些共享的形式就会共同激活不同语言中的其他要素。(De Bot 2004:23 - 24)

如前文所述,对于词汇的提取有两种观点。一种观点认为语义系统在激活阶段就更多地激活了目标语言的词汇,从而实现词汇的提取,而另外一种比较有代表性的观点是双语者的词汇选择包含了对非目标语言词汇的抑制加工,即通过抑制非目标语言被激活的词汇实现目标语言词汇的选择。那么,在提取多语词汇过程中,信息处理工作量的增加是否会降低学习者在目标语中的表现,存储在大脑里的大量的语言信息是否会很明显地放慢、减缓产出或理解的速度?

　　Festman(2004)就第一个问题进行了研究。她要求 17 位对象三语者(操德语、英语和法语的三语者)在两种情况下用三种语言命名图片——每次使用一种语言和三种语言混合使用。她比较了在两种情况下每种语言的获取速度和准确性,发现当三种语言混合使用时经常出现的语言转换影响了说话者的表现:词汇提取速度被降低、错误率增加、表现也不那么准确。

　　对于第二个问题,Magiste(1979)指出,存储量的大小可能带来一些干扰效应,"假设一个人积极使用他存储的词汇材料,那么,他拥有的某一概念的词汇存储量越大,受到的干扰就越大"Magiste(1979:87)。Tulving & Colotla(1970)则把较慢的产出过程归因于语言标记(language tags)或者说语言身份(language membership)的存储。心理学的研究已经表明,在回忆任务中记住额外的信息会降低一个人回忆信息的能力。如果要求记住如语言身份这样的额外信息,他会因此而放慢处理速度。Schonpflug(2003)的研究也证实,信息的存储量会影响一个人完成单词片段(word fragment)任务。这些研究结果都支持这样的观点:若想多语言产出过程产生一定的影响,就应该积极使用语言信息。

　　对双语处理研究的发现表明,在所有的任务中双语者在处理他们相对较弱的那门语言时,速度都较慢。Magiste(1979)对单语者、双语者以及三语者进行了对比研究。结果表明,相比较单语者和双语者而言,三语者在大多数的任务中,如看读单词的解码任务和说出物体名称的编码任务,都进行得较慢。这个研究至少表明,多学一门语言总要付出些代价。这也许是因为我们的处理机制已经根据 L1

形成了自己的处理节奏,因而处理起另外一门语言时,其深层次的过程并不相互一致,也就是说,另一门语言在其系统中有自己的"鼓点",它要调整自己的处理速度去提取信息。

2.5.3　多语的心理词汇模式

心理词汇处理模式关注词汇储存系统的结构和该系统在不同条件下被激活的方式(蔡金亭,2006)。关于词汇的提取有多种理论,Singleton(2006)总结了四种比较知名的心理词汇处理模式:Morton的词汇发生模型(logogen model)、Marslen-Wilson 的交股模型(cohort model)、Forster 的检索模型(search model)和 Levelt 的普通语言处理模型(general language processing model)。以上这些都是单语词汇处理模式,其中 Morton(1969)提出的词汇发生模型与Marslen-Wilson 等人提出的交股模型的解释力最强。前者主要用于解释视觉词汇的提取,后者主要用于解释听觉词汇的提取。Forster词汇提取的"检索模型"和 Morton 的"词汇发生模型"被视为词汇提取研究的两大主流。在双语乃至多语词汇的研究领域,影响最大的单语词汇处理模式是 Levelt 模式(1989,1993)。Levelt 的词汇模式由两种独立成分组成:概念语义句法和语用信息的词元,与该词元有关的语音形式,即词位。De Bot 的多语词汇加工模型就是对Levelt 的词汇模式的修改。

多语(包括双语)心理词汇模式研究从上世纪中叶以来引起了很多学者的重视。对于双语者和多语者的词汇组织,正如前文所述,大致有两种观点。一种观点认为,不同语言的词汇是分别存储的,来自L1 和 L2 的信息是分别被处理的,而相应的概念是在语义层次相联系的。另一种观点则认为,不同语言的词汇是存储在一个单一的语义认知系统。随着研究的深入,研究者们发现,双语的记忆和存储是在两个层面上进行的:存储词语形式与语音的词汇表征(lexical representation)是独立的,而存储语义特征的概念表征(concept representation)是共同的。

董燕萍、桂诗春(2002)在分析了几十篇前人研究文章的基础上，总结了除了 Weinreich 模式(1953)外的心理词库的七个表征模型：双语词汇记忆的独立存储模式(Kolers，1963；De Groot & Nas，1991)、概念调节和词汇连接模式(Potter 等，1984；De Groot & Hoecks，1995)、混合型和非对称模式(后为修正等级模型)(Kroll & Stewart，1994)、分布型模式(distributed lexical concept model，DLC，De Groot，1992)、双编码模式(dual-coding model，Paivio，1991)。除上述七个表征模型外，贾冠杰(2008)也总结了这一领域的一系列实证研究所得出的多种相关模式：双语互动激活模式(Dijkstra，2003)、IC 模式(Inhibition/Control model，Green，1998)、共享分布式非对称模型(the shared distributed asymmetrical model，董燕萍等，2002)、Kroll & Dijkstra 模式(2000)、三语互动激活模式(Dijkstra，2003)、Macnamara 模式(2005)、多语心理词汇动态模式(De Bot 等，2005)等。简单来讲，上面提到的这些多语心理词汇模式可分为"分离模式(separation model)和共享模式(integration model)"两大类。分离模式认为，全部或部分词汇存储于分离的空间。Weinreich 模式(1953)、Kroll & Stewart 的修正等级模型(1994)就属于分离模式。其余的属于共享模式(贾冠杰 2008)。

需要指出的是，大多数心理词汇模型及其机制也是从双语词汇而来。如前文所讨论的多语的处理模型一样，这样的扩展和改编既有优点也有缺点。一方面，关于双语词汇的种种假设已经得到了广泛而充分的研究，为扩展多语心理词汇模型打下了坚实的理论基础。另一方面，双语词汇的坚实的实证基础并不一定能很好地直接解释多语的词汇组织问题(De Angelis 2007：87)。下面即将讨论的模型是比较多地被借用来解释多语心理词汇的组织和处理的模型。

1) Weinreich 模式

Weinreich 早在 1953 年就提出了双语者的语言间可能存在的三种关系类型：(1) 并列双语(coordinate bilingualism)：双语者两种

语言的两个词汇系统分别与不同语言的概念系统相联系。不同语言的词汇完全独立存储，每种语言的词汇对应各自的概念系统。(2)复合型双语(compound bilingualism)：每种不同语言的单词存在共同的概念，双语者两种语言的两个词汇系统直接与一个共享的概念系统相联系。(3)从属双语(subordinate bilingualism)：双语者两种语言只存在一套概念，第一语言词库中的词语与概念表达有着直接的联系，而第二语言词库中的词语与相关概念没有直接的联系，双语者的L2中的词汇项目提供它们在L1中的翻译对等词与概念系统间接联系(参见图2.7)。Weinreich(1953)认为，双语间的这三种联系并不是相互排斥的，一个人可能同时拥有不同类型的双语。有些词之间形成的是复合关系，而另一些词之间可能存在的是并列关系或从属关系。

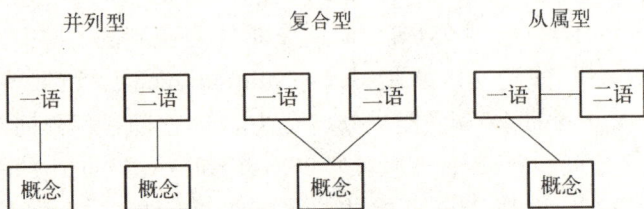

图 2.7　双语词汇的三种关系类型

　　Singleton(2003)指出，Weinreich(1953)并没有进一步解释清楚一门已习得的语言是如何与后来学习的语言建立一定的关联的。他以并列双语者学习三语的假设为例，提出这样的问题：如果新的语言与已经存在的两门语言之一发展了从属关系，那么应该从属于哪一门呢？有两种假设：其一，与最相近的语言建立起并列关系；其二，新语言的词汇与已经存在的语言发展出强度不等的内部联系。Singleton似乎更青睐后者。

　　2) Potter *et al*. 词汇连接模型和概念调节模型

　　Potter et al. (1984)提出的词汇连接模型(word association model)和概念调节模型(concept mediation model)阐述的就是存在

于不同语言间的内部联系。

词汇连接模型认为,两种语言的词汇表征和共有的概念表征之间的联系是不一样的。第一语言(L1)中的词汇表征直接与概念表征相联系,而第二语言(L2)中的词汇表征和概念表征之间需要以第一语言的词汇表征为中介,间接地与概念表征相联系。也就是说,在进行跨语言的加工时,两种语言的词汇表征层可以直接进行转换。

与之相对的是概念调节模型。概念调节模型认为,双语者的两个词汇系统是通过共享的概念表征相联系的。两种语言的词汇表征都分别与概念表征直接联系,而词汇表征层之间没有直接的联系。在进行跨语言加工的时候,双语者可以通过第二语言的词汇表征获得相应的概念步骤,两种语言的词汇表征都要通过概念为中介进行调节转换。

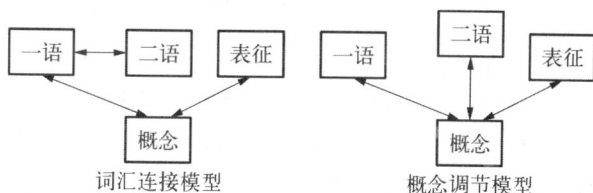

词汇连接模型　　　　　　　　概念调节模型

在词汇连接模型中,一语和二语是通过词汇表征与概念相连的。也就是说,L2通过词汇联系(lexical links),也就是通过翻译对等词,与L1相联,然后再从概念系统中提取意义。而在概念调节模型中,由于两个词汇存储都是与一个共同的语义表征相连,L2词汇可直接提取语义。

通过考察受试者完成图片命名和翻译任务所需的反应时,并且预测他们的反应时是不一样的,可以验证这两个模型的假设是否正确。其原因是:图片命名提取的是概念存储,而翻译任务只有在概念调节理论是正确的情况下才会去提取概念存储。如果完成两项任务的反应时大致相同,说明在执行这两项任务时,概念存储被提取,如果完成图片命名用时较长,将会提供证据支持词汇连接模型。实验结果明确支持概念调节假设,并且支持形式表征和意义表征的层次结构。在这个层次结构中,每门语言的词汇形式是独立存储的,而词汇意义则是存储在一个单一的概念系统里。换句话说,词汇连接模型和概念调节模型都是部分正确的假设,前者正确在词汇形式,后者正确在词汇意义。

De Groot(1993)对词汇进行了具体和抽象的区别,并且认为不同语言间的具体词在记忆中共享一个节点,而抽象词则有与特定语言有关的概念表征。De Groot & Hoecks(1995)针对荷兰语—英语—法语的三语者做了两次不同的翻译实验:翻译产出(translation production)和翻译辨认(translation recognition)。在前一个任务中,受试者把40个荷兰语单词(20个具体词,20个抽象词)翻译成他们的外语(英语和法语)。后一项任务要求受试者辨认80对单词,即80个荷兰语单词以及它们的法语或英语对等翻译,并判断翻译是否正确。De Groot & Hoecks假定母语与一门较弱的外语(法语)间的词汇联结是词汇连接模型,而母语与一门较强的外语(英语)间的词汇联结是概念调节模型。实验结果表明,非本族语的语言水平与词汇—语义组织之间存在明确的关系。作者还强调指出,学习者可以同时拥有概念调节和词汇连接两种模型。

3) Kroll& Stewart 修正等级模型

在对成人初学者和熟练双语者翻译速度的研究中,Kroll& Sholl(1992)发现了两种方向的翻译速度的非对称性和翻译路径的非对称性。Kroll & Stewart(1994)再次考察了图片命名和翻译任务的差别并且发现:在图片命名任务中,受试者用L1的反应要比用L2的反应快,而在翻译任务中,受试者把L2翻译成L1的时间要比把L1翻译成L2的时间短。他们发现两种语言间的联系并不是一样强,L1→L2的翻译是通过概念调节,L2→L1的翻译不涉及概念,仅在词汇层面进行交换。于是,Kroll& Stewart提出了修正等级模型(the Revised Hierarchical model, RHM)。该模型认为,在词汇层面,语言是单独存储的,两种语言间存在共享的概念表征,但共享的概念表征对L1和L2来说并非具有同等的可提取性。在该模型中,词汇联结的强度随熟练程度不同而变化。而且,L2 到 L1 的词汇联结要比 L1 到 L2 强;与概念系统之间的联结,L1 要比 L2 强。L2 的词汇表征与概念表征之间的联系既可以以 L1 的词汇为中介,也可以直接联系。这一模型综合了词汇连接模型和概念调节模型的内容,强调两种语言间词汇联结的不对称性以及两种语言词汇联结强度的不对称性,因此又被称为非对称模型(the asymmetry model)。

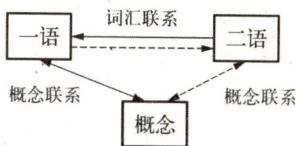

修正等级模型

4) Dijkstra 的"多语互动激活模式"

Dijkstra(2003)的"多语互动激活模式"(Multilingual Interative Activation Model,简称 MIA 模式)主张的就是非特定语言提取。MIA 是个多语单词辨认模式。该模式认为,不同语言间存在着一个共享的单一词库,不同的语言是同时激活和平行提取的。多语互动激活模式是由"双语互动激活模式"(Bilingual Interactive Activation Model,简称 BIA 模式)(Dijkstra & Van Heuven,1998)发展而来。而 BIA 又是由 McClelland & Rumbelhart(1981)提出的单语词汇辨认模式"互动激活模式"(Interactive Activation Model,简称 IA 模式)演变而来。

简单地回顾一下这个过程。根据 IA 模式(参见图 2.8),单语者的单词辨认(visual word recognition)发生在三个层次:特征(feature)、字母(letter)和单词(word)。特征节点侦察某个词的视觉特点是否存在(即是否有字母的线性组合)。输入的字母串"接通"(switches on)在每一个字母位置的某些特征,随后激活包含这些信息的字母,抑制不包含这些信息的字母。与此同时,每个被激活的字母又会激活有字母在那个正确位置的所有单词,抑制在这个位置的其他单词和字母。最后,所有被激活的单词在激活自己的组成字母时相互抑制(自上而下的反馈)。经过一系列的加工处理循环,某些单词和字母就达到一个渐进的激活值。当设置在词汇层面的激活阈值被越过时,单词辨认就发生了。如果输入被关闭,激活程度就会随着激活的减弱降低到初始水平。

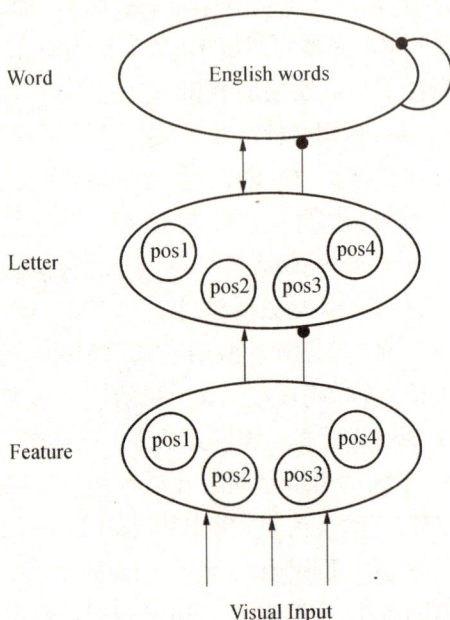

图 2.8　互动激活模式(Interactive Activation Model)

(正常的箭头表示激活的节点,带圆头的直线表示被抑制的节点)

(Dijkstra 2003：13)

　　BIA 模型(参见图 2.9)增加了第四个层次——包含语言身份(language membership)信息的"语言层次"(language level)。根据 BIA 模型,一个共享的词库包含来自两门语言的单词(单词层次),而另增加的一个层次(语言节点层次)包含语言标记(language tags);使用中的节点通过一个"自下而上"的过程(top-down process)抑制不在使用中的语言的单词。换句话说,在 BIA 模型中,人们对词汇的处理需要经过一个从元音、字母开始,然后到单词,之后再扩大到词组等的"自下而上"的过程。在这个选择过程中,相互竞争的语言压制彼此直到某个层次到达了激活的阈值。BIA 模型认为,心理词库在单词层面是共享的,但在语言节点层次却不再是共享的。在

BIA 模型中,一语单词和二语单词整合在一个心理词库中,单词激活前几个阶段表现出的是非特定语言选择性;语言节点表征单词的语言类属,对非目标单词产生自上而下的抑制作用,从而使双语者选择了目标语单词。语言节点的激活是受单词任务状况和任务要求影响的。

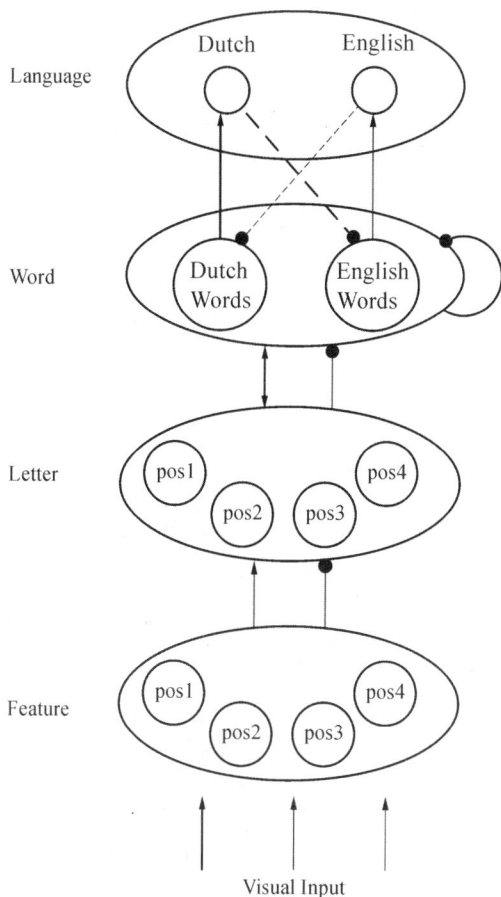

图 2.9 双语互动激活模型(Bilingual Interactive Activation Model)

(单词与语言模式之间的箭头反映出荷兰语单词输入期间的很强的激活流程)

(Dijkstra 2003:16)

多语互动激活模式(MIA)(参见图 2.10)与双语互动激活模式(BIA)的不同之处在于：共享词库的单词层次包含来自三门或更多语言的词汇,语言节点层次包含所有相对应语言的语言标记。与双语互动激活模式(BIA)一样,多语互动激活模式(MIA)的选择也是

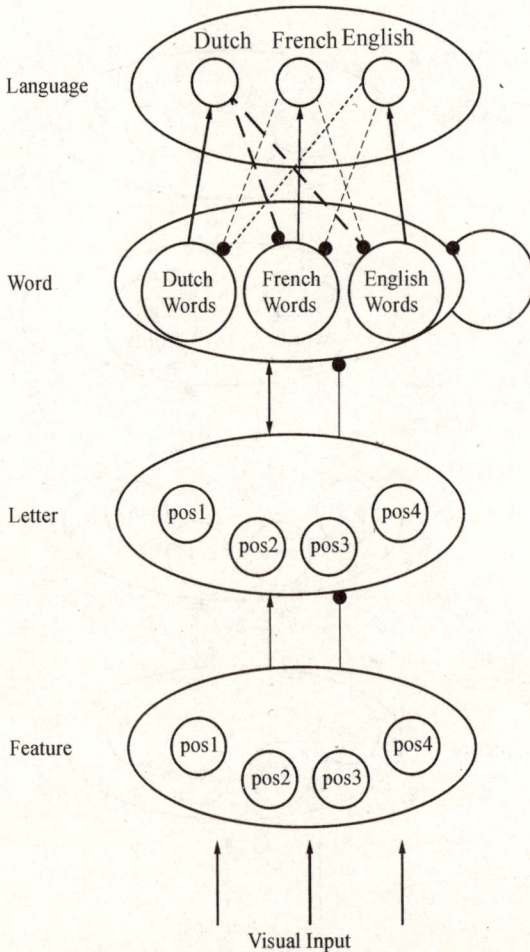

图 2.10　三语互动激活模型(Trilingual Interactive Activation Model)
(单词与语言模式之间的箭头反映出荷兰语单词输入期间的很强的激活流程)
(Dijkstra 2003:17)

通过竞争语言间的激活和抑制。从这个角度来看，关键的问题是词库中有多少个邻近的项目会参与竞争以便被选择。为了回答这个问题，Dijkstra(2003)模拟了新词加入词库时会引起的临近效应。根据他所作的计算，把一个荷兰语单词给一位有 2628 个词汇量(这些词汇由三到五个字母组成)的荷兰语—英语—法语三语者看，会激活 3 个英语近邻，2 个法语近邻。计算结果没有包括荷兰语—英语、荷兰语—法语和法语—英语之间的同形异义词。Dijkstra 认为这些得到的数据只不过是些估计，因为"近邻的多寡取决于使用了多大的词库、语言间和意义内部的同形异义词的表征、变音附加符号(diacritical marker)以及形态复杂的词"(Dijkstra，2003：18)。

Dijkstra(2003)简单地讨论了近邻密度(neighbouring density)和语言距离的问题。他认为非一语单词在心理词库中占据比较远的词汇空间，因而"从距离较远的语言来的、有同样拼写的词汇造成的干扰比关系紧密的词汇造成的干扰小"(Dijkstra，2003：20)。换句话说，类型相近的语言在提取过程中很有可能引发更多数量的词参与竞争。

5) De Bot 的多语词汇加工模型(2004)

De Bot 是目前专门讨论二语言语产出模式的研究者，他提出了建立多语词汇模型。他的模式是在 Levelt 的单语产出模式基础上修改而成的，并且希望这个模型能够解释不同语言在信息处理中的互动。Levelt(1989，1993)的模型是目前影响力最大的单语词汇处理模式，不但影响了双语的词汇模型，也影响了多语词汇模型的构建。"Levelt 的模型实际是关于语言处理各方面的总体模型，但由于它赋予了词汇特殊的重要性，因此常被当作词汇模型看待"(蔡金亭2006)。在整个模型中，词汇具有中心地位。

让我们再讨论一下在 Levelt 提出的言语产出的心理语言学模型(1989；Levelt *et al.* 1999)中，词汇是如何被提取的。

在 Levelt 的模型里(参见图 2.2)，提取词项主要与形式合成系统(formulator)的语法编码和语音编码有关。词元(lemmas)为语法编码器提供信息。词元包含词项的句法和语义特征。语法编码器产生合适排列的词注串。语音编码器利用储存在词形(form,即 Levelt 所谓的词位 lexemes)中的形态和语音信息,生成话语的具体语音计划。语音编码器的主要信息来源是词形,即关于一个词项内部结构的词汇信息。除了词元外,一个词项还包括了它的形态和语音的信息。为了辨认词语及其意义,话语理解系统可以提取词汇的词性和词注信息。它的输出是经语法分析的言语。按语音、形态、句法、语义输入言语表征。词汇选择可推动语法编码过程,信息中的语义条件被满足时,词元的提取激活了符合句法特征的句法步骤。

Levelt 的模型的词汇部分包括词元(lemmas)和词位(lexemes)。一个词的词元规定了它的基本意义、句法类属、概念构架、语法概貌(以动词为例,该动词是否可接直接宾语,是否可跟从句等)以及它变化的附加参数(diacritic parameters)(时态、体、语态等)。词元还包含"词汇指示"(lexical pointer),指示该词的形态信息和语音信息在词库中的确切位置。

Levelt 认为词汇在言语产出中起着绝对中心的作用,整个形式合成(formulation processes)都是受词汇驱使的:

> 这意味着语法和语音编码都是受词汇调节的。前语言阶段的信息触发了词项(lexical items)进入激活状态。被激活词项的语法、形态和语音属性(property)又会反过来引发言语产生背后的语法、形态和语音编码过程。(Levelt,1989:181)

Levelt 将这种把词汇视为概念形成以及语法和语音形成的观点称之为"词汇假说"(lexical hypothesis):

> 具体来说,词汇假说并不要求说话者信息里任何东西会自己引发一个句法形式(syntactic form),如被动结构或与格结构(dative construction)。必须有由信息触发的调节的词项,而这

些词项又会通过它们的语法属性和它们的激活顺序引起语法编码器（Grammatical Encoder）产生某一具体的句法结构。(Levelt，1989：181)

Levelt模型表明,其产出过程主要靠词汇驱动,词汇选择驱动语法编码。当词元的语义条件与信息匹配的时候,词元检索将激活与其句法规格相对应的句法程序。De Bot据此建立多语词汇模型（参见图2.3)。

处于最高层次的是概念信息。概念可被视为是一系列的语义/概念特征。意义交叉重叠的概念有一些共同的特征。因而,激活一个概念意味着相应地激活一些特征,同时也激活有这些共同的特征的其他概念。语义启动效应（semantic priming effect）就是根据这些共有的特征进行的。"语言"（language）也是特征之一。如果概念和词元中的意义组成部分相匹配的话,词元就会被激活。不同语言的词汇会有共同的语义特征,这就通过概念系统在不同语言间搭起了桥梁。

下一步,词元会激活句法步骤。至于这些步骤是如何被储存和激活的尚不十分清楚。对于De Bot的研究目的而言,关键的问题是：是否有固定的集合能多多少少界定某一门具体语言的语法,如英语、德语、旁遮普语。假设我们拥有一套庞大系统,包含着我们习得的所有句法步骤,而这些句法步骤是服从于普遍处理过程的,因而在加工处理过程中它们的组合是受限制的。对于某一门具体的语言来说,经常使用的下一级步骤是有限的,激活这些步骤之一意味着在这子系统的其他步骤活跃度的提高。激活某一具体的词元会相应地触发句法步骤,这意味着激活几门不同语言共用的步骤。例如,分句中主语和动词倒装就是德语和荷兰语所共有的步骤,而非英语。类推到概念层次,几门语言共有的句法步骤会引发所有共有那个步骤的子系统的激活。

继续到下一个层次,词元（与句法步骤的激活平行进行）会寻找自己的词位(lexeme)。激活词位就开始了复杂的词汇形成过程。由此可见,在词汇的产生过程中,词元的激活先于词位。

Levelt(1993)提出的音节表(syllabary)是一个包含着有关词的形式、音节(是最有效的生成词的方式)的信息。这意味着一个很大的音节集合被存储着,并且当我们讲某门语言时,属于那门语言的音节就会被激活。不同语言的子系统会共有一些音节(或者说发音、发音方式),激活那个子系统的音节就会激活在这个系统的其他音节。共同的音节是不同子系统间的桥梁,相应地,也就是不同语言间的桥梁。对于语言学习者来说,他们很可能每次都使用某几门语言的发音或组合重新构建音节,只是到了很后期才会有很有效的以音节为基础的语言的产出。

2.6　多语模型的总结

到目前为止,我们已经讨论了不同的多语处理模型。Muller-Lance(2003)根据不同的描述标准,总结了目前的多语模型及其涉及到的内容(参见图 2.11)。

2.6.1　产出/理解的模型

包括 De Bot(1992)、De Bot/Schreuder(1993)、Poulisse/Bongaerts(1994)、Meißner(1998)、Williams and Hammarberg(1998)等人的模型。

De Bot 模型(1992)虽是改编自 Levelt 模型,但却是最接近原型的。由于在概念形成器里有与特定语言无关的宏观计划以及对应每门语言里的形式合成系统,这个模型理论上能够解释无限制数目语言的处理。De Bot/Schreuder(1993)增加了言语表达系统(verbalizer),以区别哪些概念基元是对应哪门具体的语言。对于语言的区别,他们认同语言转换的监察机制、Paradis 的子集假设(subset hypothesis)以及 Green 关于不同程度的激活的概念。

models	considered features of multilingual language processing												
	more than 2 languages	inferencing strategies	distinction of production and comprehension	different levels of language proficiency	role of typological similarity (L1−L2−L3···)	organisation of language separation	role of word beginnings	role of cognates	learning conditions	learning experiences	monitoring	role of motivation/ temperament	development/attrition
De Bot 1992			(x)	(x)		X					(x)		
De Bot/ Schreuder 1993			(x)	(x)	(x)	X		X			X		
Poulisse/ Bongaerts 1994				X		X					(x)		
Meiβner 1998	X	X	X	(x)	X	(x)		(x)					
Williams/ Hammar- berg 1998	X	X		X	X	X			X	X			X
De Groot 1993						X		X					
Kroll/Stewart 1994			(x)	X	(x)	X		X					X
Albert 1998						X		X					
Green 1986	X			(x)	(x)	X		(x)	(x)				(x)
Green 1998	(x)		X	(x)		X							
Hufeisen 2000	X	X		X	X			X	X		(x)	(x)	(x)
Herdina/ Jessner 2000	X	X		X	(x)			(x)	X	X	(x)	X	X

图 2.11　表现不同特征的多语处理模型

（图表中的 X 表示完全呈现了某个特点,(x)表示部分呈现或暗含了某个特点）

(Müller-Lancé, 2003：121)

Poulisse/Bongaerts(1994)的出发点也是认为语言选择是在概念形成器里进行的。他们进一步认为,两门语言是存储在一个心理词库里的,语言标记可以保证语言的区分。通过激活扩散(spreading activation)进行词元的选择。Meißner 模型(1998：63)是对 Levelt 模型的修改,同时表现产出和理解,但是却没有包括语言选择和区分。Williams/Hammarberg(1998)的角色—功能模型认为,在 L3 的语言产出中,虽然 L1 和 L2 得到同等程度的激活,但各司其职:一门语言是默认的语言供源(即一般是迁移的基础),另一门语言则起着工具语言提供者的作用(局限于具体的语言任务)。

2.6.2　心理词库构成的模型

包括 De Groot(1993)、Kroll/Stewart(1994)、Albert(1998)、Green(1986/1998)等人的模型。

De Groot(1993)认为,由于各自具体的存储方式,实词和同源词比抽象词和非同源更容易翻译。她同时终结了复合与并列双语的讨论。Kroll/Stewart(1994)提出了一个描述非平衡双语者 L1 和 L2 词汇表征的不对称的层级模型。Albert(1998)认为 L1 和 L2 的词汇表征是存储在不同地方的,但两门语言的字位(graphemic)和音位(phonological)表征却是共同存储的。Green(1986)的"抑制控制模型"(Inhibitory Control Model)的假设是语言产出需要能量,而资源是有限的。所以,所有的语言的激活度是不相同的:最活跃的语言抑制其他的语言。Green 区分了三种不同程度的激活:被选择、活跃以及休眠。语言的识别要靠标记。Green(1998)增加了很多层次的语言控制,如常规的语言行为或学得很好的行为。当自动控制不充分时,如在创造性的语言任务中,Green 认为有一种监督注意机制(Supervisory Attentional System,SAS)的存在。

2.6.3　习得、学习、耗损/磨蚀的模型

包括 Hufeisen(2000)的因素模型以及 Herdina & Jessner(2002)的多语动态模型。

Hufeisen 的因素模型区分了三语学习与二语学习,如外语学习

经验(包括元语言意识)、了解自己的学习者类型以及中介语。

Herdina & Jessner(2002)的多语动态模型阐述了多语发展过程中的一些特点,如习得的非线性、学习者的差异、语言耗损/磨蚀、相互依赖的语言系统以及相关的语言学习技能的发展等。在这个心理语言学的模型中,不同的语言系统相互依赖而并非独立自治,多语系统里的每个语言系统的行为在很大程度上取决于以前的系统的习得以及以后要学的语言系统。因此,孤立地看待发展是不可取的。习得多门语言会带来说话者心理语言系统的质的变化,而这些变化又会调整自身去适应新的社会和心理的挑战。

2.7 多语中跨语言影响的研究

当两门、三门甚至更多的语言彼此接触、产生互动时,在 L2 或 L3 的语言产出中,学习者无意中会有部分或全部的 L2 形式,如用一个 L2 单词代替本想说的 L3 单词,或是出现 L2 与 L3 语素的混合,形成一个既不存在于 L2 也不存在于 L3 的单词。这些都表明了说话者未能很好地抑制住以前学过的语言。在早期的研究中,这种现象称之为"干扰"(interference)(Weireich,1953),是"由于双语者熟悉的语言不止一门,而在语言使用时出现的对其中任何一门语言常态的偏离"。Weireich 的"干扰"实际上即为后来所谓的"负面迁移"(negative transfer),认为母语的影响阻碍了习得和产出正确的语言形式。事实上,"迁移"(transfer)的定义是:"迁移是目标语与任何以前学过(也许学得不十分到位)的语言间的异同互为影响带来的结果"(Odlin,1989:27)。迁移有正迁移和负迁移之分。但是随着研究的深入发展,一些学者认为"迁移"一词不足以反映语言接触在各个范围的结果,因为"迁移仅局限于指一门语言的某些元素被纳入另一门语言的过程"。"跨语言的影响"(cross-linguistic influence)更为恰当,能包括迁移、干扰、回避、借用以及与二语相关的语言的丧失

(Sharwood-Smith & Kellerman，1986：1)。在三语习得中，跨语言的影响包括 L1 对 L2、L1 对 L3、L2 对 L1、L2 对 L3 以及 L3 对 L1 的影响。

跨语言的影响近年来也成为三语习得领域的一个焦点。2.2 节"关于先前的语言知识和学习经验的两个假设"解释了语言间的相互影响。一是相互依存假设(Linguistic Interdependence)，此假设认为外语或者二语和母语只是在表层结构上有所区别，而在其核心上是相互依存甚至是一致的。二是阈限值假设(Linguistic Threshold)。阈限值或入门假设(threshold hypothesis)指的是两种语言的水平。两种语言的高阈值有正面的认知结果，而两种语言的低阈值对语言的学习没有甚至会有负面的认知影响。该假设最为基本的观点是：一个人的外语水平或者二语水平达到一定的程度以后，其母语的语言能力才可能向外语或者二语迁移，否则迁移无法发生。

很显然，当三门甚至更多的语言彼此接触时，跨语言的影响会更加复杂。那么，是哪些因素让多语者产出混杂或混合的语言形式呢？正如有关语言迁移的文献讨论中所指出的那样，许多变量的汇集造成了跨语言的影响。有些变量在多门语言的接触中对词汇的影响最大。从大的方面来说，这些变量包括语言类型的相似性、说话者的语言水平；从具体的层面来说，有语言标记的明显程度(markedness)、个别词汇的语素的粘着程度等。与多语学习者具体有关的因素有"外语的影响效应"(foreign language effect)、"最后学的那门语言的影响效应"(last language effect)等。有些因素在三语习得中似乎特别影响到 L2 在 L3 中的产出：认知模式(Dewaele 1998a，Grosjean 1995，2001)、语言类型(Cenoz 2001；Ringbom 2001)、语言水平(De Angelis & Selinker 2001；Hammarberg 2001)以及使用的频率(Hammarbarg 2001；Magiste，1986)等。

本节要评述的两本著作——Cenoz，Hufeisen 以及 Jessner 分别于 2001 年和 2003 年主编的《第三语言习得中的跨语言影响的心理语言学研究》(*Cross-linguistic influence in third language acquisition: psycholinguistic perspectives*）和《多语者词汇》（*The Multilingual Lexicon*），是该领域研究的最新成果，全面呈现词汇中的跨语言影响研究的最新成果。

2.7.1 《第三语言习得中跨语言影响的心理语言学研究》评述

Cenoz, Hufeisen 以及 Jessner（2001）主编的 *Cross-linguistic influence in third language acquisition: psycholinguistic perspectives* 一书，从各方面探讨了 L3 的词汇发展以及三语/多语者的词汇重现和加工，着重研究了 L2 或者说以前学过的语言在词汇方面对 L3 或 L4 的影响。全书除三位编者缩写的导论外，共收录十篇论文，分为四个部分。

第一至三章构成第一部分，主要讨论 L1 对三语习得的跨语言影响。

Cenoz 在第一章 *The effect of linguistic distance, L2 status and age on cross-linguistic influence in L3 acquisition* 探讨了年龄、语言水平、L1 和 L2 迁移之间的关系。三组在校学生被要求用他们的 L3 英语描述一幅图画。通过对他们在讲述故事中出现的迁移例子的分析，Cenoz 发现迁移并没有随熟练水平的提高而减少。相反，那些年纪较大、熟练程度较高但语言水平依旧很低的学习者却表现出更多的迁移。原因在于：年龄较大的学习者在认知层面和元语言发展方面比年龄小者更准确，他们更成熟的认知发展与语言经验让这些学习者能更清楚地感觉到可迁移性（transferability）和语言距离。这个发现证明了要发生迁移是需要一定的阈限值或入门水平的，超过那个水平学习者才能够使用 L1（或以前学过的 L2）。在研究中，Cenoz 还发现：语言距离比 L2 地位更能反映语言迁移状况，即在 L3 中体现出的跨语言影响。源语言在类型上与目标语越接近，越有可能被借用到 L3 词汇中，而且实义词的借用比功能词更为普遍。

Hammarberg 在第二章 *Roles of L1 and L2 in L3 production*

and acquisition 中针对 L1 英语—L2 德语/意大利语/法语—L3 瑞典语的多语者进行了 L2 地位的研究。研究发现，在 L3 的发展初期，L1 主导性地发挥着外部工具语言的作用（external instrumental role），在会话中履行语用功能，支持交际互动和词汇的习得，L2 在整个习得中主要承担 L3 词汇构建的外部语言提供者（external supplier language），特别是在 L3 的新词结构和发音模式上起着默认的供应者的作用。究竟哪门语言会成为外在的语言提供者或主语言（base language）取决于许多因素，主要是 L2 地位、语言类型、语言水平、是否新近学习的近因效应（recency）等，但随着学习者 L3 水平的提高，L1 的工具功能逐渐减弱，L2 的供应功能也随之降低。

De Angelis & Selinker 在第三章 *Interlanguage transfer and competing linguistic systems in multilingual mind* 中，探讨了形式的相似（formal similarity）和激活程度（activation）在语言迁移中所起的作用。他们研究了英国的两位多语者的两种不同类型的中介语迁移：形态和词汇的迁移——在学习目标语即一门非本族语时受到的来自另外一门非本族语的影响，出现借用非目标语词汇或语素的现象。他们发现，对非本族语粘着语素的选择受制于激活条件。除了心理语言类型因素、感知的形式相似度（the perception of formal similarity）外，词语的"外语化"（foreigness），即学习者往往使用中介语以便显得更像外语，使作者推论可能有一种被称为"外语模式"（foreign language mode）的认知模式。这一现象往往出现在学习 L3、L4 或 L5 的早期，学习者往往认为对中介语的感知是由自己的语言能力太低造成的，而不是语言距离造成的，不敢把先前的知识纳入目标语中，因而倾向于使用中介语以便显得更有外语味道。总之，感知的语言间的相似会对词汇的加工处理在形式方面有一定的影响。该文提出的一个重要的研究中介语迁移时应该讨论的问题之一就是："学习者感知中介语能力需要达到一定的临界值，他们才能够去判断语言距离和正确与否"（56）。

第四、第五章主要讨论产生 L3 时的词汇迁移及在语言模式连续体上三种语言的相互作用。

Ringbom 在第四章 *Lexical transfer in L3 production* 中关注两种类型的词汇迁移：形式的迁移（form transfer）和意义的迁移（meaning transfer）。受试者是 577 名来自芬兰语学校的芬兰学生和另外 577 名来自瑞典语学校的讲瑞典语的学生,他们都在学习 L3 英语。Ringbom 在对数据的分析中发现,在 L3 的产出中,L1、L2 迁移以不同的方式在不同程度上有所表现。由于语言间能相互识别形式的词形很多,L2 迁移在 L3 产出中表现为词汇。在三语习得的早期阶段,学习者往往经常使用 L2 的词汇。而语义模式和词的组合,如语法迁移几乎都是以 L1 为基础,与意义有关的错误都是来自于 L1 的,而与形式有关的错误则有可能是起因于 L1,也有可能是 L2,并且受语言的心理类型的制约。根据作者的观点,随着学习者学习另一门语言的不断进步,依赖词汇形式的迁移会逐渐减少,取而代之的是语义网络组织的心理词库。也就是说,意义的组织是发生在形式的组织之后的。Ringbom 强调 L2 和 L3 形式之间的相似以及语言类型的相近是迁移发生的一个重要因素。

Dewaele 在第五章 *Activation or inhibition? The interaction of L1, L2 and L3 on the language mode continuum* 中研究了 25 位 L1 荷兰语—L2 法语—L3 英语的在校三语大学生。他试图回答以下三个问题：1）如果其他的常量保持不变,情景正式程度的改变对语言模式的选择有多大的影响？2）说话者之间在语言连续体上以及其他一系列的语言变量中（反映流利程度、言语风格、社会语言学能力、词汇的丰富性、形态词汇的准确性以及某些错误类型）表现出来的差异性,与接受正规的目标语学习的量（L2 *vs.* L3）、目标语的常规性的功能性的使用等因素间有多大的关系？3）哪种模型能最好地解释研究所得数据中的语码转换和迁移现象？他发现,情景的正式程度、中介语的地位（L2 或 L3）以及在课外使用目标语的频率都会影响到语言模式（即主要使用哪门语言、其他语言维护多大的活跃度）的选择和表现。在语言模式这个连续体（language continuum mode）

上,靠近多语这一端的是非正式的情景,靠近单语这一端的是非常正式的情景。语码转换更多是见于非正式的情景,即靠近单语一端。说话者之间以及说话者自身在语言连续体上以及其他一系列的语言变量中表现出相当大的差异性,这不仅仅表现在语码转换,也表现在反映流利程度、准确性、复杂性以及社会语言学能力等方面。数据分析并没有明确地支持抑制控制模型,也没有支持激活模型,虽然后者对作者极具吸引力。

第六章到第八章构成本书的第三部分,关注的是三语习得者心理词库中 L3 词汇的习得和处理。

Ecke 的 第 六 章 *Lexical retrieval in a third language: Evidence from errors and tip-of-the-tongue state* 研究语言类型对三语习得的影响:语言类型相近的 L2 对母语为语言类型相对较远的 L1 的学习者学习 L3 的影响。这些 L1 西班牙语、L2 英语(中高级)、L3 德语受试者完成的是翻译任务。Ecke 发现了不同的影响类型:L2 对翻译错误有着严重的影响,但 L1 和 L2 在 L3 的"词在唇边现象"(tip-of-the-tongue state, 即 TOT)受到很大的压制。L2 在词汇错误中之所以有这么大的影响,主要是由于当 L3 单词不能找到时,L2 单词会自动激活,而且此时的监察水平也较低。L3 对 TOT 影响则是因为大范围的监察抑制了 L2 和 L1 的作用。

Herwig 在第七章 *Pluralingual lexical organization: Evidence from lexical processing in L1—L2—L3—L4 translation* 让受试者把 L1 翻译成三门相互关联的 L2,以此来研究他们的词汇加工处理。同时进行的有声思维(think-aloud protocol)让读者能跟踪知晓四位受试者在词汇提取或搜索时的路径。作者在对数据结果进行分析后得出结论:词汇知识表现在不同的认知层次,Herwig 据此从神经语言学角度提出了一个关于多语词汇的统一的网络模型。作者认为,感知的语言距离、语言使用者的水平以及课堂语言都会决定跨语言联系的本质和强弱。

Gibson *et al.* 在第八章 *Learners of German as an L3 and their production of German prepositional verbs* 中对 L3 为德语的 64 位三语者进行了研究。受试者被要求完成填空任务。填空的总体准确性表明,L2 因素和语言类型因素在完成填空任务中都没有什么影响。这一点与其他许多的研究相左。他们指出,L3 学习者有着更深和更广的语言学习策略和经验,以及更强的元语言知识,因而 L3 学习者"对学习能有更多贡献"(138)。但是在他们的研究中,这种预期中的 L3 学习者比 L2 学习者在学习德语前置性动词时更有优势并没有得到数据的验证。语言结构上的相似性似乎也并没有对前置性动词的习得有所帮助。相反,L1 和 L2 与 L3 越类似,其干扰系数就越大。然而,由于参与测试的受试者人数较少,填空设计方面也存在一些问题(如项目的选择、对受试者 L3 水平的控制等),根据所得结果很难得出可靠的结论。

第九章和第十章是对前面几章的补充和发展。

Fouser 在第九章 *Too close for comfort? Sociolinguistic transfer from Japanese into Korean as an L≥3* 中,深入探究了两位澳大利亚的英语本族语者的 L3 交际能力。这两位学习 L3/Ln 韩国语的澳大利亚人有着较高的日语水平。研究结果表明,日语对韩语有着很大的影响。迁移性取决于另外一门语言(日语)在多大程度上会帮助目标语(韩语)的习得。这个研究的一大贡献是收集到两位学习者有关过去语言学习经验的自我内省资料。这也是书中唯一讨论社会语言学方面和语用方面迁移的文章,极大地丰富了该书的内容。

Kellerman 的 *New uses for old language: Cross-linguistic and cross-gestural influence in the narratives of non-narrative speakers* 是本书的最后一章。这一章本质上不是讨论 L3 的,而是泛泛地讨论跨语言的影响:描写运动的词、叙事中的手势以及隐喻的运用中所包含的跨语言的影响。在谈到对 L3 习得的启示和运用时,Kellerman 将手势作为未来研究非本族语习得/交际能力的方向,并指出如何利用手势进行跨语言影响的研究。

早期为数不多的对 L3 词汇迁移的研究得出这样的结论：尽管以前习得的语言对 L3 系统的发展有着潜在的影响，语言类型和心理类型才是决定哪门语言才是"优先的"来源的关键。但本书几位作者所做的研究却得出各不相同的结论。Cenoz 发现有不同的迁移来源，语言类型是词汇迁移的关键因素，但互动策略的迁移也许更多地反映相似的语境和目标语的使用而非语言类型。语言距离而非 L2 因素能更强地预知 L3 习得中的跨语言影响。Ringbom 认为形式迁移与语言类型有关(typology-based)，而语义迁移则与 L1 有关(L1-based)。Hammarberg 以及 Ecke 的结论是 L2 地位是主导因素，而 Gibson *et al* 的研究结果则表明，既不是语言类型也不是 L2 地位制约着迁移的发生。

在这方面的最新进展是 Singleton & O'Laoire(2004，2005)所做的两个有关语言类型和 L2 地位的研究。Singleton & O'Laoire (2004)研究了操 L1 英语—L2 爱尔兰语(高级)—L3 法语的三语者。他们发现，在词汇方面与 L3 法语的语言类型更接近的 L1 英语，是词汇借用的主要来源。他们的发现更多的是支持(心理)语言类型，反对的是 L2 因素。但是，Singleton & O'Laoire 也承认，与英语不同的是，受试者的爱尔兰语水平虽然很高级，但毕竟不是他们的母语，因此英语的影响很轻易地就强过 L2 爱尔兰语。他们在 2005 年所进行的一次实证研究，再一次证明是英语而非爱尔兰语在跨词汇迁移中有着优先地位。由此可见(心理)语言类型在词汇领域的主要作用。

从本书研究者的研究中，我们至少可以得出三个重要的结论：1) L2 语言距离和感知的语言距离或者说语言的心理类型似乎是解释词汇中跨语言影响的重要因素（如 Cenoz, Hammarberg, de Angelis & Selinker, Ringbom 和 Herwig 等人的研究）；2) 与上一个观点相关的是：从某些语言的组合得出的结果，在很大程度上与这些语言间关系有着十分密切的联系，因而使得结论的得出更加困难；3) 由于学习者的个体差异会干预在习得过程中的诸多因素（如对待语言的态度、新近是否使用过某些语言、L2 的熟练程度、"外语味"等)(如 Cenoz,Ringbom,Dewaele,Herwig 和 Kellerman 等人的研究),三语习得中的跨语言影响呈现出很高的可变性。

总之,该书视野宽广,涵盖三语习得和运用的很多方面。为读者提供了全景式的信息,书中提出的关于多语处理和语言习得的心理语言学方面的问题为对这一领域感兴趣的研究者指出了未来研究的方向,是语言迁移领域价值颇高的著作。

2.7.2 《多语词汇》评述

Cenoz *et. al.* (2003c)主编的 *The Multilingual Lexicon* 全面而深入地探讨了多语心理词汇的核心问题——多语的词汇加工以及其中所体现出的跨语言的词汇互动。全书共有十二章。第一章 *Why investigate the multilingual lexicon* 是编者对全书构成的介绍。第九章和第十章关注的是有关多语的学习问题。第十一章的几位作者从神经语言学的发现中得出结论:是习得的年龄和流利程度而非语言类型距离导致了大脑在神经层面的不同程度的激活。David Singleton 在第十二章评述了全书所有的文章,并重点指出这些研究与跨词汇互动和多语词库的全面整合之间的联系,评价了书中提出的不同的词汇处理模型。下面即将详细讨论的第二至第八章涉及到了多语词汇的诸多问题。

在第二章 *Lexical processing in bilinguals and multilinguals: the word selection problem* 中,Dijkstra 讨论了哪些因素能帮助多语者在完成单词辨认任务时进行词汇选择,并在此过程中,总结对比了不同的单词辨认模型及其原理,并将这些原理从单语("互动激活模型")扩展运用到双语("双语的互动激活模型")和多语。Dijkstra 认为,存在着一个整合的心理词库。在这个心理词库中,词汇的提取是不具备语言选择性的。多语者和双语者的语言加工本质上是相似的。"多语者并不需要特殊的机制来解决阅读过程中的词汇选择。直接把双语的单词辨认扩展到多语(或把单语的模型扩展到双语)就足够了"(Dijkstra 2003:25)。此外,Dijkstra 认为许多语言因素能帮助多语者在单词辨认时作选择：与选择词项有关的邻近密度（neighbourhood density）、与具体语言有关的提示（language-specific cues）、语言距离（language distance）以及书写形式（script type），与语言环境（linguistic context）有关的形态、句法和语言身份信息等。总之，词汇的提取机制组织得非常有效，引发词汇选择的因素强大到足够保证多语者不会变成阅读速度慢的读者、会错意的听者或结结巴巴的说话者。

Schonpflug 的第三章 *The transfer-appropriate-processing approach and the trilingual's organization of the lexicon* 探讨的是二语和三语之间的概念的内在联系问题。他对三语和三语主动和被动能力对单词断片补全（word fragment completion）的影响作了如下的假设：

假设一：三语者在他们的二语和三语中的能力的活跃和消极与否（active and passive competence）对补全单词断片有一定的影响：说话者在他们的二语和三语中的能力越是强，在各自的语言中体现出的独特点就越是晚。这种论断是基于决定理论（decision theory）：决策过程中的选择越多，找到正确选择的时间就越长。

假设二：在完成补全单词任务时，二语能力强过三语能力的三语者，受二语的概念驱动要强过三语。受概念驱动的过程主要表现在补全单词时的翻译对等词的具体性和数量。如果说话者某门语言的能力相对较弱，他往往会在那门语言的感知层面处理词汇断片。Dufour & Kroll（1995）认为，语言能力的进步和提高必须是在对概念层次的处理上。因此，处于优势地位的二语应该是在概念层次处理的，而不那么占优势的三语应该采用资料驱使处理模式。

假设三：无论是二语还是三语中出现的不正确的补全单词的数目将随着说话者各门语言中能力的增强而下降。

假设四：可以预期二语或三语中的能力的活跃和消极与否对补全单词断片有不同的影响。主动能力比被动能力强的人能更好地完成单词补全任务。

为了验证这四个假设,作者要求母语为波兰语、二语为英语和三语为德语的 21 位三语者补全英语和德语混合在一起的词汇。所选择的这些单词既有具体的词也有抽象的词,而且还有不止一个翻译对等词。对于单词补全任务中影响速度和准确性的因素,她发现,由于心理词库中语言间潜在的相互竞争,学习者非本族语能力相对较活跃或者消极,完成补全单词需要的时间就越长。假设一和假设二得到了证实。实证结果还表明:无论是在三语者所测评的那门语言中,还是从三语者的其他外语中,低能力组并没有表现出最高的错误率。错误的出现与翻译对等词的具体用词和数量以及词所属的那门语言以及语言能力一样有关。这表明假设三未能反映出各因素间复杂的互动关系。假设四部分得到证实。

Jessner 在第四章 *The nature of cross-linguistic interaction in the multilingual system* 中,在"多语的动态模型"(DMM)框架下,提出了整合了迁移、干扰、语码转换和借用的"跨语言互动"(cross-linguistic interaction,CLIN)概念。这是一个比跨语言影响(cross-linguistic influence,CLI)更宽泛的概念。CLIN 同时也包括一系列决定多语系统发展的不可预知的动态影响。因此,跨语言互动并不是附加在前一现象上的一个分类,而是代表了多语系统不可或缺的动态层面的一个因素。DMM 关注的不是语言作为不同的系统(language as systems),如 L1、L2、L3 等,而是不同的语言系统(language systems),如不同的 L1 自成一统、不同的 L2 自成一统、不同的 L3 自成一统,等等。三门语言间的互动会让学习者有不同的能力和技能。例如,由于之前的学习经验,L3 学习者获得了更高水平的元语言意识和元认知策略,这些都和 TLA 中的 CLIN 质量有关。因此,无论是在质上还是在量上,CLIN 都与 CLI 有很大的不同。

第五章——Longxing Wei 的 *Activation of lemmas in the multilingual mental lexicon and transfer in third language learning* 描述了多语者心理词库的复合性,探讨了三语学习中迁移的本质和源头。Wei 采用当今心理语言学中有关语言习得的模型,

讨论了多语词库中的与具体语言有关的词元在语言学习和语言产出中的激活问题,解释了学习者的错误来源,并根据自己的实证研究提出了三语习得中多语词元的激活模型。

Wei 具体地谈论了在词元的激活中 L2—L3 的迁移。Wei 认为有一个单一的心理词库,但这个多语词库里不仅仅包括词位,也包括学习者已知语言的词元,而且多语心理词库中的每个词元都标记于某门具体的语言,支持词位在发声层面的具体实现。多语心理词库中与具体语言有关的词元激活言语产出中的与该语言有关的形态句法集。Wei 根据 Levelt(1989)、Myers-Scotton & Jake(2000)以及Wei(2003)提出了自己的"多语词元激活模型"(model of multilingual lemma activation)(参见图 2.12)。

第一个处理阶段——概念形成,产生前言语信息。一般认为,在概念层次产生的前言语信息不是与特定语言有关的。换句话说,存在着与所有语言使用者相通的普遍概念。然而,在概念层次,说话者要选择想要的语义/语用束(semantic/pragmatic bundles),即要"选择能实现交际目标的信息"(Levelt,1989:5)。言语表达系统(verbalizer)接下来把所选择的信息与多语词库在词元层次进行匹配,与特定语言或者说具体语言有关的词元就被激活了。多语词库中被激活的词元就把指令发送到第二个具体执行功能的阶段——构成器(formulator)进行句法和语音编码,构成器反过来又把信息发送到最后一个阶段——把语音计划转化为明示言语的发声系统(articulator)。

在 Levelt(1989)的模型中,不完整的二语知识被认为是二语词汇在语义、句法、语音信息方面未得到充分的明确,缺乏自主性是由于形态语音以及发声层面的串行而非并行处理。Wei 认为不完整的三语知识也包含学习者知道的具体语言的词汇的词元。换句话说,由于其复合性,多语者的心理词库与单语者的词库是不同的。因此,用单语的言语产出模型解释二语和三语的产出是不太合适的:二语的产出中会带有一语的痕迹,三语的产出中会带有以前学过的二语

Conceptual Level

CONCEPTCALIZER
Speaker's preverbal
Messages/intentions
-> which semantic / pragmatic
feature bundles to be desired?

VERBALIZER

⇕ (mapping)

Lemma Level

THE MULTILINGUAL
MENTAL LEXICON

Lemmas
<lexical‐conceptual structure>
<predicate‐argument structure>
<morphological realization patterns>
-> activation of language‐
specific lemmas

Directions to the formulator

Functional Level

FORMULATOR
-> syntactic encoding
-> phonological encoding

Positional Level

ARTICULATOR
-> projection of surface
forms : phonetic plan

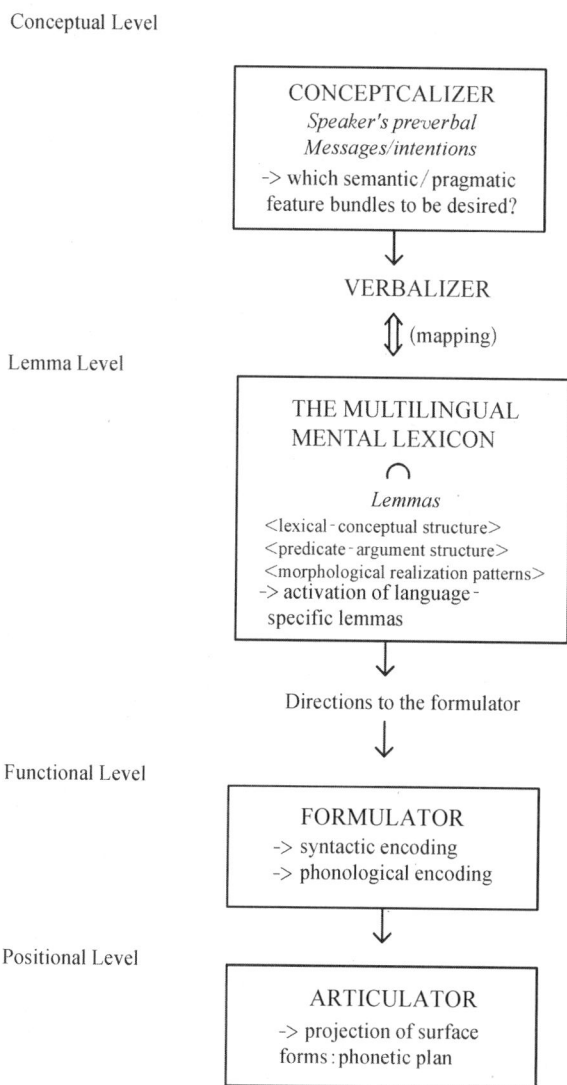

图 2.12 多语词元激活模型(Model of multilingual lemma activation)

(Wei,2003)

的痕迹。为了解释后者的语际迁移,就与具体语言有关的词元激活及其在三语产出中的后果而言,探索多语心理词库的本质是很有必要的。Wei 在词汇—概念层次、谓词—论元(predicate-argument)结构和形态体现类型(morphological realization patterns)方面对语际迁移进行了讨论,做了在词位层面的中介语迁移经验研究,并且认为学习者的错误是由于多语者心理词库在言语产出过程中的语际迁移造成的。

学习者不完整的三语知识包括他们不完整的、能抽象出目标语词汇结构的词元要求(lemma specifications)的知识。词元包含词位的词汇—概念层次、谓词—论元结构和形态体现等信息。学习者也许会根据他们过去所学的二语词汇结构过度概括词元的具体规定。因而三语(或多语)学习者在言语产出过程中会激活与某门具体目标语有关的词元的词位。如果这种对目标语的选择或提取受到学习者激活特定语言词元的影响,语际迁移就会发生。他认为,如果在心理词库中与 L3 词条具体有关的信息不足以表达说话者的意图,他会求助于中介语以达成交际目的。其结果就是不当的词汇选择。语言学习是受词汇驱动的。二语习得或更多的语言习得也不例外。习得足够多的目标语的词汇结构,即词元要求会最终取代以前学过的词汇结构。

Hall& Ecke 的第六章 *Parasitism as a default mechanism in L3 vocabulary acquisition* 呈现了一个词汇学习的寄生模型(parasitic model of vocabulary learning)。"寄生是 L3 词汇习得的默认机制。"他们假设默认的认知步骤过程构成寄生的学习策略。在这个认知过程中,新输入的词汇和以前的词汇知识之间的相似处得到认可并且运用到词汇习得中。在这个模型中,新的目标语单词是借由与已经存在的表征(即寄主,host)的联系,在二者的相似点或交叉重叠的地方进入系统的。L3 因而寄居于它的寄主,即 L1 和 L2。当这个经由两门或以上不同语言的表征的过程发生时,尤其是寄主是 L1 时,即出现传统上所谓的"词汇迁移",也就是现在所谓的"跨语言或跨词汇影响"(CLI)。

在 L3 的词汇习得中,学习者会借鉴自己以前的词汇知识,帮助习得过程。L1、L2 或 L3 都会参与 L3 心理词库的构建和运用,从而出现不同的 CLI:"习得时的跨语言影响"(acquisition CLI,ACLI)——在构建新的目标语单词时使用非目标语的词汇表征的现象、"运用时的跨语言影响"(performance CLI, PCLI)——与现已存在的目标词汇竞争时产生的非目标语词汇的现象、能力的跨语言影响(competence CLI,CCLI)——由于相应的目标语未得到表征或表征不足而产生的非目标语的现象。五方面的因素会导致三语或多语中跨语言影响的发生:1) 学习者的因素(learner factors),即学习者个体的差异;2) 学习的因素(learning factors):习得的历史以及进行习得的语境;3) 语言的因素(language factors):语言间形式上的联系;4) 事件的因素(event factors):语言实际使用的情景;以及 5) 词的因素(word factors):具体的词的相关特征。学习者心理词库中出现的一般类型的 CLI 不仅与一般的词语因素,如频率和新近接触有关,而且还与学习者的语言内或语言之间的词语的特殊因素有关,如意义的相似度、在同源词连续体上是否紧挨着、邻近效应等。学习者和事件因素影响着学习者语码转换的倾向,从而决定 PCLI,而语言因素决定是否能获得类似的知识来引发 CCLI。总的来说,词汇中的 CLI 是通过将新的输入以寄生的方式纳入业已存在的网络而产生影响的。

Hall & Ecke 对母语是西班牙语、L2 是英语和 L3 是德语的学生进行了实证研究,力图验证词汇中跨语言的影响。他们发现,多语者词汇网络间的相互联系使得源语言和目标语在各个层次都会产生跨语言的影响,不同的是强度上的差异。就 L3 的习得而言,他们发现:形式层次的跨语言影响主要来自 L3,概念层次主要来自于 L2,而 L1 是构成层次的主要来源,L2 发挥着最大的影响。这个寄生模型还告诉我们,同源词效应在多语的心理词库中有很强的影响。

在第七章 *Investigating the role of prior foreign language knowledge: translation from an unknown to a known foreign language* 中,Gibson & Hufeisen 让操多语的外语学习者(所学习的德语或英语是他们的 L3、L4 或 L5)把一篇他们没有学习过的语言(瑞典语)的短文翻译成他们的一门外语,以此探讨以前的外语知识对语言学习的影响,以及学习者在完成任务后是否会意识到有任何形式的迁移,无论是在词汇层次、句法层次的迁移还是在语篇层次的迁移。他们的实验是基于这样的假设:在动态的语言习得模型框架中,学习者的 L2 对后来的外语学习有着非常大的影响。研究表明,在接触一门"新的"外语时,学习者不仅会尽量利用外语知识,而且以前学过的外语的数量的多寡也能为他们的利用大开方便之门。学过不止一门外语的多语学习者有着更强的元语言技能,更了解语言是如何工作和构建的,他们在翻译方面的表现更优异,更擅长综合运用不同类型的语言和不同的元语言学习策略。

Cenoz 的第八章 *The role of typology in the organization of the multilingual lexicon* 探讨语言类型。语言类型在跨语言影响中起着非常重要的作用。对此有两个解释。一是通常所说的"心理类型"(psychotypology),即个人所感受到的语言距离。二是语言类型距离。距离较远的语言间的差异主要表现在词元(形式)和词位(构成)层次。语言类型距离经常反映在词元和词位上。语言接触在词元上的影响更胜于在词位层次。许多针对操不同语言的三语者的研究表明:如果在语言类型上 L2 离 L3 更近,三语者往往选择 L2 作为迁移的来源或默认的语言供源。如果 L1 与 L3 的语言距离较近,学习者从 L1 中迁移出的往往比 L1 与 L3 的语言距离较远时多。有些研究报告则指出:在 L3 的即兴的口语产出中,学习者常常是从 L2 迁移出更多,而不是 L1。这与"外语效应"(foreign language effect)和"L2 地位"(L2 status)有关。Cenoz 研究了跨语言影响和语言类型对激活多语词库中不同语言的影响。她认为,语言间的相似度或者说距离,一方面决定了过程知识和词汇知识的运用,另一方面,决定

了词汇在类似于连续体上的共同存储或分别存储。L2 与各自的 L1
之间的相对距离而不是绝对距离、新近使用效应、语言水平和 L2 地
位都可以预知跨语言影响。Cenoz 探讨了在 L3 的口语产出中,语言
类型与外语效应或 L2 地位是如何预报语言的激活的,以及两门相互
竞争、已经激活的语言在 L3 的产出中的相对影响。具体回答以下两
个研究问题:1) 在英语的口语产出中,英语作为三语的学习者的二语
是否比一语的激活度高? 2) 在 L3 的产出中,作为语言供给者的 L1 和
L2 是否起着不同的作用? Cenoz 报告了她对 L1 是西班牙语,L2 是巴
斯克语(Basque),L3 是英语的孩子的定量研究。她的发现让我们对语
言类型在语言产出层面所表现出的迁移有了新的认识:由于语言类型
方面的原因,L1 西班牙语对词汇迁移错误起着非常重大的作用,而 L2
巴斯克语是互动策略的主要来源,其原因是巴斯克语是用于课堂教学
的。换句话说,Cenoz 的发现表明,L1 和 L2 都是 L3 产出的默认供
给者。

下面的几章重点讨论了不同的学习问题,包括策略和词汇
习得。

在第九章 A strategy model of multilingual learning 中, Müller-
Lancé 广泛地讨论了目前的多语学习模型的应用性,提出了自己的
"多语学习的策略模型"(a strategy model of multilingual
learning)。他认为推理策略、不同程度的语言水平以及学习条件对
多语的加工处理至关重要。他尤其强调推理策略、个体差异、认知控
制的重要性。他提出了一个复杂的(同步的)包括心理词库、语言理
解和语言产出在内的联结模型。Müller-Lancé 的理解和产出模型
(参见图 2.13,2.14)脱胎于 Levelt(1989)的单语言语产出模型,包容
进了如何解决识别外语的问题、推理策略的使用以及字符(graphic)
和语音方面的输入和输出区别。在他的模型中,任何语言项
(linguistic item)都得被接受和产出。推理策略是因人而异的。除此
之外,个人影响在动机过滤和理解/产出过滤中表现得很明显(二者
都用灰色框表示)。动机过滤决定在最初的失败后,学习者是否还能

保持理解/产出意图。理解/产出过滤负责扩大每一次试图理解/产出的搜索范围。

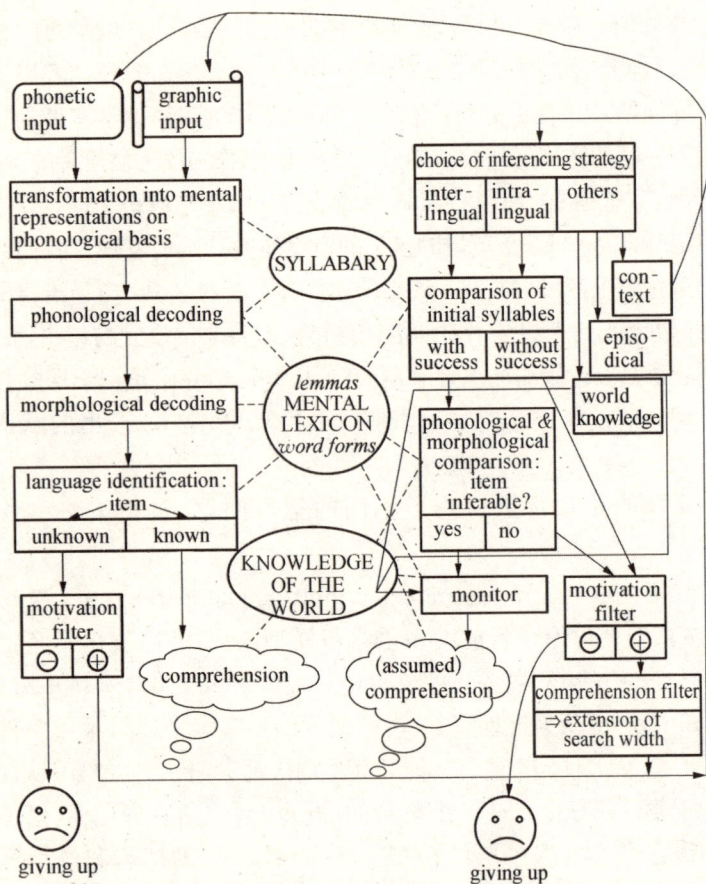

图 2.13 的内容（多语理解模型/策略模型）：

- phonetic input
- graphic input
- choice of inferencing strategy: inter-lingual | intra-lingual | others
- transformation into mental representations on phonological basis
- SYLLABARY
- context
- phonological decoding
- comparison of initial syllables: with success | without success
- episodical
- morphological decoding
- lemmas MENTAL LEXICON word forms
- phonological & morphological comparison: item inferable?
- world knowledge
- language identification: item — unknown | known
- yes | no
- KNOWLEDGE OF THE WORLD
- motivation filter ⊖ ⊕
- monitor
- motivation filter ⊖ ⊕
- comprehension
- (assumed) comprehension
- comprehension filter ⇒ extension of search width
- giving up
- giving up

图 2.13　多语理解模型(策略模型)

　　每个学习者对跨语言关系的利用的意愿是不一样的。有的喜欢在他们的不同语言间换来换去,有的很明显偏好其中的两门语言,有的只青睐他们的 L1。这些做法不仅会影响到有意识的推理策略,也会影响到词的联想,甚至于会不受限于外语组合和语言水

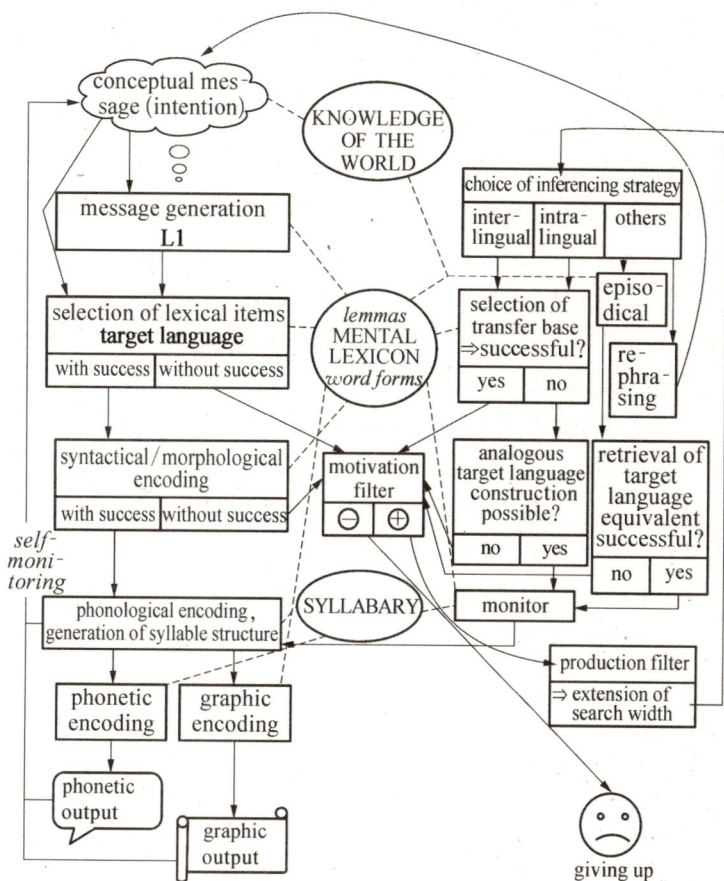

图 2.14　多语产出模型(策略模型)

平。因此,Müller-Lancé 认为,学习者表现出的不同的跨语言行为是个人性格、监察环境和心理词库结构造成的。根据他们心理词库的构成,他区别了三种不同的多语者:monolinguoid、bilinguoid 和 multilinguoid。就 multilinguoid 而言,其所有语言的心理表征间的跨语言联系是最强的;就 bilinguoid 而言,这种联系只局限于两门语言;而 monolinguoid 只是"纸上"多语,但在推理或联想时表现得像单语。根据 Müller-Lancé 的数据,这些学习者之所以这样,是个性太拘谨、过度监察、学校里错误的外语教学指导的结果。

Spottl & McCarthy 的第十章 *Formulaic utterances in multilingual context* 探讨了公式语或程式化语（formulaic utterances）的习得问题。根据 Wray（2000：465）的定义，公式语指的是"连续的或不连续的单词或其他意义元素的排列或预制的单位。它们整体存储，在使用时也是从记忆中整体提取，而不需要根据语法生成或进行语法分析。"Spottl & McCarthy 探究了学习者对公式语或程式化语的加工处理是否与单个单词的不同，这样的加工处理是否给多语学习者带来问题，这些公式语如何与不同的词库相联系以便多语者能够提取，公式语在多语语境中起何作用。他们发现对单个词汇的处理机制并不适用于多词词项（multi-word items），公式语的存储、提取不像单个的词那样必须进行句法上的构建和再构建，而是作为一个整体提取的。他们的研究证据表明，就公式语的处理而言，四门或更多的语言各自独立地工作，不同语言间的公式语并不相互查询。

Rita Franceschini、Daniela Zappatori & Cordula Nitsch 的第十一章从神经语言学的角度关注了多语者的词汇问题（*Lexicon in the brain: what nerobiology has to say about languages*）。不同语言的某些部分是存储在一起还是分开存储的这样的关键问题也许可以通过大脑影像技术得到解决。作者们指出，某些语言活动如单词的产生大致需要同一种类型的大脑激活，即使这两门语言在类型上相距甚远，如英语和汉语。Franceschini 等还指出，早年成为多语的学习者更容易接纳后来在生活中学到的其他语言，而后来成为多语者的学习者对早期习得的语言和后来习得的语言的接纳却呈现出较高的差异性。他们还发现，语言水平是决定第二语言在大脑中的表征的另一关键因素。语言类型在他们的研究中并没起着决定性的作用，或者说是起着很次要的作用。总之，在对学习者所知的所有语言进行处理加工的过程中，无论学习者在何年龄开始语言习得，也无论学习者的语言水平如何，词汇—语义层面的处理似乎总是局限于大脑的同一区域。

2.8　结　　语

多语教育起源于国外,欧洲、拉丁美洲、非洲的许多国家很早就开展多语教育。在北美洲国家当中,加拿大是典型的多语教育国家。移民人口和本地人口的交相辉映为加拿大建设了一个良好的多语教育环境,这种多语教育的自然环境是我们亚洲国家所无法比拟的。芬兰是欧洲的出色的例子。芬兰人在学校期间,每人会学习三种语言,其中有 44％的学生学习四种,更有 31％的学童愿意学习五种语言以增强国际竞争力。再以荷兰为例,十二年级学生中有 99％学习第二外语,41％学习第三外语,21％的学生学习第五外语。澳洲资料显示,平均仅有 13.4％的十二年级学生学习第二外语。

亚洲许多国家也很早就开始重视多语教育,并以此作为衡量人们社会价值的一个尺度。新加坡、马来西亚、以色列、印度、巴基斯坦等都是开展多语教育的典型国家。新加坡三大种族的母语即华语、马来语和泰米尔语均为官方语言,但英语作为行政语言。因此,多语教育有着得天独厚的蓬勃开展的条件。

在我国,多语教育还是一个新的情况和新的尝试。探索和实践都具有自己的特色。目前主要的研究成果是大的少数民族的多语习得(如维吾尔族学习汉语和英语)、少数民族语言、汉语、外语三种语言之间存在着语言和语言认知层面上的内在联系以及少数民族多语人才资源开发与三种语言教育体系构建。我国其他人群的多语学习,主要开展在部分中学(外语学校)。在大学层次,表现为相继性多语教育、同时性多语教育。学习者的动机多为工具型,注重的是口语培养,属于加强自身复合型技能的培养,加之我国缺乏多语教育的自然环境,对他们的习得的研究基本是一片空白。

本章从认知和心理语言学两方面,对三语习得进行了系统性的探讨和阐述。对三语学习者来说,他们之前所掌握的两门语言对三语习得是有一定的影响的。他们的双语对三语习得的影响究竟是正面的还是负面的，先前的语言知识和学习经验对他们来说是资产还是累赘，这两个问题在关于先前的语言知识和学习经验的两个假设中得到了回答。很显然，双语对三语习得是有正面的、积极的影响的，这体现在双语现象对元语言意识和元语言思维的影响上。多语学习者具有很强的元语言意识、更大的创造力、更突出的认识灵活性。三语学习者无意间表现出的语码转换和词汇提取错误都不应该视作 L3 产出的失败，而更应该视为形成三语能力的动态表现。

本章同时全面梳理了多语处理和产出的主要模型，包括 Green 模型、De Bot 模型、Grosjean 模式、多语的动态模型、因素模型、角色—功能模型和多语处理模型等。希望这些模型或模式能对中国的三语教学有所启迪。

多语词汇的心理语言学研究也是本章的重点之一。对多语学习或者说三语学习者来说，存在着从三门或三门以上的语言中提取词汇的问题。因而，在多语词汇的心理语言学研究中绕不过去的两个问题就是：多语词库是共享的单一词库还是独立分存的，从多语词库中提取词汇是非特定语言提取还是特定语言提取。不同的研究者对这两个问题都有不同的证据发现和支持。对多语心理词汇的处理模式的讨论，经历了从单语到双语再到多语的心理词汇模式的发展与演变，如从 McClelland & Rumelhart(1981)"单语的互动激活模式"到 Dijkstra & Van Heuven(1998)的"双语的互动激活模式"，再到 Dijkstra(2003)的"多语的互动激活模式"。必须指出的一点是：多语的词汇处理在很大程度上借鉴了双语的模式。这些模型从不同的角度探讨了多语加工处理的不同方面：产出/理解、心理词库构成、习得/学习/耗损/磨蚀等，基本上涵盖了对这一领域的认知和心理语言学的研究。

当两门、三门甚至更多的语言彼此接触、产生互动时，就产生了跨语言的影响。在 L2 或 L3 的语言产出中，学习者无意中会有部分或全部的 L2 形式,或是出现 L2 与 L3 语素的混合。本章最后对多语中跨语言影响的最新研究成果——《第三语言习得中跨语言影响的心理语言学研究》和《多语词汇》进行了评述,试图让读者了解这一领域的最新动态。

第三章

三语习得过程中的中介语研究

3.0 引　　语

　　直到 20 世纪 70 年代,学习者语言系统的独立性才开始受到研究者的关注。在此之前,人们认为学习者的语言主要受到母语的影响。对比分析理论认为对母语和目标语的分析和对比可以预测学习者的错误;母语与目标语的不同之处将是学习者学习的难点;母语与目标语的差异越大,习得的难度就越大。但是,随着研究的深入,研究者发现很多学习者的错误并不是源于母语的影响,不同母语的学习者会出现相同的语言错误,而且学习者的错误还呈现出系统性。因此,对比分析理论受到了挑战和质疑,仅仅依靠对两种语言的对比无法解释学习者语言的各种变异现象,学习者语言并不仅仅是母语和目标语影响的结果。Selinker(1972)提出的中介语理论明确指出中介语是成人二语习得者尝试使用目标语表达意思时所表现出来的一套独立的语言体系。在二语习得过程中,学习者语言是一个复杂的、不断发展变化的系统。Romaine(2003)认为中介语的提出标志着二语习得领域一个重要的研究范式的转移。研究者的注意力从之前的对比分析和错误分析转向了学习者语言系统本身和二语习得的动态过程。

　　在中介语理论提出之后的几十年,研究者对中介语的特点、中介语产生的原因、中介语的变异和僵化等问题进行了广泛的理论和实证研究。这些研究主要集中在二语习得领域,涉及母语和第二语言之间的中介语。后来,有些研究者开始关注第三语言习得或多语习得,对三种或三种以上语言学习过程中的中介语进行分析和研究(比如,Ringbom 1987),发现了三语中介语的一些特性。但是,关于三语习得的研究主要还是以单语或双语者的语言加工模式和二语习得领域的一些理论为基础的(Cenoz *et al.* 2001)。因此,我们首先对中介语理论和中介语研究的发展进行简要的回顾。

3.1 中介语概述

中介语(interlanguage)(也有人译为"过渡语"或"语际语")这一概念最早由 Selinker(1969)提出。他当时就指出,可以通过可观察到的语言输出描述中介语,它不仅包括学习者的错误,还包括正确的语言输出;在语言迁移的综合研究中,必须承认中介语的存在,而且必须把中介语看作一个系统,而不是孤立的错误的集合(p.5)。而后,他在 1972 年发表的《中介语》一文中提出了中介语假设的理论框架。Selinker(1972)指出,大多数学习者在尝试用目标语表达意义时的话语与本族语者的话语是不一样的,据此可以假设二语学习过程中存在一个独立的语言系统,即中介语。中介语假设的提出对二语习得领域具有重大的意义,对以后的研究也产生了深远的影响,最重要的就是它从理论上确立了学习者语言的系统性和独立性。在此后的研究中,对学习者语言进行全面、系统的解释也就成为了二语习得研究的重心。

在以后的研究中,Selinker 一直对中介语假设进行验证和完善。在梳理了对比分析、错误分析的实验数据之后,Selinker(1992:247)对中介语假设进行了总结——在尝试用二语表达意义和进行语言交流的时候,至少会出现以下情况:

(1) 人们创造出(部分)独立的语言系统;

(2) 在该系统中,语际识别(interlingual identification)和语言迁

移起支配作用；

(3) 人们根据语境选择性地使用母语；

(4) 至少部分中介语会僵化；

(5) 中介语的僵化是选择性的，受语言水平和话语领域（discourse domain）的影响；

(6) 中介语易受多种语言共性的影响，其中包括中介语共性；

(7) 中介语易受训练和学习策略的影响；

(8) 中介语易受简化策略和复杂化策略的影响。

他指出，这些结论都源于事实，它们都有实证研究的证据支持，而且从人们的经验和观察中也能找到依据。由此可以看出，Selinker 对中介语的理解与当初有所不同，他指出中介语系统是部分独立的，而不是完全独立于其他语言系统之外的。语际识别和语言迁移在中介语系统中占有非常重要的地位，尤其是语际识别，也就是学习者在母语和目标语之间建立起来的一种对等关系（Odlin 1989：113）。它是连结不同语言系统的重要机制，是一个基本的二语学习策略（Selinker 1992：260）。

因此，可以说中介语是独立于母语和目标语而存在的语言系统，但是语际识别和语言迁移又使它与这两种语言系统有着紧密的联系。Selinker（1972）指出了与语际识别有关的三种言语行为：学习者的母语、学习者的中介语、本族语者使用的目标语。它们都是在有意义的情境中出现的话语，是直观的语料，它们是了解语言学习心理的重要因素。通过收集这三种语言系统的语料，研究者可以研究形成中介语知识的心理语言过程。Selinker 总结了二语学习中的五个主要心理语言过程：语言迁移、训练迁移、二语学习策略、二语交际策略、目标语规则的泛化。这五个心理语言学过程能够解释学习者的中介语言语行为，它们是中介语产生的主要原因，同时也是解释语言僵化现象的重要因素。

除了 Selinker 提出的中介语假设，还有一些研究者对学习者的语言进行了解释。其中，Corder（1971）提出的过渡能力（transitional competence)和 Nemser(1971)的近似系统(approximative system)经常被当作中介语的同义词,认为它们描述的是同一个现象,只不过强调的重点不同。过渡能力强调学习者语言从一种状态到另一种状态不断变化的本质,近似系统强调学习者在不断地接近目标语,中介语强调的是二语习得中的"语言"层面(Corder 1981)。Selinker(1992:224-225)却完全不同意这种解释。他认为他们三人采用了三种不同的理论观点来解释二语习得的本质,关于中介语的论断和预测也不一样。首先,他认为过渡能力假设认为学习者语言总是不断变动的,忽略了语言能力彻底僵化的事实,也忽略了在某些语境下部分中介语可能出现早期僵化的事实。而中介语假设承认学习者语言的某些子系统是不断变化的,但它同时认为从接触目标语开始,中介语各个子系统的稳定化(stabilization)和僵化(fossilization)就是普遍存在的。其次,近似系统假设与中介语假设也是有区别的。因为前者假定了学习者的语言是方向性的,是朝着目标语标准逐步接近的。而研究表明二语学习者并没有越来越接近目标语,从而与本族语者毫无分别。相反,研究证据表明目标结构的僵化和中介语学习的停滞是真实存在的。

由此可见,Selinker(1992)认为中介语假设与另外两种假设的主要不同在于他提出了中介语僵化现象的存在,也就是说他认为学习者的语言能力是无法无限地接近本族语,最终达到本族语者的标准的,中介语不可能完全接近或等同于目标语。实际上,这三种假设从不同的视角描述了学习者语言的基本特征。

3.1.1 中介语的特征

在中介语假设的基础上,研究者们进行了广泛的理论探讨和实证研究,对中介语的特征进行了更加系统的描述。Selinker(1972,1992)总结了中介语的三个主要特征:可渗透性(permeable)、动态性(dynamic)和系统性(systematic)。

学习者的中介语系统是开放的,也就是说构成学习者知识的规则不是固定不变的,而是在不断地接受新知识,并对原有的知识系统进行修正。实际上,可渗透性是所有语言系统的共同特点,因为语言都会随着时间的推移发生不同程度的演变。但是,中介语在可渗透的程度上有别于其他的自然语言;而且,中介语可以受到母语和目标语语言规则的渗透;此外,如果中介语存在僵化现象,那么僵化的中介语将不再具有可渗透性,学习者就无法达到本族语者的语言能力(Adjemian 1976)。

学习者的中介语是一个动态的、不断发展变化的体系。在二语学习过程中,学习者在不断地修正过渡系统,接受新的假设。但是,学习者并不是从一个阶段直接跨入另一个阶段。对于新规则的接受是一个逐渐融入的过程,新的语言规则从一种语境逐渐扩展到其他语境,最终替代原有的错误假设,成为中介语的一部分。这表明中介语系统的不稳定性和不断变化的内在属性。

尽管中介语处于不断发展变化中,但是它在每个阶段都呈现出较强的系统性和内部一致性。学习者有自己的中介语规则体系,他们对二语的使用基于他们自己建构的系统的语言规则,而且他们对规则的选择也不是随意的,而是有规律的、一致的,因而也是可以预测的。因此,Selinker(1972)强调中介语应该被看作是具有内部一致性的语言系统,而不应该通过目标语系统看中介语。学习者的某些话语按照目标语的标准判断是错误的,但是对于学习者来说,它们和已有的中介语规则是一致的。

3.1.2　中介语形成的原因

Selinker(1972)认为存在于潜在心理结构中的心理语言过程构建了中介语知识系统,他提出的五个主要的心理语言过程包括语言迁移、训练迁移、二语学习策略、二语交际策略和目标语规则的泛化。这些心理语言过程与中介语的形成密切相关。

3.1.2.1　语言迁移

语言迁移是指目标语和其他任何已经习得(或者没有完全习得)

的语言之间的相似和差异所造成的影响(Odlin 1989：27)。有些研究者认为语际影响(cross-linguistic influence, CLI)更准确、更全面，但是 Selinker(1992：208)认为应该把语言迁移用作一个涵盖所有与语际影响有关的行为和过程的术语，它是指已有语言知识的影响和使用，已有语言知识通常但不全是母语知识，这些知识与目标语的输入以及各种语言共性相互作用，促进中介语的形成。为了方便描述，现在很多研究者都不再区分语言迁移和语际影响，而是把它们用来描述同一种现象(比如 Odlin 2003；Jarvis & Pavlenko 2008)。虽然语言迁移并不限于母语的影响，而是包括所有已经习得的语言知识对学习新的目标语的影响，但是由于这一现象主要是在二语习得领域得到了广泛的研究，因此研究者讨论的主要还是母语在二语学习中的作用。

很久以来，人们就普遍认同母语对二语学习有重大的影响。早期的对比分析研究认为母语与目标语之间的不同之处将是学习者学习的难点，而且母语的影响和干扰将导致学习者的语言错误，二语习得过程被看成是克服母语干扰和负面影响的过程，学习者主要是依靠母语学习目标语的。这一极端的观点受到了质疑和抨击，同时语言迁移也被认为对中介语的形成无足轻重，母语的作用遭到了否认(比如，Dulay & Burt 1973)。但是，很多研究者对这两种极端的观点进行了批评，他们认为虽然很多学习者的错误并不是由母语的影响导致的，而且对比分析并不能准确预测到学习者遇到的困难和问题，但是并不能因此而否认母语在二语习得中的作用(如，Gass & Selinker 1993；Kellerman & Sharwood Smith 1986)。

Selinker(1992：207)根据研究得出结论，语言迁移并不是一个"全部或没有"(all or nothing)的现象，在中介语形成过程中，对母语知识的使用是一个选择的过程，有些母语结构比其他结构更容易迁移到中介语中。母语和目标语在结构上的一致性不能保证迁移的发生，但是结构一致性(或者部分结构的相似性)是某些迁移发生的必要条件。母语对中介语的形成有促进作用，尤其是当学习者认为母语和目标语之间的某些语言特征相匹配的时候，他们就容易建立起语际识别，把这些语言结构迁移到他们的中介语中。

可以说，迁移是个过程，是学习者进行语际辨认并选择性地使用母语的过程，但同时，它也是一个结果，体现在某些母语结构在中介语中的使用和影响中，它可以表现在语音、词汇、句法、语篇等各个层面。Odlin(1989)把这种结果分为正迁移(positive transfer)和负迁移(negative transfer)两种。

正迁移指母语和目标语之间的相似性对二语学习的促进作用，负迁移是指母语知识的使用和影响导致学习者的中介语偏离目标语标准。Odlin指出语际相似性可以以多种方式产生正迁移。比如，母语和目标语之间的词汇相似性能够缩短形成良好阅读能力所需要的时间；元音系统的相似使得元音的识别更容易；书写系统的相似使学习者在用目标语进行阅读和写作时有良好的开端；句法结构上的相似能够促进语法的习得。

负迁移往往被人们等同于生成错误(production errors)，但是Odlin指出二语学习者的言语行为还可能在其他方面与本族语者有所不同，比如生成不足(underproduction)、生成过度(overproduction)和理解错误(misinterpretation)。由迁移造成的生成错误主要有三种：替代(substitutions)、仿造(calques)和结构变更(alterations of structures)。替代就是把母语的语言形式用在目标语中，比如Ringbom(1986)注意到一个母语为瑞典语的人把瑞典语单词bort(相当于英语中的away)用在了英语句子中：

Now I live home with my parents. But sometimes I must go bort.

仿造是指那些非常近似地反映出母语结构的错误，比如一个说西班牙语和英语的双语儿童说出下面的句子：

Vamos rápido   a poner el   fuego afuera.
Let's   quickly put   the   fire   out.

英语中的 put the fire out 在西班牙语中应该译成 extinguir el

fuego，他却把它逐字翻译成了 a poner el fuego afuera。（例子参见
Odlin 1989：37）

替代和仿造可能表明迁移总是涉及母语和目标语之间的显著对
应关系，是学习者对母语规则的依赖。这种说法能够解释这两种类
型的错误，但是却不能解释某些更重要的语际影响，比如，涉及到结
构变更的矫枉过正（hypercorrection）。有时矫枉过正是对某个母语
影响的过度反应。例如，说阿拉伯语的人学英语时偶尔会犯拼写错
误，用 b 替换 p，比如 blaying；然而，他们在试图避免 b/p 替换时却把
p 也用错了，比如 hapit。有些结构变更跟矫枉过正类似，因为它们没
有表现出母语的直接影响，比如，中国和日本学生对 there is 和 it is
英语句型的不当使用：There were many new patriots in my country
gathered together and established a new country.

Schachter & Rutherford（1979）认为尽管汉语和日语中没有类
似于 there is 和 it is 的句型结构，但是上例中的句子反映了汉语和日
语话语的影响。

生成不足是指学习者很少使用或几乎不使用某个目标语结构，
结果就是学习者的语言表达错误较少，但是如果该结构在本族语者
的语言中经常出现，那么这种学习者语言就偏离了目标语标准。有
一种与语言距离有关的生成不足，即回避。如果学习者感觉目标语
中某些结构与母语的对应结构有很大差异，他们就可能尽量避免使
用那些结构。Schachter（1974）就发现中国和日本学生使用的关系从
句较少，而那些母语中的关系从句结构和英语关系从句比较接近的
学生则用的相对较多。

生成过度有时候就是由生成不足引起的。例如，为了避免使用
关系从句，日本学生可能会因为过多地使用简单句而违反了英语的
写作准则。当然，也有其他一些原因会引起生成过度。比如，相对希
伯来语，英语中的道歉语使用得比较频繁。研究表明，以英语为母语
的人在学习希伯来语的时候使用的道歉语多于希伯来语的本族
语者。

同样,母语结构也会影响对目标语信息的理解,有时候,这种影响会使学习者得到与本族语者完全不同的信息。母语和目标语的语音、词序模式的不同以及文化假设(cultural assumptions)的不同都可能导致理解错误。

因此,可以说,母语和目标语之间的相似和差异既可能从正面辅助中介语更容易接近目标语,又可能从负面干扰中介语,使之偏离目标语;但无论是正迁移还是负迁移,它们都是中介语形成过程中不可忽视的重要因素。

3.1.2.2 训练迁移

训练迁移主要是指教师和教学材料对学习者中介语形成的影响。这种影响可能是正面的,也可能是负面的。尤其在外语学习环境中,学习者的语言输入主要来自于教师和教材,他们对学习者的中介语有导向的作用。比如,教师的发音是否准确将会直接影响学习者的发音,教师的课堂用语也会影响到学生的语言习惯;同时,教材里面语言素材的选择和呈现方式以及课堂任务的设计都会对学习者的中介语产生影响。

Selinker(1972)就用训练迁移解释了塞尔维亚克罗地亚人学习英语时对 he 和 she 分辨不清的现象。在该用 she 的地方,他们总是用 he,而塞尔维亚克罗地亚语中对于两性的区分和英语的区分是一样的,因此也不会是语言迁移的影响。结果发现,这种中介语形式源于训练迁移,因为他们的教材和教师在语言训练中几乎总是用 he,从不用 she。即使有些学习者到后来意识到这两个词的区别和他们的错误,他们还是用 he 指代两种性别,他们觉得没有必要区分这两个词,因为他们的交际没有受到影响。最后的结果就是僵化的产生,这种僵化应该归因于开始时的训练迁移和后面的二语交际策略的使用。

3.1.2.3 目标语规则的过度泛化

目标语规则的过度泛化(overgeneralization)是指学习者利用他所知道的目标语语言规则和结构创造出错误的语言结构,是对目标语语言规则的错误应用或过度延伸（overextension）。Richard（1971）把过度泛化看作是语内错误的一种，因为这种错误不是源于母语的影响，而是源于目标语规则的使用。比如，英语的第三人称单数-s 经常被学习者省略，这可能是由于英语中其他人称一般现在时态的动词都没有词尾的变化，学习者就把这一规则同样也用于了第三人称单数的动词上。但有时候，学习者又会把第三人称单数动词加 s 的规则过度泛化，写出 he can sings 之类的句子，类似的例子还有动词过去式的标记规则被过度泛化，在所有动词后面加 ed 表示过去时态，忽视了特殊动词的变法，这些都是由于规则的误用导致的错误。

Richard 还指出过度泛化往往跟简化冗余（redundancy reduction）有关。比如，英语中表示过去时态的-ed 经常被忽视，从而出现这样的句子：I go to the cinema with my friends last night. 过去时态的标记-ed 在英语里面有明显的语法功能，但是没有具体的意义。就像上面的例句中，即使不使用正确的动词过去式，也能够通过上下文表达出过去的动作。因此，学习者就把这种冗余信息简化了。

3.1.2.4　第二语言的学习策略和交际策略

学习者学习目标语和使用目标语进行表达的时候，经常会使用各种学习策略和交际策略来弥补自己目标语知识的不足，这些策略对中介语的表层结构有很大的影响。二语学习过程被认为是形成假设、验证假设的过程。在中介语规则形成过程中，学习者往往会运用已有的语言知识或者从目标语的输入资料中推导规则，对目标语形成假设。其中，简化（simplification）和推理（inferencing）是两个比较普遍的学习策略。人们发现，学习者经常用各种方法简化目标语规则，以减少学习负担。在中介语发展的各个阶段，学习者对目标语的规则形成各种假设，他们往往会先形成一些容易形成而且对交际有辅助作用的假设。有人认为这一过程妨碍了正确假设的形成，但是实际上，二语学习不仅仅涉及到正确假设的形成而且还牵涉到过渡假设，这些过渡假设经过不断的验证和系统的修正，最终成为正确假设，简化的作用主要在于辅助学习者形成过渡假设。推理是指学习者通过对语言输入的注意而形成假设的方法。当学习者无法根据已有的语言知识或中介语知识总结出合适的二语规则时，他们就需要对输入进行分析、总结，从而推导出语言规则，形成他们的假设。

另外，在用目标语进行交际时，学习者也会使用各种交际策略帮助他们成功地表达自己的意思。比如，学习者回避使用那些他不确定的语言规则或结构，而只用简单的词或句子表达。其他的交际策略还有语码转换、逐字翻译、替换、造词等，它们都对中介语的形成有很大的影响。

3.1.3　中介语的僵化

成人学习者学习外语或二语时，大多数人最终达到的水平跟本族语者的语言水平有很大的差异，很少有人能够完全掌握目标语。Selinker(1972)推测说只有 5% 的学习者能够取得绝对成功，并提出了僵化(fossilization)这一概念。根据他的解释，僵化是一种认知机制，它存在于潜在心理结构中；同时，它也是一种与语言运用相关的语言结构现象(p. 221)。作为一种结构现象，它是指学习者在学习目标语时总会在他们的中介语保留一些语言规则和结构，这些本应该杜绝的语言现象总是在他们的语言运用中重复出现。从此以后，这一概念逐渐被抽象化、扩大化。1978 年，Selinker 和 Lamendella 明确指出僵化不仅仅是一些错误语言结构的故态复萌(backsliding)，而是永久性的中介语学习停止，可僵化结构的范围也从语言项目、规则和子系统延伸到了所有的话语领域以及所有层次的语言结构。Selinker & Lakshmanan(1992)把非目标语结构长期存在作为确定僵化的重要特征。总之，Selinker 在后来的研究中，已经扩大了僵化的指称范围，并认为任何学习者都会出现中介语的僵化现象，没有人能真正达到本族语者的语言能力水平，而且中介语的各个层次都可能僵化。

其他很多研究者对僵化的解释都源于对 Selinker(1972)观点的理解。尽管研究者都认为僵化是二语习得的一个重要特征,他们对僵化的性质、范围、程度的理解都不尽相同。有人认为僵化是认知机制,也有人认为它既是认知机制又是语言结构现象;有人认为僵化既可以指错误的语言形式又可以指正确的语言形式(比如,Ellis 1985);有人认为僵化是中介语结果,也有人认为它是一个过程,在这个过程中重复的练习和目标语接触没有导致任何进步(Sharwood Smith 1994:37)。

Han(2004:21)认为,这些对僵化的不同解释源于很多因素,其中最主要的在于对两个问题的理解不同:(1)僵化是整体的(global)还是局部的(local),(2)僵化是结果还是过程。有人认为僵化是整体的,也就是说整个中介语系统都会发生僵化,而其他人则认为僵化是局部的,只有部分中介语系统会僵化。Selinker 的观点也从局部僵化转变为整体僵化。但是,整体僵化的观点并没有得到研究的证实,它仍然是一种假定;相反,大量的实证研究表明僵化只发生在中介语某些子系统中的某些语言特征中,同一子系统中的其他语言特征能够继续发展。虽然二语学习者整体上无法达到本族语者的语言水平,但是,学习者之间在最终的语言能力上存在差异,同一个学习者在不同的语言子系统和语言特征上所取得的最终水平也存在差异,这些都表明了局部僵化而不是整体僵化的存在。因此,Han(2004)采用了宏观角度和微观角度对僵化进行分析,从宏观角度分析总体上的失败现象,从微观角度调查不同学习者以及不同语言特征最终习得结果的差异,如图 3.1 所示:

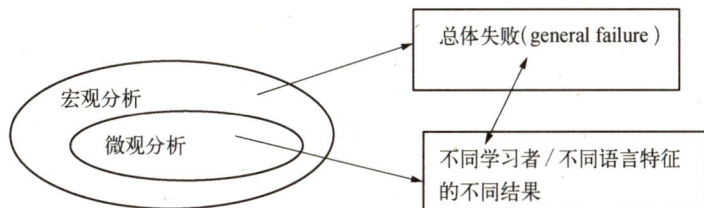

图 3.1　分析僵化现象的两个层次(Han 2004:8)

在宏观层面上,母语迁移和关键期假设是两个最有力的因素,它们能够从认知和生理角度解释二语学习者为什么无法达到本族语者的语言水平。但是,它们却无法解释以下问题:为什么有些学习者比其他学习者的僵化出现得早?为什么某个学习者在目标语的某些方面出现了僵化,却能够在其他方面成功地达到目标语水平呢?这就需要对僵化现象进行微观分析。现有的研究表明学习者的年龄和母语迁移这两大制约因素可能相互作用,而且语言迁移还可能和其他很多因素(比如社会、心理、语言因素等)相互作用,从而导致不同学习者以及不同语言特征的不同习得结果。

对于僵化是结果还是过程这一问题,Han(2004)认为从现象的视角看,僵化是一种结果;从认知角度看,僵化是一个过程。作为一种结果,僵化应该表现为永久固化的语言变异,但是我们无法从实证研究中证实僵化的语言形式是否永久不变,它只是一种可以推理出来的结果。因此,最好把僵化看作是一个可观察到的过程,在这个过程中,尽管学习者不断地练习和大量地接触目标语,但是外语学习仍然表现出很强的停止倾向。

研究者对僵化这一理论概念的理解不同,他们用僵化所解释的学习者的行为也不相同,僵化可以表现为整体的"水平低下"、"学习速度缓慢",也可以表现为局部的"典型错误"、"习惯错误"、"长久的自由变异"等。而且,对于僵化的解释也是各式各样。总体上看,研究者主要从以下四个角度对僵化的原因进行解释:环境因素,比如输入的缺乏或者纠正性反馈的缺乏;认知因素,比如母语的影响、不当的学习策略;神经生物学角度,比如年龄的影响、神经系统的变化;社会情感角度,比如交际需要的满足、社会心理障碍。

3.2 三语学习者的语言能力

在 20 世纪 90 年代,Cook 发现在二语习得研究领域,一语能力和二语能力没有被看成是同一个系统，而且也没有术语描述大脑中语言知识的融合。为了弥补这一缺陷，他提出了多语能力（multicompetence）这一概念以描述"存在两种语法的复合思维状态"（1991：112）。现在研究者越来越倾向于把多语学习者大脑中的语言看成是相互联系的整体，而不是单独存在的个体。现在的研究问题不是确认不同语言的语言信息是否融合，而是确定这些信息相互融合的程度以及这种融合对整个语言理解和产出过程所产生的影响。De Angelis（2007：15）认为 Cook（1991，1992）提出的多语能力是最好的提议之一，并且指出，虽然多语能力描述的是两种语言，但是这一概念完全可以用来描述多语学习者大脑中的多种语言知识的融合。

与多语能力相反，单语能力（monocompetence）是指只有一种语法的思维能力。在早期的二语习得和双语研究中普遍存在着单语偏见（monolingual bias），这种偏见表现在两个方面：第一，人们总是用理想的本族语标准衡量非本族语者的语言能力。虽然人们承认学习者的语言系统是独立的，但总是用一语的标准评估中介语语法。而中介语语法和目标语语法是不完全一样的，它是一个由已学语言与目标语语言特征组合而成的混合体（Fuller 1999）。第二，在双语研究中，有些人认为双语者有两种独立的语言能力，这两种语言能力都与本族语者的语言能力相似，因此他们把双语者看成是两个单语者。Grosjean（1985，1992）对此观点表示反对，他最早提出了双语现象的整体观（holistic view）。他认为应该从整体的角度看待双语者，因为双语者不是两个完全或者不完全的单语者的简单相加，相反，他拥有独特的语言形态。这样看来，双语者的两种语言能力并不是单独存在的，它们都是一个完整系统的一部分。后来，Grosjean（2001）又提出了语言模式假说（language mode hypothesis），用语言模式这一重要的控制变量解释双语和多语研究。对于三语或多语学习者来说，他们的语言能力也不是相互独立的，他们也不是三个或多个单语者的简单相加，三种语言是相互联系、相互影响的。随着社会和心理因素的变化，多语者的语言模式也会发生变化，语言的激活状态也不相同。

Herdina & Jessner(2002)同样也是从整体观出发，提出了多语动态模型(dynamic model of multilingualism, DMM)。在多语动态模型中，多语能力(multilingual proficiency, MP)被描述为各种心理语言系统(language system, LS)、语际互动(crosslinguistic interaction, CLIN)以及多语学习者特有的多语因素(Multilingualism factor, M-factor)之间的动态互动。用公式可以简单地描述为：

$$LS_1, LS_2, LS_3, LS_n + CLIN + M\text{-}factor = MP$$

这里的语际互动比语际影响更宽泛，它既包括迁移、干扰，又包括借用、语码转换，而且还包括迁移的认知效果，同样的迁移现象在不同的多语系统中可能会带来不同的结果。多语因素是指多语系统中区分多语和单语系统的所有因素，也就是多语学习者在接触多种语言之后而形成的一些特质，比如元语言和元认知意识(Jessner 2006)。多语因素是一种衍生特征，对三语习得有促进作用。元语言意识就是一个重要的多语因素，它包括多语学习者从已有语言和元认知意识发展而来的各种技能和知识，对学习新语言有重要的影响。

多语学习者具备一些单语学习者所没有的技能和知识，他们利用这些知识进行语言学习，对现有的语言资源进行整合和分配以平衡交际的需要。多语学习者有更强的语言监控能力，他们不仅能够发现语言错误并进行修正，而且还能够利用已有的语言资源区分不同的语言系统，并检查各语言系统的问题。这些技能和知识都与多语学习者高水平的元语言意识有关(Jessner 2008a)。已经有研究证明多语学习者的语言学习经验对学习新的语言，尤其是在类型上接近的语言有促进作用。学习者的元语言意识与语际互动相互影响，共同影响目标语的习得(如，Jessner 2006)。现在也有些研究者开始关注学习者的多语能力,以新的思路研究多语现象和多语学习。尤其在多语教育环境下,如何提高学习者的元语言意识,更大地发挥强化的语言意识所带来的认知优势成了多语研究的新趋势。

3.3 三语中介语的生成模型

三语习得研究是一个新兴的领域,而且三语习得与双语现象和二语习得密切相关,因此,研究者借鉴了这两个领域中关于单语和双语的心理语言加工模型,从心理语言学视角提出了理论模型来解释多语的生成机制。在多语的心理加工过程研究中,研究者主要借鉴了 De Bot(1992)的双语生成模型、Green(1986)的言语控制模型和Grosjean(1998)提出的语言模式连续体。还有研究者提出了多语现象的整体观,为多语习得研究提供了新的视角(如,Herdina & Jessner 2002)。

3.3.1 双语和多语生成模型

Levelt(1989)提出的言语生成模型解释了单语者的言语加工和产出过程,该模型得到了实证研究的支持,在心理语言加工研究中最有影响力,而且对二语习得和双语研究都有很大的影响。Levelt 的言语生成模型主要由概念形成器(conceptualizer)、构成器(formulator)和发音器(articulator)组成。通过概念形成器,说话人可以提取各种情景信息和生活常识,并把交际意图转换为语前信息(preverbal message)。语前信息然后进入构成器,构成器与词库相连,词库由两部分组成:一个是包含词的语义和句法信息的词元(lemma),另一个是确定词的音位和形态信息的词素(lexeme)。构成器通过检索词元里的信息进行语法编码(grammatical encoding),生成表层结构(surface structure),并通过检索词素里的信息对表层结构进行语音编码(phonological encoding),最后产生语音计划(phonetic plan)或内部言语(internal speech);语音计划输入发音器,发音器产生外显的、人们可以听到的言语。该模型还有辅助要素:听辨(audition)、言语理解系统(speech-comprehension system)和监察(monitoring)。通过听辨和言语理解系统,说话人可以对自己的话语进行监察,从而使说话人有可能发现并纠正自己的话语。

De Bot(1992)对Levelt(1989)的言语生成模型进行了深入、系统的研究,并在此基础上作了一些修正,提出了双语生成模型(bilingual production model)。De Bot认为,只需要对Levelt的言语生成模型稍作修改,就可以用来描述双语者的言语加工过程。后来,他又把这一模型用于描述多语者的言语生成过程(De Bot 2004)。De Bot(1992)从以下几个方面对Levelt的模型进行了修改:第一,由于不同语言对各种概念的表达方式不一样,因此在概念形成器中所形成的语前信息必须包括特定的语言(language-specific)信息,也就是说说话人要决定选择使用哪种语言来表达信息;第二,构成器在两种语言中各自独立,生成两个不同的言语计划,语前信息中的语言选择激活所选语言的构成器。两种语言共享一个心理词库,但词元和形式特征之间的关系不像单语中那样一一对应,也就是说,一个词元可能与多种不同的词素形式相连。第三,发音器是双语共享的,储存着两种语言的所有音节。

Williams & Hammarberg(1998)在解释多语学习者的语言转换时就利用了De Bot的双语生成模型。他们也认为学习者生成了多个言语计划,而且还提出有几个重要因素能够引导学习者选择相关的言语计划输入到发音器。也就是说,在言语生成过程中,可能存在多个言语计划,但是只有一种语言最终被选择为主要的信息供应者。语言距离(language distance)、语言水平、使用近况(recency)和二语地位(L2 status)对选择过程有很大的影响。在这四个方面都有优势的语言最有可能成为主要的信息供应者。

De Angelis(2007)认为多语者的言语生成跟双语者的言语生成并不是完全相同的,它涉及的因素更多、更复杂,因此该模型并不能全面地解释多语学习者的言语生成过程。但是,De Bot 的模型是迄今为止对双语者的言语生成最完整、最详细的描述,对描述多语者的言语生成有很大的借鉴意义。

3.3.2　激活/抑制模型

Green(1986)根据他对双语者的语码转换和失语症现象的分析,提出了他的言语生成模型。他认为失语症患者的问题主要在于对完整语言系统(intact language system)的控制。他们的语言并没有丧失,只是他们对完整语言系统的控制力比较弱。同样,健康人的语言错误也是由于对完整系统的控制不够导致的。他的模型就是围绕完整系统这一概念提出的,任何偏离规范的行为都被视为错误,都是未能成功地控制这一系统所导致的。De Angelis(2007)指出,Green 所说的完整语言系统其实就是包含本族语者语言知识(native-like knowledge)的系统。这样看来,一种语言就是一个完整系统,三语者有三个完整系统,多语者就有多个完整系统。基于这样的假定,Green 把他的模型用于解释多语者的言语生成过程。

Green(1986)认为在言语生成过程中,激活和抑制是同时发生的。目标语言项目的选择既需要激活该语言项目,同时也需要抑制其他的语言项目,从而降低选择错误语言项目的可能性。说话人使用一定数量的资源控制激活和抑制过程。这里所说的资源被描述为一切言语活动的养料和能源,在特定的时间,只有一定数量的资料可以使用,因此,在有些情况下,比如当说话人疲劳或者注意力不集中时,说话人就没有充足的资源控制语言系统。二语学习者尤其需要较多的资源控制语言系统,因为 L2 系统的自动化程度不如 L1 系统。如果说话人的资源不足,那么在言语生成中就会出现错误。

对于多语者来说，他们的语言系统的增加需要更多的资源控制这些语言系统。为了解释多语者对多个语言系统的控制，Green（1986：215）指出，一次激活的语言数量是有限的，不同语言的激活程度不同，它们总处于三种激活状态。它们可能处于被选择状态（selected），从而控制言语的输出；或者处于活跃状态（active），在正在进行的语言加工中起一定的作用，但无法进入言语输出通道；或者处于休眠状态（dormant），停留在长时记忆中，但是对正在进行的语言加工没有影响。语言使用的频率将决定它是处于活跃状态还是休眠状态，频繁使用的语言可能会处于活跃状态，并对目标语产生一定的影响。

Green 的模型在整体上有助于解释多种语言的相互影响，比如语言转换和语言迁移（如，Dewaele 1998）。但是，De Angelis（2007）认为这一模型的理论假设存在一些问题。首先，该模型是基于完整语言系统构建的，这一概念有明显的单语偏见；第二，该模型认为语言使用的频率将决定某种语言是处于活跃状态还是休眠状态，但是实际上，有研究证明长期不使用的语言也可能影响目标语的生成（如，Herwig 2001）。对语际影响能产生作用的因素有很多，比如语言距离、语言水平等，语言使用的频率不是唯一的决定因素，它和其他因素也会相互作用；第三，该模型虽然指出同时激活的语言数量是有限的，但并没有明确多语者到底能够同时激活几种语言，也没有说明是什么以及如何限制语言激活的数量。

3.3.3 语言模式假说

为了解释双语者在不同情景下的语言状态，Grosjean（1998，2001）提出了语言模式假说，并把这一理论模型进一步延伸，用于解释多语者的语言模式，在多语现象研究领域也有很大的影响。语言模式是指在特定的情境下，双语者的语言和语言加工机制的激活状态（Grosjean 1998：136）。Grosjean（1998）认为在不同情境下，双语者的语言模式是不同的。双语者处于一个从单语语言模式到双语语言模式的连续体上(如上一章图2.4所示)。

在这个连续体上,学习者的语言模式用1、2、3三个不同的状态表示,语言激活的程度用方块表示,方块越黑,表示语言越活跃。在位置1,语言B稍微活跃,可以说双语者处于或者接近于单语语言模式;在位置2,语言B更活跃一些,双语者处于中间模式;在位置3,语言B非常活跃(但仍然不如基本语活跃),双语者处于双语语言模式。在这三个位置上,基本语(base language,语言A)都是处于充分激活的状态,它控制着整个语言加工过程。也就是说,在单语模式下,只有一种语言被激活;在双语模式下,两种语言都处于激活状态,但是只有一种是基本语,另一种语言不时地以语码转换或借用的形式出现。

在此基础上,Grosjean(2001)指出三语者或者多语者也可能根据不同的情景选择不同的语言模式,从而处于单语、双语和三语或多语语言模式的状态。根据不同的语言模式,学习者选择不同的基本语或高度激活的语言,而且还要选择应该激活的语言的数量。他也用图展示了三语者不同的语言模式(如图3.2所示):

在单语模式下,语言A(基本语)被激活,其他两种语言处于略微活跃状态;在双语模式下,语言A仍然是基本语,语言B同时被激活,但不及语言A活跃,语言C仍处于略微活跃状态;在三语模式下,三种语言都处于激活状态,但语言A最活跃。也就是说,在不同的语言模式下,三语者都要选择一种基本语,这种语言的激活水平最高,而其他语言不如基本语活跃,它们的活跃程度取决于它们在语言模式连续体上的位置。

语言模式的选择受到很多因素的影响,包括对话人的语言使用习惯和语言水平、交际情景的正式程度、信息交流形式和内容以及谈话对象的社会经济地位等等。在三语习得研究中,语言模式假说经常被用于解释学习者在使用目标语时出现的语言转换现象(如,Jessner 2006;Dewaele 2001)。

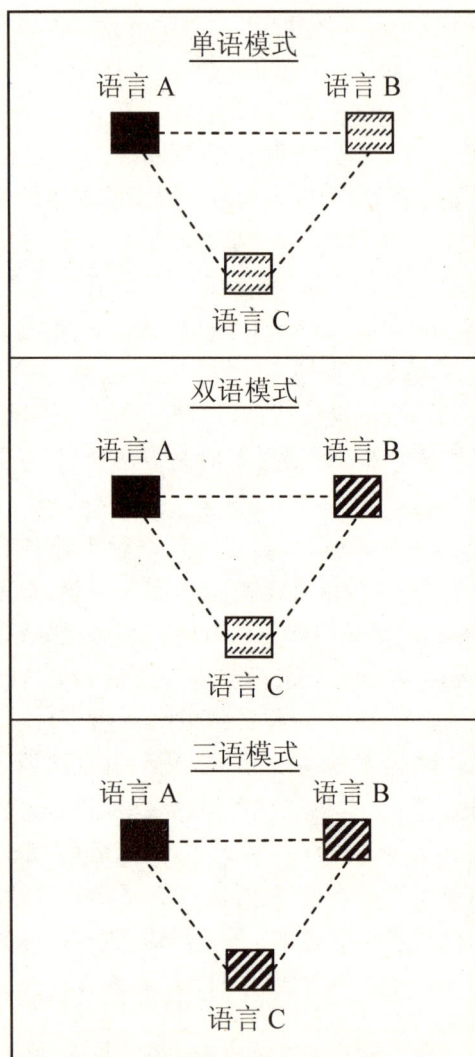

图 3.2 三语者的单语、双语和三语模式直观图(Grosjean 2001：18)

3.3.4 多语加工模型

Meißner(2004,参见 Jessner 2008d)提出了多语加工模型

(multilingual processing model)，解释在新语言的理解过程中所发生的语言加工过程。该模式假定如果学习者学过外语西班牙语，那么他应该能够获得能够用于其他所有罗曼语言的接受性技能。该模型认为学习者在理解新的语言时，依靠的是他们已经习得的语言知识，并以这些知识为基础，形成对新语言的假设。如果两种语言在类型上接近，学习者就会不断地对这一假设进行修正，最终形成假设语法(hypothetical grammar)。开始时的假设语法主要以已经习得的语言系统为基础，但在学习过程中，假设语法不断地被修正，并朝着目标语的结构和词汇发展。刚刚学过的与新目标语最接近的外语起着桥梁语言(bridge language)的作用，而且学习者还会以它为基体，把新的结构和词汇与它进行对比。

假设语法的形成有三个先决条件：1) 语言之间存在语源关系；2) 学习者熟悉桥梁语言；3) 学习者已经学习过如何使用已有语言知识。这种接受性技能的发展包括四个阶段。在第一阶段，学习者开始接触到新的目标语之后，就会对这种语言形成第一个假设语法。桥梁语言辅助最初的理解。比如，母语为巴斯克语的学习者学习法语时就会依靠他的西班牙语知识。学习者通过整理和总结目标语输入，不断地生成和修正关于语际规则的语法假设。在第二阶段，通过假设语法生成语际对应语法(interlingual correspondence grammar)，建构语际对应规则。这些规则既包括已经习得的桥梁语言的语言知识，又包括不断增长的新的目标语系统的知识，而后者占的比例会越来越大。语际对应语法的明显特征就是源语言和目标语之间的迁移。在第三阶段，建构多语语际系统(multilingual inter-system)，它保存了所有成功的和一些不成功的语际迁移过程，而且还包括为学习者理解新语言提供基本框架的迁移基础。多语加工模型提出了六个迁移基础：交际策略迁移、语际加工程序迁移、认知原理迁移、学习策略迁移、学习经验迁移。在最后一个阶段，把目标语的学习经验保存为元认知策略。

3.3.5　多语动态模型

Herdina & Jessner(2002)在研究多语习得中采用了整体观的视角,并采纳了多语能力(Cook 1991,1992,1995)这一概念,认为多语者具有特殊的语言能力或多语能力,这种能力跟他们的任何单语能力都不相同(另见 Jessner 2006,2008a)。他们不仅从整体观上研究多语系统,而且还强调多语之间的动态性是整体观的要素。他们认为我们不仅要把多语现象看成一个整体,而且要强调随着时间的发展而发生的变化。他们用动态系统理论(dynamic system theory,DST)解释不断变化的多语能力的发展,形成了多语动态模型。根据动态系统理论,一个复杂系统中各个子系统之间的相互作用不是附加性的(non-additive),各系统之间相互作用,并对整个系统的发展产生影响。在动态多语系统中,习得一种新的语言就会为这个系统带来一些新特征,多种语言系统的习得会使学习者的整个心理语言系统发生质的变化。

多语动态模型主要有以下特点:第一,该模型主要关注的是各个语言系统(language system, LS)的发展,这些语言系统都是心理语言系统的组成部分。多语系统是动态的、有适应性的,它能够随着系统环境的变化而改变,也能够随着条件的改变而产生新的系统特征。而且,多语系统是不断变化的,其发展是非线性的(non-linearity)。第二,多语动态模型中的心理语言系统都是由心理因素和社会因素共同决定的开放系统。第三,在多语动态模型中,语言的学习和使用是由多语学习者感知到的交际需求决定的,而交际需求受到社会和心理因素的影响。第四,语言系统的稳定性与语言的维护有关,也就是说,如果学习者没有花费时间和精力更新语言知识,那么该语言系统就会逐渐耗损/磨蚀。另外,语言系统的数量、学习者的年龄、语言水平等其他因素也会影响语言系统的稳定性。第五,多语系统中的各语言系统是相互依赖而不是独立存在的。每一个语言系统的特性都会受到已有语言或后来习得的语言系统的影响。第

六,整体观是理解复杂的多语系统之间的动态互动的先决条件
(Jessner 2008a)。

多语动态模型是解释多语现象和多语习得的一套独立的理论假
设。与一般的语言习得理论不同,多语动态模型强调语言习得不是
线性的,各个语言系统是相互依赖的,一个或多个语言系统的存在不
仅影响新语言的习得,而且影响整个多语系统的发展;此外,在语言
学习过程中,多语系统的特征是不断变化的,而且不同的学习者会呈
现出不同的语言学习特点。这一理论模型还表明,多语系统是高度
变异的,社会、心理语言因素、学习者因素以及语言学习的不同语境
都会对多语系统产生影响。多语动态模型把整体观和动态观两个视
角结合起来,既指出了多语学习者语言系统的整体性和独特性,又表
明了各个语言系统之间的动态互动关系。

这几个关于多语者的语言加工模型在三语习得研究中经常被研
究者用来解释学习者在中介语中出现的语言转换和语言迁移现象。
同时,这些实证研究也为进一步验证或者反驳这些理论模型提供了
证据。

3.4　三语中介语中的语言转换

学习者在使用目标语进行意义表达的时候,他们已经习得的语
言会对这一过程产生一定的影响,这种影响不仅表现为对中介语的
语际影响,而且还可能表现为无调整的(non-adapted)非目标语的出
现,即语言转换(language switching)。这些无调整的语言转换没有
根据目标语对其他语言(母语或者其他已学语言)进行语音或词法上
的调整(Williams & Hammarberg 1998:305),而是保留了它们原有
的特征。语言转换在双语研究中被称为语码转换(code-switching)、
借用(borrowing)、语言混用(language mixing)等;在二语习得研究
中,这类语言转换常常被认定为交际策略,学习者使用这些交际策略

解决由于词汇不足引起的交际问题。

在三语习得研究中,有些研究者把语言转换也看作是语言迁移的一种表现形式。我们在这里把语言转换与语言迁移区分开来,一是考虑到语言转换是三语中介语的一个重要特点,在三语中介语中出现得比较频繁。另外,它与一般意义上的语言迁移也有所不同,因为语言转换所涉及到的语言是没有经过调整的母语或其他已有语言;同时,它在中介语中的作用也不同。除了用转换的语言替代目标语进行交际之外,学习者还往往用非目标语对交际过程进行元语言评论,也就是说语言转换还具有元语言功能。

二语习得研究表明,无调整的语言转换是由多种因素引起的,具有不同的功能,其中包括社会心理因素、语言水平和元语言评论。双语研究认为,语码转换受社会心理因素的制约,与表达的内容和交际的情景有关,而且语码转换可能涉及各种长度的话语,语码转换能够表现出说话者的态度。有些语言转换与学习者的语言水平有关,主要出现在初学者和中等水平学习者的话语中,它们能够缩小由于学习者的二语知识不足而导致的交际差距。除了在二语话语中直接使用一语之外,学习者还可能打破话题的延续性,把母语用作元语言对交际情景本身进行评论。Færch & Kasper(1983)发现,学习者和本族语者之间的对话包含很多元语言交际,当交际中出现问题时,学习者会向他的对话人示意,以共同解决交际问题。除了这三种无调整的语言转换,还有一种被研究者称为是无意的语言转换(Poulisse & Bongaerts 1994),也就是说学习者转换到其他语言时是无意的,或者是由于一时的口误,伴随这些语言转换可能会有犹豫或语调的变化,学习者有时会意识到这一口误并及时调整为正确的目标语。

Poulisse & Bongaerts(1994)通过分析本族语为荷兰语的英语学习者的语料发现,接触目标语时间越短的学习者越容易出现来自于母语的无意的语言转换;而且,无意的语言转换涉及到的功能词(function word)要远远多于内容词(content word)。在 749 例无意的语言转换中,有 316 例是功能词,131 例是内容词,另外 302 例属于编辑语(editing term),也就是学习者对自己的错误进行评论的语言。他们还发现 53.4% 的内容词得到了纠正,而纠正的功能词只有30.7%;此外,根据二语进行语音或词法上的调整的语言转换则很少涉及到功能词,而且这些语言转换跟学习者的语言水平有关。对于无意的语言转换中功能词多于内容词这一结果,他们认为可以从频率、使用近况、注意力和词的长度四个方面进行解释。首先,母语中的功能词使用比较频繁,因此使用的时间也不会太久,这些高频率以及刚使用不久的词比低频率的词更容易被激活;另外,功能词包含的信息较少,而初学者的注意力有限,他们在选择需要注意的对象时,往往倾向于那些有意义的内容词,从而忽略了功能词;而且,大多数功能词比内容词要短,它们需要的生成时间就比较短,因此在语言表达中被监控机制发现和拦截的可能性就比较小。这些因素共同作用,导致了功能词更容易发生无意的语言转换。

从他们的研究中可以看出,在二语的产出过程中存在不同类型的语言转换,同时也表明母语在此过程中有着不同的用途。在三语习得中,除了母语,学习者已经学习的其他语言也有可能出现在三语的产出过程中。为了研究三语习得中的语言转换情况,探究一语和二语在语言转换中的不同作用和影响,研究者对不同背景的三语学习者的语言进行了分析。其中,Ringbom(1987)分析了母语为芬兰语、二语是瑞典语的英语学习者的作文。在列举的有关词汇错误的语料中,共有 187 例语言转换来自于二语瑞典语,只有 8 例来自母语芬兰语。在 187 例二语的语言转换中,125 例(67%)是内容词,62 例(33%)是功能词。他还发现出现最频繁的词是从属分句的连接词,比如 fast(=although,13 次)、men(=but,10 次)。他认为英语中也有 fast 和 men 这两个词,虽然意思跟瑞典语完全不同,但是它们的存在可能对学习者产生了影响;另外,他还提出,学习者的注意力主要放在了表达意义的内容词上,对这些连接词不太注意,从而使得这些功能词频繁自动地出现,这在口语中可能会表现得更加明显。他还注意到另外一种出现频繁的语言转换是一些瑞典语中的外来词。

Stedje(1977,参见 Williams & Hammarberg 1998)分析的语料来自母语是芬兰语、二语是瑞典语的德语学习者。其中有很多无意的语言转换,因为学习者对德语表达中出现的瑞典语进行了即时纠正。Stedje 发现瑞典语的功能词出现得最多,而没有来自母语的类似例子。究其原因,有可能是瑞典语跟德语的关系更紧密,因为它们都属于印欧语系的日耳曼语族,而芬兰语属于另外一个语系——乌拉尔语系。但是,她还发现二语是瑞典语的学生使用的瑞典语语言转换要远远多于一语是瑞典语的学生。也就是说瑞典语是二语还是一语可能会影响学习者的无意的语言转换。

从这些研究可以发现,三语习得中的无意的语言转换主要来自学习者的二语,而不是母语,而且功能词出现得比较频繁。Williams & Hammarberg(1998)认为,二语和三语之间的相似性可能是主要原因,但是,有些研究发现虽然母语和三语更接近,但语言转换仍然主要来自二语,所以,这种语言转换不仅与该语言和目标语的类型接近有关,而且还可能与该语言的一语/二语地位(L1/L2 status,即该语言是一语还是二语)有一定关系。

Williams & Hammarberg(1998)对瑞典语学习者进行了案例分析。研究对象是 William 本人,她的母语是英语,二语是德语(很流畅,接近本族语者语言),另外还学了法语和意大利语,但不太流畅,也不常使用。正在学习的三语是瑞典语。他们共发现了四类无调整的语言转换,也就是学习者没有按照目标语对这些转换的语言进行语音和词法上的修改。第一类是编辑(EDIT),包括那些用来引出自我修复的词(比如,no, sorry)和辅助交流的反馈信号(比如,yeah, what, right);第二类是元语言(META),包括元语言评论(META COMMENT)和元语言框架(META FRAME),学习者用元语言对交际情景或三语进行评论(比如,I think it depends on who I'm talking to.),或者用问题询问正确的目标语(how do you say 'enjoy yourself'?)。第三类是嵌入(INSERT),包括那些插入到元语言框架中的词(EXPLICIT ELICIT,比如上例中的 enjoy yourself),和那些前面没有元语言框架但是用声调表示的词（IMPLICIT ELICIT），这两种嵌入的目的是直接或间接地引出目标语；另外还有一种嵌入就像双语者自然的语码转换（NON-ELICIT）。这三类语言转换都有一定的语用目的。第四类转换因为没有明确的语用目的，被称为WIPP（Without Identified Pragmatic Purpose，无明确语用目的），这一类转换往往伴随着即时的自我修复，或者从上文可以看出学习者知道三语的对应表达，所以这类转换可以被看作是无意的语言转换。

　　研究结果表明，无调整的一语和二语语言转换都出现在了三语的产出过程中。整体上，一语转换（74%）大约是二语转换（24%）的三倍，还有一小部分转换来自其他语言，只占2%，基本可以忽略。从各类转换来看，在编辑功能的转换中，英语（70%）多于德语（29%）；在元语言功能中，只出现了英语转换；在嵌入功能中，英语是德语的三倍，尤其是在那些插入到元语言框架中的词中，英语占89%；在第四类转换 WIPP 中，92%的都是德语，只有4%是英语，另外4%是其他语言，而且功能词远远多于内容词。这些结果支持了以前的研究发现，即在无意的语言转换中主要是功能词的转换，而且在三语习得中，这些功能词主要来自二语。而且，研究者还发现，在有些功能词的转换中，虽然一语和目标语也很相似，但是学习者使用的仍然是二语。所以，形式上的相似性可能在无意的语言转换中起着一定的作用，但这一作用主要限于二语，因为出现这类转换的主要是二语。

　　该研究中，只有一语英语出现在了元语言功能中，而在无明确语用目的的转换中大多都是二语德语，这有力地说明了在无调整的语言转换中，一语和二语的分工是有区别的。一语主要用于元语言评论和其他元语言功能，辅助交际的进行，起的是工具性作用（instrumental role）；二语主要是为三语的词汇构造提供资料，是默认供应语（default supplier），该研究中，WIPP 转换基本都是德语的功能词也证明了这一点。而且，在嵌入功能的英语转换中，有些英语词明显地受到了德语结构和词汇的影响，就好像是潜在的德语结构的逐字翻译，这也表明德语作为默认供应语一直都处于"在线"状态。

对于一语和二语在三语生成中的不同功能，Williams & Hammarberg(1998)认为，工具性作用的分配是基于学习者对某种语言的认同，同时也跟对话者的语言知识以及对话者对学习者的语言和文化认同的看法有关。该研究中，学习者和她的对话者英语都很好，在日常交流中都使用英语，这使他们在用瑞典语对话时更容易使用英语作为辅助语言。默认供应语的分配可能是四个因素相互作用的结果，包括学习者的语言水平、语言类型、使用近况和二语地位。但是，他们同时也指出，这些因素会因为学习者的具体情形不同而发生变化。在他们的个案研究中，尽管英语是学习者的母语，而且对话者也熟悉英语，但二语德语却是默认的供应语，也就是说学习者的英语和德语水平都很高；从类型上看，两种语言都与瑞典语相似，它们都属于日耳曼语族；从使用近况上看，两种语言都还在使用。在这三个因素方面，两种语言的情况基本相同。但是，最后一个因素——二语地位是英语和德语最关键的不同点，德语是二语，可能就是这个因素最终决定了德语成为了默认供应语。但只有二语地位这一点并不能决定默认供应语，这从学习者的其他已学语言——法语、意大利语的转换情况可以看出，与这些语言相比，德语在语言水平、类型相似度和使用近况三方面都有明显优势。

因此可以说，三语习得早期，在语言水平、类型和使用近况这三个条件都相似的情况下，二语比一语更有可能被激活，成为默认的供应语。其原因可能有两个：首先，一语和二语的习得机制不同。在三语习得中，以前学习二语的习得机制被重新激活，从而也重新激活了已经习得的二语。第二，学习者想抑制一语，因为一语不是外语（non-foreign），在学习另外一门外语时使用非母语，即外语可能是较好的学习策略。一种语言一旦成为默认供应语，它就成为了语际影响的主要来源，它与三语同时被激活，而且它还可能与发展中的三语中介语一起支撑着三语的生成。

这种在语言转换中使用 L2 而不是 L1 的倾向在 De Angelis & Selinker(2001)的研究中也得到了证实。L1 为法语和英语的学习者在 L3 意大利语的中介语中经常使用 L2 西班牙语的词汇。对于这种现象，De Angelis & Selinker 支持 Williams & Hammarberg (1998)的第二种解释。即，一般情况下，学习者不愿让自己听起来像说母语，他们认为他们的 L2 中介语更像外语，所以，他们更愿意用 L2 词汇弥补 L3 中介语知识的不足或缺失。也就是这种潜在的"外语模式"(foreign language mode)使得 L2 中介语的迁移更容易发生(p.56)。

Jessner(2006)对德语和意大利语的双语者进行了研究，在他们的三语(英语)中出现了无调整的德语和意大利语词汇。Jessner 把这些语码转换看作是弥补策略(compensatory strategy)，它们的主要作用就是弥补三语词汇的不足。它们可以弥补学习者不确定的目标语词汇(lexical insecurity)和目标语的缺失，或者被学习者用来搜索替代词。语码转换出现的位置不同，它们的作用也不一样。大多数情况下，出现在目标语之前的转换表明学习者对目标语的不确定或者在搜索替代词，出现在目标语之后的转换是对已检索到的目标语进行确认；如果学习者没有尝试搜索目标语，而是直接就使用了德语或意大利语词汇，这表明目标语的缺失。同时，语码转换的位置也表明了激活其他语言系统的不同原因。该研究还发现，虽然德语和意大利语都被用作了支撑语言(supporter)，但它们都在目标语出现的前后位置出现过。但是，出现在 L3 之前的德语(62.7%)要多于意大利语(37.25%)，而出现在 L3 之后的意大利语占 57.1%。这表明，两种支撑语言的作用有所不同。德语就像一个跳板，在 L3 出现之前辅助学习者进行词汇搜索，而意大利语的作用则是在 L3 出现之后确认目标语的正确性。研究者认为，这种作用的不同跟语言的类型、语言水平和使用近况有关。德语是大多数学生的常用语言，因此德语还起着工具性作用，有些学习者用德语对写作过程进行评论；德语和英语同属日耳曼语族，而意大利语属于罗曼语族。但是，英语里面有些词汇有罗曼语的成分，因此英语和意大利语在类型上也有些关联。研究发现，意大利语主要用在了那些来源于拉丁语的 L3 词汇后面，这一点也证明了学习者在利用两种语言的同源词（cognate）进行语际间的词汇搜索。

Jessner(2006)的研究对象是双语者,因此,他们已学语言的语言水平基本相同,但是,他仍然发现这两种语言在三语习得中的作用也并不是完全相同的,它们所起的作用以及被激活的状态跟语言类型以及语言的使用情况有一定的关系。在类型上接近 L3 并且经常使用的语言往往更容易被激活。

Jessner(2006)认为 Grosjean(2001)的语言模式假说有助于我们理解三语学习者的语言转换。在三语习得的情景下,学习者的目标语是基本语,其他已有语言应该处于较低的激活状态。但是,一般情况下学习者的目标语水平较低,已有语言经常与目标语同时被激活,学习者就很难保持单语状态,而处于双语甚至是三语模式状态。

Poulisse & Bongaerts(1994)的研究表明无意的语言转换跟二语的语言水平有关,即二语水平较高的学习者出现的无意的语言转换较少。Grosjean(2001：21)认为这一现象说明两种语言不平衡的双语者在对语言模式的控制能力上不如两种语言平衡的双语者。如果双语者的一种语言较强,另一种语言较弱,那么在需要使用较弱的语言进行交际的单语情境下,他虽然能够不激活较强的语言,但是较弱的语言由于不够强势或不够活跃,较强的语言仍然会"渗出",从而无法维持双语者的单语模式,语言转换的现象就会发生。他同时也指出,我们还需要进一步的研究以确认是什么内在的机制使得较强的语言在没有被激活的情况下仍然能够渗出。对于二语和三语学习者来说,他们基本上都属于不平衡的双语或三语者,他们在使用较弱的语言进行交际时,不时地会使用较强的语言进行语言转换。也就是说,新学习的目标语难以维持学习者的单语模式,他们经常处于双语或三语模式下,对于目标语水平较低的初学者来说尤其如此。随着目标语水平的提高,以及语言转换的在减少(Williams & Hammarberg 1998),学习者才能够更加接近单语模式。

　　Dewaele(2001)以语言模式假说为理论框架,对荷兰语、法语和英语的三语者语言进行了分析,调查了这三种语言在语言模式连续体上的交互情况。调查对象是 25 位大学生,荷兰语是他们的 L1,19位学生的 L2 是法语,L3 是英语,另外 6 位的 L2 是英语,L3 是法语。语料的收集是在非正式的交谈和正式的口试两种情境下进行的,在这两种情境下,都要求学习者用法语进行交流。研究结果表明,非正式情景下语码转换的频率明显高于正式情景下的频率。在比较正式的口试情景下,学习者比较注意语言形式,语言混用的情况就比较少。他们朝着语言模式连续体上的单语模式那一端移动,尽量保持法语作为基本语。在非正式情景下,出现较多的语码转换也表明学习者基本语的语言能力比较弱,因而这些学习者言语生成的自动化程度就比较低,而且也不能很好地控制其他两种语言的使用,因此他们就很难保持单语模式。但是在正式情景下,他们都表现出较强的认知控制力,并接近连续体的单语模式那一端。为什么在非正式情景下他们却做不到这一点呢?是因为在非正式情景下基本语的激活水平较低还是因为学习者无法停止另外两种语言?

　　一种解释就是学习者不仅仅需要停止使用而且要尽力地抑制另外两种语言的词元,而这需要花费很多认知资源。在非正式情景下,内容的交流和信息的传递是主要的,学习者会认为抑制其他语言的词元代价很高,比如会降低交际的流畅性,从而就放弃了对它们的抑制,因此就出现了较多的混合话语;但是,在正式情景下,他们的语言形式在测评范围之内,因此他们就会愿意花费认知资源抑制其他语言的出现,尽量保持以法语为基本语的单语模式。这进一步证明,情景的不同会影响学习者对语言模式的选择。另外,Dewaele 还发现法语是 L3 且在课外日常交际中不常使用法语的学习者在非正式情景中的语码转换更频繁,这也说明他们更难以达到单语模式。由于他们的法语水平较低,如果他们认为用 L1 或 L2 进行语码转换不会给他们带来任何损失,一旦需要他们就会进行语码转换。此时,他们就接近于双语或多语语言模式。选择这种语言模式可以减少控制输出所需要的认知资源。所以说,跟平衡的双语者不同,语言能力不均衡的三语者的语言模式除了受到交际情景的影响之外,可能还会受到自身语言水平的影响。

3.5　三语中介语中的语言迁移

Kellerman(2001)指出语际影响是区分一语和二语习得的一个关键因素。这同样也适用于二语和三语习得之间的区分。三语习得中的语际影响与二语习得中的语际影响有相似之处,因为它也涉及到二语习得中的所有相关过程,但同时,它又有区别于二语习得的特性。二语学习者有两个可以相互影响的语言系统,但在三语习得中,三语学习者已经具备母语知识和二语知识,而且在学习和使用二语的过程中也积累了语言使用和学习的经验,这些知识和经验对三语中介语的形成将产生很大的影响,三语学习者也因此与二语学习者有很大的不同。三个语言系统的存在以及它们之间的交互使得语际影响更复杂,而且有更多的潜在因素会影响各语言系统之间的关系。三语之间的语际影响可能存在以下几种:一语和二语相互影响;一语和三语相互影响;二语和三语相互影响。此外,与二语习得相比,三语习得更加具有多样性,由语言类型、语言水平、语言模式、年龄和使用近况等不同因素所形成的具体情景更加多样化(Cenoz 2001)。

关于三语习得中语际影响的研究还处于初级阶段,但是最近 20多年的研究也取得了重要的成果,早期的主要有 Ringbom(1987),他分析了芬兰语和瑞典语对第三语言——英语的影响。后来的研究扩大了语言的范围,包括了不同的语言组合(比如,Clyne 1997;Dewaele 1998)。这些研究主要以语言加工和生成的心理语言学理论和二语习得中的语言迁移理论为基础,研究方向主要包括各种不同的因素在语际影响中所起的作用,比如语言距离、二语状态、语言经历、语言意识、二语和三语的水平、语境等。

3.5.1 语言迁移①的类型

根据不同的分类标准,迁移可以被分为不同的类型,比如,正迁移、负迁移、词汇迁移、语用迁移等等。

Jarvis & Pavlenko(2008)从十个维度把这些不同的分类总结到了一个体系里面。这十个维度包括语言知识和应用的领域、方向性、认知层面、知识类型、意向、模式、表达渠道、表达形式、呈现方式、结果,各个维度下面的迁移类型如图 3.3 所示。

维　　度	迁 移 类 型
语言知识和应用的领域(Area of language knowledge/use)	语音;拼写;词汇;语义;形态;句法;语用;社会语言
方向性(directionality)	前向;反向;横向;双向或多向
认知层面(cognitive level)	语言;概念
知识类型(type of knowledge)	内隐的(implicit);外显的(explicit)
意向(intentionality)	有意的;无意的
模式(mode)	产出性的;接受性的
表达渠道(channel)	听觉的;视觉的
表达形式(form)	言语的;非言语的
呈现方式(manifestation)	显性的(overt);隐性的(covert)
结果(outcome)	正面的;负面的

图 3.3 十个维度下的迁移类型(Jarvis & Pavlenko 2008:20)

使用这种分类体系就可以对一种迁移同时从十个不同的维度进

---

① 这一部分所说的语言迁移主要是指除了语言转换之外的语际影响

行描述,而且还可以清楚地呈现出不同类型的迁移是如何相互联系的。下面我们就从语言知识和应用的领域这一维度,分析三语习得中各语言子系统中的语言迁移现象。

在迁移研究的早期,研究者认为语言迁移只出现在某些语言子系统中,有人认为迁移不会发生在句法和形态层面。后来,越来越多的研究表明迁移可能出现在所有的语言子系统中(Odlin 1989：23)。但是,不同语言子系统所表现出来的语际影响的程度是不一样的,比如语音迁移通常要比语篇层面的迁移更加明显;另外,不同子系统中的迁移种类也不尽相同;而且,不同子系统中的语言迁移所受到的其他因素(比如,语言距离、学习者的语言水平、任务类型等)的影响也可能有所不同。在三语习得中,语际影响涉及三个语言系统,语言迁移更加复杂,一语和二语对不同语言子系统的影响也不一样。

3.5.1.1 语音迁移

一个人对一种语言语音系统的了解能够以各种方式影响他对另一种语言语音的感知和产出,这种影响就是泛指意义上的语音迁移。这里说的语音迁移既涉及到学习者感知和生成的声音,又涉及到他们对这些声音进行归类、构造和组织的方式。在二语习得领域,关于语音迁移的研究已经在音段的感知和生成、音段特征、音位对立、音节结构以及超音段特征上有了重要的发现。在音段层面上,最明显的语音迁移就是学习者很难区分在母语中不存在音位对立,但在 L2 中却存在音位对立的两个语音。另外,在音段的生成上,有的学习者经常生成一些音段替换,比如有些中国学习者经常把 think 发成 sink。在超音段层面,语际影响涉及到音调、重音和节奏等韵律因素。在关于三语习得的研究中,关于语音迁移的研究较少,有研究者对超音段层面的语际影响进行了分析。

Hammarberg(2001)的个案分析发现,一语是英语、二语是德语的瑞典语学习者在三语习得的早期阶段,语际影响不仅表现在形态和词汇层面,而且在语音层面也表现得非常明显。不过,已有语言对发音的影响与形态和词汇层面的影响有所不同,因为发音既牵涉到概念结构,又牵涉到神经运动程序。一种语音变体既包括独特的韵律音段特征,又包括调节发音姿势的语音设置(phonetic setting)。语音设置是指在生成语音段时,为了使发音器官保持特定状态的协调倾向(Crystal 2003)。只有在代表了某一语言的语音设置设定好之后,音韵成分才能出现。因此,学习一种新的语言或语言变体不仅需要学习者学习新的音韵系统,而且还需要他们重构自己的语音设置。

在学习瑞典语的初期阶段,学习者的瑞典语发音带有明显的德语语音。后来,德语语音逐渐被英语语音代替。也就是说,在语音层面,二语语音的影响在三语学习的早期很明显,但是随着学习的深入,这种影响越来越小,并逐渐被一语的影响所取代,一语和二语的影响随着三语学习程度的不同发生了变化。这一点和词汇层面的影响不同,因为,在词汇层面,二语的影响随着三语水平的提高逐渐消失,而且一语的影响也没有出现。对于这一现象,Hammarberg(2001)从几个方面进行了解释。首先,这是因为发音方式的基础——神经运动程序已经按照 L1 的要求设定,很难随意控制或更改。对 L1 语音设置的依赖从根本上约束了学习者的发音模式,而且这种依赖将会是持久性的。相比之下,对 L2 语音设置的使用只是学习者在学习 L3 的初期为了应付陌生的 L3 语音形式而采取的临时策略,随着 L3 水平的提高,这种策略就被弃用了。而且,这跟学习者的态度也有一定的关系。学习者在学习初期就表示她在说瑞典语时,不愿意听起来像说英语。她的 L2 德语水平也比较高,因此她能够采用德语的说话模式,激活了德语的发音,从而在接触 L3 的初期阶段抑制了 L1 的发音。此外,L2 语音的影响还与任务的要求有关。在自然口语中,学习者的口音在语音辨识、韵律语音质量等方面都是德语发音。但是,当学习者在模仿本族语者读的一段话时,二语的影响消失了,却出现了一语的发音。

总之,L1 和 L2 在语音层面的影响与学习者的语言水平、态度以及任务类型都有一定的关系。L1 对 L3 的发音有长期的影响,几乎所有的三语学习者,甚至高水平的学习者至少在语调上都会保留以L1 为基础的口音。L2 的迁移在语音方面相对较少,但是如果学习者近期一直处于L2 环境中,那么L2 的语音特征有时候也会出现在L3 的言语中,比如Williams & Hammarberg (1998)和Hammarberg (2001)就发现L2 在初期阶段对学习者应付新的L3 发音方式起到了明显的支撑作用。

3.5.1.2　词汇迁移

词汇迁移,简单来说就是指一种语言的词汇知识对学习者学习和使用另一种语言的词汇所产生的影响(Jarvis & Pavlenko 2008)。若要了解词汇迁移的范围,必须首先清楚词汇知识都包括什么。Ringbom(1987)总结了词汇知识所包括的六个方面:

1) 可及性:在心理词库中存取单词的能力;
2) 形态音位:了解单词不同形式的发音和拼写;
3) 句法:了解单词的语法种类和句法限制;
4) 语义:了解单词的意思;
5) 搭配:了解单词通常出现的多词组合;
6) 关联:了解单词与其他单词和概念的关联。

除此之外,Richard(1976)认为词汇知识还应该包括对单词出现的频率、单词使用领域以及单词正式性的了解。Jarvis & Pavlenko (2008)在此基础上又添加了一点,即与单词相联的心理概念。

在双语和二语研究领域,对于词汇迁移的研究结果基本都认为我们学习的不同语言的词汇在心理上是相互关联的,一种语言的词汇知识可以影响我们对另一种语言的词汇的学习、加工和使用。在三语习得研究中,关于语际影响的研究大多也都是集中在词汇层面,包括词汇的借用、造词等现象。很多研究表明学习者已经掌握的L1 和L2 的词汇知识对新词汇的学习有很大的影响,尤其是学习者的L2 在三语中介语的造词中是主要的词汇来源(如,Hammarberg 2001)。

虽然迁移并不一定导致错误,但是由于负迁移比正迁移更容易被证实,因此对于词汇迁移的研究大多是从词汇错误进行分析的。词汇错误主要包括形态语音错误和语义错误。造成形态语音错误的迁移被称为形式迁移,造成语义错误的迁移被称为语义迁移(Jarvis & Pavlenko 2008:35)。形式迁移主要体现在假同源词的使用、无意识的词汇借用、造词。Ringbom(1987,2001)对说芬兰语和瑞典语的学习者的英语中介语进行了分析。他发现学习者在词汇上的形态语音错误主要源于瑞典语。由于瑞典语与英语在类型上接近,形式上相似,两种语言有很多同源词,因此它对中介语的词汇形式影响较大。受瑞典语影响的典型错误包括假同源词、语码转换和造词。比如,在句子 Many offers of violence have not enough courage to speak about it. 中 offer 一词就受到了瑞典语的影响,属于假同源词,因为瑞典语中的 offer 在意思上等同于英语的 victim,相似的例子还有:We had a large number of bulles and several cups of tea(瑞典语的 bulle 等于英语的 bun)。语码转换在前面已经提及,这里就不再赘述。造词就是把不同语言的两个或多个词混在一起造出一个错误的词。比如,句子 We have the same clothers 中,clothers 就是英语单词 clothes 和瑞典语单词 kläder 的混合体。

　　语义迁移主要表现为两种情况:一种是学习者使用的是目标语的单词,但是词的意思却反映了其他语言中相对应的单词词义的影响;另外一种是学习者使用的是仿造词或借译(calque/loan translation),是按照其他语言的词语意思从字面上直译而来,例如,句子 He remained a youngman all his life. 中,youngman 形式上像英语单词,但其实它是一个源于瑞典语单词 ungkarl 的仿造词,在语义上和组词方式上都受到了它的影响,因为 ungkarl 相当于英语的 bachelor(单身汉),由 ung(相当于 young)和 karl(相当于 man)组成,学习者按照这两部分的字面意思把这个瑞典语单词直接译成了英语(Ringbom 2001:64)。此外,Ringbom(2001)在研究中还发现语义层面的影响主要源于学习者的 L1。即使对那些 L1 是芬兰语的学习者来说,尽管他们的 L2 瑞典语与英语更接近,但是在语义失误上,影响较大的也是他们的 L1。例如,在句子 He bit himself in the language. 中,language 一词虽然是正确的目标语形式,但是在意思上却反映了芬兰语的影响,因为芬兰语的 kieli 既有 tongue(舌头)的意思,又有 language(语言)的意思,学习者把芬兰语中一词多义的现象迁移到了英语中,Ringbom 把这种现象称为语义延伸(semantic extension)。

通过这些研究结果,Ringbom(2001)对形式迁移和语义迁移得出以下结论:首先,他指出形式迁移基于学习者对源语言和目标语之间的形式相似性的判断。整体上,两种语言越相似,学习者就更容易认定两种语言词汇的相似性。L1 为芬兰语和瑞典语的学习者在词汇的形式失误中都反映了瑞典语的影响,因为瑞典语和英语有很多同源词和形式相似的词汇,例如,hus=house,man=man,finger=finger,gräs=grass 等等。所以,会瑞典语的人就很容易认为这两种语言在形式上很相似。与此相反,芬兰语和英语之间的相似词汇很少,会芬兰语的人也就不太可能认定它们的相似性。

另外,Ringbom(2001)认为语义迁移也是基于学习者对两种语言的相似性的判断,但是这种判断与前面所提到的对形式相似性的判断是不一样的。基本上所有的形式迁移都是源于学习者观察到或感知到的语际共性(Anderson 1983),但无论学习者有没有观察到语际共性,语义迁移都可能发生,甚至在两种语言之间有明显差异的情况下,也可能出现语义迁移。也就是 Kellerman(1995)提出的"无的迁移"(transfer to nowhere),即在没有语际共性或学习者感知不到语际共性的情况下,迁移也会发生。由于形式上的差异很容易辨别,但意思上的差异是逐渐认识到的,它需要明确的介绍和大量的学习。因此,在学习者还没有认识到意思上的差异时,他们往往会假定新语言的词汇和已知语言的对应词汇在语义上是对等的,即假定的语言共性。语义迁移主要源于学习者的 L1,而不是任何已经学过的其他语言,这可能是因为在学习者的 L2 达到一定的水平之前,L1 的意义往往是构成 L2 词汇意思的基础。同时,Ringbom(2001)也指出如果学习者的二语水平相当高,语义影响也可能会源于 L2。他最后对形式和语义迁移现象作出总结:形式迁移往往来自学习者感知到与目标语紧密相联的语言,而语义迁移往往源于学习者语言水平很高的语言(p. 67)。虽然 Ringbom 认为语义迁移的源语言也可能是学习者已经学习的、而且水平较高的其他语言,但是,对于 L2 在 L3 学习中的作用,大多数研究者主要关注的还是形式上的失误和迁移,极少关注语义层面的失误和迁移。这些研究在分析词汇的形式迁移的同时,也对几种语言的激活情况进行了理论上的探讨。

Dewaele(1998)分析了法语学习者在中介语里面出现的造词(lexical invention)现象。学习者的一语是荷兰语,法语是他们的二语或者三语,他们还学习了英语作为二语或者三语。这里的造词是指那些被学习者按照目标语进行了形态语音调整,但本族语者从不使用的词素(lexeme)(p. 471)。这些词都是学习者根据已有的语言知识创造出来的,都不是正确的目标语言形式。Dewaele 把造词的来源归为三类:语内影响、语际影响、语内+语际影响。源于语内影响的造词没有受到其它语言的词元信息的影响,而是由语音口误或者对目标语的使用策略,比如过度泛化和简化所导致的;源于语际影响的造词则是由于受到了其他语言的词元信息影响,导致了迁移的发生;最后一种造词既源于对目标语规则的误用,同时也受到了其他语言的迁移影响。

在学习者的中介语中共出现了 218 例造词,其中 40%源于语内影响,44%源于语际影响,12%源于两者的共同影响。通过对数据的进一步分析发现,法语是 L2 的学习者(英语是他们的 L3)和法语是 L3 的学习者(英语是他们的 L2)在造词方面还有所不同。法语是 L2 的学习者所造的词有很多是源于语内影响,而法语是 L3 的学习者所造的词更多的是源于语际影响;此外,在他们那些源于语际影响的造词中,前者主要是受到 L1(荷兰语)的影响,而后者则主要受到 L2(英语)的影响。

对于这种结果,Dewaele(1998)认为 Poulisse & Bongaerts

(1994)的理论框架能够提供最好的解释。他们在 De Bot(1992)对 Levelt(1989)的言语生成模型所做改动的基础上,又结合了 Green (1986)用于解释双语者言语生成的扩散激活模型(spreading activation model)。他们认为,在解释双语者是如何区分不同的语言系统时,可以假设关于语言选择的信息是以语言要素(language component)的形式添加到语前信息的。这样一来,"除了用概念信息激活某些词元之外,还有一个语言要素扩散激活这一特定语言的词元,也就是说语言是用来进行语言选择的特征之一,而且词元都有标记标明它们属于哪一种语言"(Poulisse & Bongaerts 1994:41)。当学习者发现自己的中介语中存在某个词元的信息差,他就可能会有意或无意地检索与概念信息对应的形态语音信息,但这种形态语音信息是附属于其他语言的词元的,这就导致了受到语际影响的造词现象。Green(1986)认为双语者和多语者并不是启动或停用某一种语言,只是他们的语言处于不同的激活状态。如果一种语言被选中(selected),那么它就处于最高水平的激活状态,控制着言语的输出;如果一种语言在语言加工中起一定的作用,但是却无法进入语言输出通道,那么它就是活跃的(active),它与被选中的语言同时被激活,而且它和被选中的语言做同样的事情:选中词汇、形成句子、生成表面结构,甚至生成语言计划,但就是没有进入最后的表达通道;如果一种语言在语言加工过程中不活跃,那么它就是暂不活动的(dormant),处于最低水平的激活状态。

根据这一模型,该研究中的法语是被选中语言,L2 是法语的学习者所造的词大多源于法语本身,还有一些源于 L1,L3 是法语的学习者所造的词大多源于 L2 英语,这说明前者的法语处于更高的激活水平,而且前者的荷兰语比后者活跃,而后者的英语较活跃。如果激活水平较高的活跃语言是词汇信息的主要来源,那么这一研究表明,对三语学习者来说,L1 不一定是主导的活跃语言,因为法语是 L3 的学习者主要依靠 L2 进行造词。这一结果与 Williams & Hammarberg(1998)的发现相似,即二语与三语一起被激活,在三语的生成过程中是主要的词汇信息源,学习者利用二语的词汇弥补中介语词汇的不足。但是,对于法语是 L2 的三语者来说,L1 的激活水平比 L3 高,L1 在 L2 的生成中是主要的词汇信息源。也就是说,虽然都是法语,但是习得顺序的不同导致了词汇迁移中源语言的不同。因此,语言的习得顺序也是影响迁移的一个重要因素。另外,研究结果中有些造词既有法语的特征,同时也有荷兰语和英语的迁移特征,这表明,有时候同一个概念信息可能会同时激活三种语言的词元,从而形成非常复杂的中介语形式,这一形式可能包括所有三种语言的词汇、形态和语音特征(Dewaele 1998:476)。

由此可以看出,在多语者的言语理解和生成过程中,不同语言的词汇处于竞争状态,它们都争相被激活。但是,这并不意味着任何语言的词汇都有同样的激活机会。由于受到一些因素的制约,有些语言的词汇有可能受到抑制。这些制约因素包括使用的频率、学习者语言水平、二语地位、习得顺序、形式相似性以及类型共性等等。总的来看,在 L3 的生成和使用过程中,L1 尤其容易受到抑制,而 L2 更容易被激活,为 L3 的生成提供词汇信息。但是,源于 L2 的词汇迁移主要是基于形式上的相似性或者心理类型上的相近性;基于意义的迁移主要来源于 L1 的词汇,但同时也会受到 L2 语言水平的影响,如果学习者的 L2 水平很高,意义迁移也可能以 L2 为基础。

3.5.1.3 形态/句法迁移

语际影响的重要性在语音和词汇层面已经得到了广泛的认可,但是对于语法形态和句法层面的语言迁移,研究者一直持怀疑态度。这一方面是由于我们对语际影响表现方式的理解过于狭隘,另一方面也是因为语际影响和其他因素,比如简化和过度泛化交互存在,从而模糊了语际影响的效果。

长期以来,在形态迁移方面,人们认为粘着语素(比如英语中表示复数的词缀-s)不会受到迁移的影响,尤其是显性屈折语素一般不会发生迁移。但是,还是有研究发现了粘着屈折语素的迁移。Selinker & Lakshmanan(1992)就发现 L1 是捷克语的俄语学习者经常在俄语单词中使用捷克语的屈折语素。Javis & Odlin(2000)也发现了粘着屈折语素从 L1 到 L2 以及从 L2 到 L1 的迁移。在研究中，他们发现 L1 为芬兰语和瑞典语的学习者在使用英语进行空间关系的表达时所表现出来的参照模式是不一样的，但是它们和各自的 L1 参照模式都很相似。而且他们发现二语学习者在语言理解和产出中经常出现的语言迁移现象也证明他们在一种语言的粘着语素和另一种语言的对应结构之间做了语际识别。明显的证据就是芬兰语的学习者能够在芬兰语的后置粘着语素和英语的前置自由语素之间进行语际识别。比如，大多数芬兰语的学习者用 sit on the grass，on 对应芬兰语的方位格后缀-lla/-lle，在芬兰语中，他们也经常使用 nurmikolla(即英语的 on the grass)。这表明语义迁移在学习者的空间参照模式中起着重要的作用(Javis & Odlin 2000：550)。因此，他们指出形态迁移的范围远远超出了显性屈折语素的迁移。在三语习得研究中，De Angelis & Selinker(2001)发现 L1 是英语和 L1 是法语的学习者经常把 L2 西班牙语的屈折语素迁移到 L3 意大利语中。

这些研究结果表明，尽管粘着语素的迁移还非常有限，但是当源语言和目标语在词汇和形态上有关联的时候，这类迁移现象还是经常出现的。即使显性的形态迁移没有发生，语言学习者也可能在源语言的语素和目标语的对应结构之间进行语际识别。Jarvis & Pavlenko(2008)认为真正的问题并不是确认显性的形态迁移是否发生，而是要了解清楚哪些因素抑制了这类迁移的发生，是什么原因导致这类迁移在某些情况下频繁出现，在其他情况下却很少或从未出现。虽然有研究发现有相似词干的两种语言之间容易出现显性的形态迁移，但是这一结果还不足以使我们得出结论，认为语际共性(crosslinguistic similarity)就是屈折语素发生迁移的充分必要条件，在这一方面，我们还需要进行更多的研究。

跟语法形态一样，句法也一直被多数研究者认为是不受语言迁移影响的。但是，这种说法是没有依据的，最近一些研究已经发现很多句法迁移的实例。句法迁移不仅涉及词序，而且还涉及到整个句子的完整性，它既出现在接受性任务中，也出现在产出性任务中。在语法判断任务中，Zobl(1993)发现了两种语际影响的结果。一种是不同 L1 背景的学习者在语法判断中表现出不同的接受和反对模式，另一种是多语学习者整体上比二语学习者更容易接受不符合语法的句子。在语言产出中，最明显的句法迁移实例涉及到状语的位置。另外，还有一些涉及到空主语和空宾语，以及各种语法形式的生成过度和生成不足，比如英语的关系从句、冠词、介词等都可能由于迁移的影响而生成不足或生成过度。由于生成过度或生成不足并不一定导致语法错误，而语言迁移主要关注的是语言失误，这在一定程度上导致了句法迁移经常被忽略。关于句法迁移的研究大多是 L1 对 L2 的影响，关于 L2 和 L3 之间的句法迁移研究得比较少。但是，也有一些研究者开始关注 L2 对 L3 在句法上的迁移作用(如，Leung 2005；Shooshtari 2009；Bardel & Falk 2007)。

Leung(2005)以生成语法和普遍语法为理论框架，调查了二语和三语学习者在学习法语的初级阶段对时态的使用情况。研究结果表明 L3 学习者在这一方面优于 L2 学习者。Leung 认为这是因为 L3 学习者的 L2(英语)对目标语的学习起到了辅助作用，而 L2 学习者则没有这一优势。Shooshtari(2009)同样从普遍语法的视角分析了波斯语学习者和阿拉伯语＋波斯语学习者对英语疑问句的学习情况。与 Leung 不同的是，他没有发现 L3 学习者比 L2 学习者有明显的优势。L3 学习者的母语阿拉伯语在疑问句结构上与英语相似，但这并没有促进他们的英语学习。Shooshtari 认为可能是这三种语言在类型上的距离导致了这一结果。同时，他还指出三语学习中的语言迁移主要源于 L2，而不是 L1。Bardel & Falk(2007)调查了不同 L1 和 L2 的学习者在学习瑞典语或荷兰语时的句法迁移情况。研究的句法特征是否定词的位置。研究结果表明 L2 为英语的学习者与 L2 为德语或荷兰语的学习者在否定词的位置上有很大的不同，尽管他们的 L1(德语或荷兰语)与目标语的语言距离更近，但是 L2 的影响更明显。因此，Bardel & Falk 认为在三语习得中，二语地位比语言距离的影响更大。也就是说，即使 L1 和 L3 在类型上接近，迁移的源语言也不一定是 L1，而是 L2。L2 就像一个过滤器(filter)，使学习者的 L1 无法迁移(Bardel & Falk 2007：480)。但是，这一研究中使用的语言在类型上都比较接近，它们都属于日耳曼语。如果学习者的 L2 在语言类型上离目标语较远，而 L1 和目标语在类型上接近，那么研究结果可能会发生改变。

这几项关于句法迁移的研究使用了不同的语言组合，由于研究中语言组合之间的语言距离不同，他们的研究结果也有所不同，但整体上都确认了 L2 对 L3 的影响作用。二语地位是影响迁移的主要因素，但同时也不能忽略语言距离的作用。

除了语音、词汇、语义、形态和句法层面的迁移之外，在二语习得研究中还发现了话语、语篇、语用以及社会语言层面的迁移现象。学习者的话语表达和语言组织方式、语篇的修辞方法、社会语用行为和语用语言行为等都在一定程度上表现出了 L1 的影响作用，同时二语的学习对 L1 的言语行为也会产生一定的影响。但是，在三语习得研究中，有关话语和语用迁移的研究非常少，只有极个别研究发现了语用语言迁移的例证。比如，Fouser(2001)发现 L2 日语对 L3 韩语在语用层面有一定的影响，尤其是日语中敬语(honorific)的存在有助于学习者学习韩语的敬语形式。我们仍然需要进行更多的研究，才能够进一步确认 L1 和其他已有语言在语用、语篇和社会语言层面对目标语的影响。

从不同语言子系统中的迁移现象我们可以看出，三语习得中的迁移研究更复杂，涉及的影响因素更多，学习者对目标语了解的越少，就越多地依靠其他的已有知识，这些已有知识不仅包括其母语，也包括其他已经学过的外语，外语的影响和母语的影响一样在学习目标语的初期阶段表现得比较明显。此外，虽然迁移受到很多复杂因素的影响，但是并没有明确的条件限制迁移发生的语言领域和迁移方式(Odlin 1989：23)，我们也不可能预测迁移一定会在哪里或什么时候发生。Jarvis & Pavlenko(2008：111)指出迁移研究的最终目标不是预测迁移是否发生，而是解释学习者所学习的多种语言是如何相互作用和影响的。现有的研究主要都集中在了词汇迁移上，对其他语言领域的迁移现象还需要做进一步的研究。

3.5.2　影响语言迁移的因素

Jarvis & Pavlenko(2008：174)指出迁移研究的一个重要进步就是从关注迁移到关注可迁移性(transferability)的转变，即研究者不再单纯地记录迁移的发生，而是从更深的层次上调查迁移发生的影响因素。语言迁移的发生受到很多因素的影响，比如，语言距离、学习者的语言水平和语言意识、使用/学习近况、二语地位、交际场景、年龄等。这些因素可以影响迁移的程度、类型以及可迁移的源语言。

3.5.2.1　语言距离

语言距离是指两种语言在语言类型上的一致程度，它是最早得到研究者普遍认同的一个影响因素。该因素还经常被称为类型近似(typological proximity)、心理类型(psychotypology)、语际共性。也就是说，语言距离既包括两种语言在类型上的相关性或形式上的相似性，又包括学习者所感知到的或假定的两种语言之间的相似性，即心理类型(Kellerman 1979,1983)。前者是从语言的视角判断的，而后者则是从学习者的心理角度进行判定的。很多研究已经证明与目标语在类型上近似的语言更容易被学习者当作迁移的源语言，学习者往往从类型上与目标语接近的语言借用更多的词汇(比如，Cenoz 2001;Ringbom 2007)。同时，研究还发现，当学习者感知到两种语言非常相似或者在类型上接近的时候，迁移发生的程度最高，心理类型对迁移的发生以及源语言的选择都有很大的影响，这种影响甚至超过了实际的语言距离的影响。Odlin(1989：142)指出对语言距离的客观估计有时候会误导我们对迁移发生的可能性的判断；在有些情况下，学习者对语言距离的主观判断甚至比客观存在的距离更重要。因此，学习者的心理因素不容忽视，学习者对语言距离的感知和判断将影响到学习者在学习和使用目标语时对源语言的依赖程度，而客观的语言距离则会对迁移的效果产生影响(Jarvis & Pavlenko 2008：178)。也就是说，心理类型决定迁移是否发生，而客观的语言类型决定发生的迁移是正迁移还是负迁移。

Ringbom(2001)把学习者对语言共性的主观判断分为感知到的共性(perceived similarity)和假定的共性(assumed similarity)。感知到的共性是指学习者从目标语的输入中有意或无意地判定目标语的某些形式、结构、意义、功能等与源语言的对应特征相似；假定的共性是指学习者有意或无意地假定源语言中的某些形式、结构、功能等在目标语中有相对应的语言特征，无论他是否在目标语中碰到过这种语言特征，也无论目标语中是否确实存在该语言特征。实际上，这两种共性不总是相互排斥的，感知到的共性同时也是假定的共性，但假定的共性却不一定是学习者实际上感知到的。有些迁移是由假定的共性造成的，比如有很多语义和语用迁移都是基于学习者对语际共性的假定；但是大多数涉及形式特征的迁移都要以感知到的共性为基础(Ringbom 1987,2001)。

根据学习者对语际共性的判断和使用，Ringbom(2007)按照三个层次把迁移分为项目迁移(item transfer)、系统迁移(system transfer)和总体迁移(overall transfer)，分别指具体语言形式的迁移、抽象规则的迁移，以及二者的结合。项目迁移基于学习者所感知到的源语言与目标语在形式上的共性，以及假定的功能或意义上的共性。它对语言学习，尤其是语言理解有积极的作用。项目迁移主要出现在语言学习的初期，学习者的语言水平较低，还无法有效运用目标语的语内共性，于是便经常在两种语言之间建立起简单的一一对应关系。"假朋友"(false friends)就是典型的项目负迁移。随着目标语知识的增加，学习者会重新审视这种简单的一一对应并修改最初建立的错误的语际识别。系统迁移则是对抽象规则的迁移，又叫程序迁移(procedural transfer)，它基于学习者假定的两种语言间的功能或意义上的一致性。系统迁移的发生不需要感知到的形式共性。系统迁移的源语言基本都是 L1，或者是学习者所熟知的其他语言,因为语法规则和语义特征必须在完全内化和高度自动化之后才可能发生迁移。由于两种语言的功能和语义系统一般不会完全一致,所以语言产出中的系统迁移往往会导致错误的发生,基本上都是负迁移。系统迁移的表现形式有很多,借译和语义延伸便是两种。总体迁移是指学习者对他们的语言系统之间的总体共性的感知,它既基于单个项目在形式上的共性,又基于两个语言系统在功能上的对等。

Ringbom(1987,2001)对说芬兰语和瑞典语的英语学习者的研究充分证明了学习者对语言距离的感知在语言迁移中的重要作用。他发现在学习者的词汇错误中既有芬兰语的影响,又有瑞典语的影响,但是它们的影响又不相同。L1 为芬兰语的学习者的迁移错误源于芬兰语和瑞典语,但 L1 为瑞典语的学习者的错误基本上都是源于瑞典语的影响。而且,他们在使用瑞典语和英语的同源词时也表现不同,L1 为瑞典语的学习者只是偶尔在英语表达中使用一些低频率的同源词;但是,L1 为芬兰语的学习者更愿意假定所有的瑞典语词汇都与英语词汇是同源词,包括一些常用的高频词,从而经常造成一些"假朋友"(Ringbom 1987)。这些现象表明,他们对英语、瑞典语和芬兰语之间的语言距离的判断不同。瑞典语的学习者更容易感知到瑞典语和英语之间的共性,因此,他们的英语中介语主要受到瑞典语的影响;而芬兰语的学习者一方面也感知到瑞典语和英语在形式上更相似,这同时也使他们假定这两种语言的共性很多,从而出现很多假同源词的使用,也就是说这两种语言之间的项目迁移很多;另一方面,他们还受到了芬兰语的影响,尽管芬兰语和英语不属于同一语系,但是芬兰语是学习者的 L1,他们假定两种语言存在共性,尤其是在语义上有一致性,这种假定的语言共性能够使类型上不相关的两种语言之间发生迁移,这种迁移主要是源于 L1 的系统迁移(Ringbom 2007:55-56)。

Cenoz(2001)分析了巴斯克语和西班牙语的双语者使用英语(L3)时出现的语言迁移现象。研究对象包括三组不同年龄的学习者,他们学习英语的时间都是四年。他所指的迁移包括借用源语言的词汇,对这些词汇不做形态和语音调整;另外还有一种是外语化(foreignising),学习者在三语表达中使用 L1 或其他语言的词汇,但对这些词汇按照目标语进行形态和语音调整,也就是 Dewaele(1998)所说的造词。研究结果表明语言距离在语际迁移中起着重要的作用。三组学习者的迁移中,西班牙语都是最重要的来源语,比巴斯克语的影响更大。西班牙语和英语同属于印欧语系,巴斯克语是非印欧语系的孤立语言。Cenoz 还发现内容词比功能词的迁移现象更明显,学习者借用的内容词比功能词多,而且这些内容词和功能词主要来源于西班牙语。这一结果与以前的研究发现不相符,以前的研究发现学习者主要是借用其他语言的功能词(如,Poulisse & Bongaerts 1994;Williams & Hammarberg 1998)。Cenoz 认为他的研究结果说明语言距离对所迁移的词的类型有很大的影响。当两种非日耳曼语被用作迁移的源语言时,学习者可能会认为目标语(英语)中的功能词与源语言的距离更远。而且在功能词的迁移上,在类型上跟英语接近的西班牙语是主要来源语,巴斯克语的影响很小,这也进一步证明语言距离的重要性。另外,研究结果还表明年龄较大的学习者受西班牙语的影响更明显,他们比其他学习者使用的巴斯克语更少。这说明,学习者对语言距离和可迁移性的感知比实际的语言距离更重要。年龄较大的学习者元语言意识也较强,他们能够感知到在语言类型上巴斯克语和英语的语言距离要大于西班牙语和英语的距离;而年龄较小的学习者元语言意识也较弱,就很难感知到实际存在的语言距离,因此他们就会认为西班牙语和巴斯克语都是可以迁移的。

整体上看,与两种毫无关系的语言相比,类型上接近的语言之间更容易发生迁移;此外,学习者对语言距离的感知对迁移的影响甚至能够超过实际存在的语言距离,尤其在语义和功能迁移层面,学习者的 L1 或者其他水平较高的语言即使与目标语在类型上不相关,也可能发生迁移。如果学习者掌握的语言在类型上都和目标语接近,那么学习者就有可能选择多种源语言,此时,语言距离将无法解释学习者对源语言的选择,就需要考虑其他因素的影响。

3.5.2.2 二语地位(L2 status)

二语地位就是说一种语言是学习者的二语,而不是母语。也有人称为外语效应(foreign language effect)(Meisel 1983)、外语模式或外语腔(talk foreign)(De Angelis & Selinker 2001)。这个因素主要影响迁移中源语言的选择,因为有些研究发现,在三语学习者的语言迁移中,二语的影响比 L1 更明显。

Cenoz(2001)在研究中发现,L1 是巴斯克语的学习者比 L1 是西班牙语的学习者更愿意使用西班牙语,他们把西班牙语用作了英语学习的基础语言。对他们来说,西班牙语是 L2,而且在类型上更接近英语。L1 是西班牙语的学习者比 L1 是巴斯克语的学习者使用的巴斯克语更多,但他们仍然把西班牙语当作了主要的源语言。对这些学习者来说,巴斯克语是 L2,但是他们的 L1 更接近英语,因此他们虽然使用了巴斯克语,但西班牙语仍然是主要源语言。这也证实了以前的研究结果,即学习者往往把二语作为三语习得的基础语言(Williams & Hammarberg,1998),但同时也表明语言距离的影响大于二语地位的影响。

Hammarberg(2001)则发现 L1 是英语、L2 是德语的瑞典语学习者无论是在语码转换还是在造词方面,德语都是主要的词汇来源。在用瑞典语表达时,学习者明显倾向于激活 L2 而不是 L1。在该研究中,英语和德语在语言距离、语言水平和使用近况三个方面都基本相似,因此可以说决定学习者倾向于使用德语作为外在供应语的因素就是德语的二语地位。对学习者来说,德语和瑞典语一样都是外语,它们在习得机制上相似,这使它在三语学习的初期比 L1 更容易被激活。

De Angelis & Selinker(2001)也发现意大利语学习者在使用目标语时,更多地依靠的是 L2 西班牙语,而不是 L1 法语。虽然这三种语言在类型上都很接近,都属于罗曼语族,但学习者可能认为西班牙语和意大利语更接近。更重要的是,学习者可能认为这两种语言都是外语,使用 L2 的词汇不会让自己听起来像说母语,所以,他们更愿意用 L2 词汇弥补 L3 中介语知识的不足或缺失。也就是这种潜在的外语模式使得 L2 中介语的迁移更容易发生。

De Angelis(2005)认为有两个相互作用的限制因素使学习者更倾向于使用 L2 而不是 L1。一个是对正确性的感知(perception of correctness),另一个是外语性关联(association of foreignness)。对正确性的感知会阻止多语者在目标语中使用 L1,因为学习者一开始就清楚 L1 的使用肯定是错误的,从而就使得学习者在目标语中更容易接受非母语词汇。外语性关联是指学习者在非母语之间建立的认知关联,这些语言都被归类为外语。如果几种类型相近的语言同时出现在脑海中,那么这种认知关联就会促使学习者选择使用非母语,而不是母语,因为学习者一般会认为外语和外语之间的关系比和母语之间的关系更近。外语性关联是一种认知上的限制因素,它不是学习者能够控制并有意使用的交际策略。在这一点上,Williams & Hammarberg(1998)的解释有所不同,他们认为学习者使用 L2 而不是 L1 作为迁移的主要源语言,原因之一就在于这是学习者有意使用的交际策略,因为学习者不愿让自己听起来是在说母语,于是就故意选择非母语词汇。其实,他们的解释并不冲突,De Angelis 强调的是学习者对 L2 的无意识的选择,而 Williams & Hammarberg 强调的则是学习者有意识的选择,这两种情况在迁移中都是可能存在的。

3.5.2.3 语言使用/学习近况(recency)

语言使用近况主要是指学习者最近经常使用语言的情况。二语习得中有研究发现,学习者最近使用的语言在新的目标语生成过程中往往更容易被激活,从而对目标语的影响也最为明显(Poulisse 1999)。不过,在有关语际影响的三语习得研究中,对于使用近况的分析结果稍有不同。在 Williams & Hammarberg(1998)的研究中,学习者经常使用的是 L1 英语,但在语言迁移中出现最多的却是后来习得的德语。因此,应该说学习者最近习得的语言,而不是最近频繁使用的语言,对目标语的使用情况影响最大。虽然有研究者认为德语的二语地位或者外语模式应该对迁移的影响更大,但是学习者已经学习的其它外语不如德语的影响大。所以,语言学习近况在一定程度上能够解释这一研究结果。

此外,Dewaele(1998)的研究也表明语言学习近况对迁移有一定的影响。法语是 L2、英语是 L3 的学习者在法语中介语中使用了更多 L1 荷兰语的词素,但法语是 L3、英语是 L2 的学习者则使用了更多 L2 的词素。这些结果表明在目标语之前学习的语言最有可能成为迁移的源语言。因此,对于语言习得近况这一因素,确切地说,它并不是基于现在来看的最近学习的语言,而是基于目标语来看的,即在目标语之前学习的语言影响最大。也就是说,在分析这一因素时应该与语言学习的顺序一起考虑。Odlin(2003:473)指出 Dewaele 的研究的不足之处在于,研究涉及到的荷兰语、法语和英语三种语言在语言距离上都比较近,荷兰语和英语有很多共同的基本词汇,法语和英语也有很多共同词汇。如果前面已经学习的两种语言中有一种语言在结构上与目标语的距离更远的话,那么语言距离有可能会影响到迁移的结果。因此,语言使用/学习近况往往跟语言距离、学习者的语言水平等其他因素交织在一起,它们共同作用,对语言迁移产生影响。

3.5.2.4 学习者的语言水平

学习者的源语言和目标语言的水平对迁移的性质和程度都有一定的影响。在二语习得中,迁移的源语言就是学习者熟知的母语,因此,大多数研究调查了学习者的二语水平对迁移程度的影响。整体上看,二语水平较低的学习者在语言表达中更依赖他们的母语,源于母语的语言迁移也比较多。在三语习得中,不仅要考虑学习者的目标语水平,而且还需要考虑学习者其他已学外语的语言水平,因为迁移的源语言不仅有母语,而且还有其他后来习得的语言。同时,还应该注意三语学习者的语言能力问题,因为多语能力并不是几种单语能力的简单相加。已经学过两种语言的三语学习者在语言学习策略、语言意识等方面都有了一定的经验,这些已有的学习经验也会对他们学习新语言产生影响。

对于源语言水平,如果学习者已经学习了多种其他它外语,一般情况下,水平最高的外语对迁移的影响最大。比如 Hammarberg(2001)的研究中,学习者在学习瑞典语之前,除了母语英语之外,还学习了德语、法语和意大利语。但是,在这三种外语中,学习者的德语水平最高,使用也最频繁。在学习者的瑞典语中介语中出现了很多源于德语的语码转换和造词,因此,可以说,源语言的语言水平对迁移的结果有一定的影响。另外,Ringbom(2001)也指出,如果学习者的二语水平比较高,即使它与目标语不存在形式上的相似性,它也会在语义上对目标语的学习产生影响,成为语义迁移的源语言。

关于目标语水平和迁移的关系,研究结果还不是非常明确。有些研究认为目标语水平越高,迁移的频率就越低,其他语言的干扰就越小(比如,Hammarberg 2001);还有一些研究认为随着目标语水平的提高,迁移是波动出现或者保持不变的(见 Jarvis 2000)。但这并不能说明迁移和目标语水平没有关系,因为这种关系有可能会受到其他影响因素的干扰和掩盖,比如语际共性等。Jarvis & Pavlenko(2008)指出,另外还有六个原因导致了迁移和目标语水平之间的关系不明确。首先,不同的研究对语言水平的衡量标准不一样;第二,不同的研究调查的语言水平的范围不同,有的研究调查了低水平区域,有的则调查了高水平区域;第三,在不同的语言学习和使用的领域,语言水平的效果不同。在词汇和形态迁移中,语言水平的影响是曲线形的,而在词序和发音方面,它的影响则更稳定。第四,不同的研究考察的影响类型不同。有的研究考察了语言水平对语言学习的影响,有的则考察了对语言使用的影响。第五,迁移的负面影响有时候是按照迁移出现的总数判定的,有时候则是按照其在所有负面影响中的比例判定的。这样就可能导致相反的研究结果,因为总体的迁移错误虽然会逐渐减少,但是它们在所有语言错误中占的比例却在增大。最后,有些研究只调查了迁移的负面影响,有的研究则把正迁移和负迁移都考虑在内了。虽然负迁移最终可能会随着目标语水平的提高而减少，但是正迁移可能随着目标语水平的提高而增多，因为学习者能够更加深入地了解源语言和目标语的共性，而且也有能力更好地利用这些语际共性。

从现有的研究结果，我们可以说语言水平确实对迁移有非常重大的影响，源语言水平的影响尤其明显，目标语水平也会影响到迁移的发生，但它的效果会因为其衡量方式的不同以及其他因素的干扰而不同。

3.5.2.5　学习者的语言意识

学习者的语言意识(linguistic awareness)包括学习者对语言的注意和意识、对语言使用的有意识的控制、对语言的元语言分析，它是影响语言迁移的一个重要因素。Odlin(1989：140)把语言意识等同于元语言意识，并把它定义为对语言的了解。Jarvis & Pavlenko(2008)把语言意识定义为显性语言知识(explicit knowledge)。Odlin(1989)所回顾的一些研究都表明显性的语言知识和有意识的语言监控能够减少迁移，尤其是负迁移的发生。

Jessner(2006)对多语习得中的语言意识进行了详细的探讨。她认为多语者的语言意识应该包括语际语言意识(crosslinguistic awareness)和元语言意识(metalinguistic awareness)。语际语言意识是指三语学习者对于他们的各个语言系统之间的关系的认识。实际上，语际语言意识跟心理类型有密切联系，因为心理类型就是学习者感知到的语言距离，是以学习者的语言意识为前提的。如果学习者有较强的语际语言意识，能够清楚地判断两种语言之间的关系，那么他就能够更加有意识地利用语言之间的共性，从而影响到迁移的结果。Jessner(2006)认为在母语之外学习其他语言能够提高元语言意识，这反过来又能够促进新的语言习得的速度。原因在于元语言意识提高了学习者使用已有知识，包括现有的其他语言知识的能力。元语言意识能够促使学习者有意识地寻找语言之间的共性，使他们更频繁地依靠已经习得的其他语言，并提高已有语言发生正迁移的可能性。

一些关于三语习得的研究也证明了语言意识对语际影响的重要作用。Williams & Hammarberg(1998)就发现三语学习者在有意和无意的语言转换中使用的源语言不同,而且语言转换的目的也不同。在有意的语言转换中,源语言主要是 L1,其作用主要是对交际过程进行元语言评论;在无意的语言转换中,源语言主要是 L2,而且主要是用来替换目标语的词汇。由此可见,学习者对语言使用的控制和监控不仅影响到源语言的选择,而且还能决定迁移的具体内容和目的。Cenoz(2001)在研究中发现年龄较大的学习者比年龄小的学习者的语言迁移更多,出现迁移的学习者数量也更大。他认为这是由于年龄较大的学习者语言意识更强,更容易依靠已经习得的语言。此外,他们在英语中介语中使用的西班牙语多于巴斯克语也说明较强的语言意识使他们能够更清楚地判断三种语言之间的关系,并且选择了在类型上接近英语的西班牙语作为迁移发生的主要源语言。Fouser(2001)用多语学习经验报告和内省法了解韩语学习者的元语言意识以及他们对过去语言学习经历的看法。结果表明学习者很清楚语际影响的作用,他们认为以前学过的日语对学习韩语有很大的帮助,但同时也意识到日语发音对韩语发音有负面影响,以及日语的使用将会妨碍韩语水平的提高。Fouser 认为较强的元语言意识能够帮助学习者在两种语言之间建立语言"通道",认识到已有语言知识与目标语之间的可迁移性,从而有效利用已有语言知识促进目标语的学习。

3.5.2.6 语言习得的顺序和已经习得语言的数量

三语习得中的迁移涉及两种以上语言,因此语言习得的顺序以及已经习得语言的数量就有可能对语言迁移产生影响。Dewaele(1998)的研究不仅表明语言学习的近况能够影响迁移的结果,而且也说明语言习得的不同顺序对迁移也会造成影响。母语为荷兰语的学习者,其中一组的 L2 为法语,L3 为英语,另一组的 L2 为英语,L3 为法语。L2 为法语的学习者主要受到 L1 的影响,从 L1 迁移的语言特征比 L3 的多;但是,L3 为法语的学习者则主要受到 L2 的影响,从 L2 迁移的语言特征更多。虽然这两组学习者已有的三种语言系统相同,但是在所考察的目标语——法语的语言产出中表现出来的迁移特征却不一样。在目标语之前刚学过的语言往往更容易成为迁移的源语言。这一结果在 Jarvis(2002)的研究中也得到了证实。Jarvis(2002)发现 L1 为芬兰语、L2 为瑞典语、L3 为英语的学习者比 L2 为英语、L3 为瑞典语的学习者对英语冠词的使用更准确,原因是由于前者受到了瑞典语的正面影响。这些研究都表明目标语学习的顺序对迁移的类型和源语言都有一定的影响。但是,这一因素的影响效果也会受到其他因素的干扰,比如语言距离和语言水平,这些因素的影响力更大,有时会掩盖习得顺序这一因素的作用。

对于已经习得的语言数量的作用,大量的三语习得研究结果表明学习两种以上语言的学习者经常受到多种语言的影响。此外,Jarvis & Pavlenko(2008:205)认为多语学习者可以利用的语言知识更丰富,他们更易于在目标语和已有语言之间进行语际识别,因此,也可以说,学习者掌握的语言越多,越容易从一种或多种语言进行语言迁移。

除了上面讨论的影响因素之外,研究者还发现其他一些因素也可能会影响迁移的发生。比如,学习者的年龄(如,Cenoz 2001)、语境(如,Dewaele 2001)、在目标语环境居住的时间(如,Hammarberg 2001)、语言使用的领域等等。这些因素从不同的方面对迁移的性质和发生产生影响,而且各种因素之间也相互作用和影响。大多数情况下,几种因素往往交织在一起,共同作用于语言迁移。因此,在解释单个因素的作用时,尤其要注意是否存在其他因素的影响。

3.6　结　　语

虽然三语习得中的语言加工过程可能与二语学习者使用的加工过程非常相似,但是对三语学习者来说,他们在母语之外还学了另一种语言,已经有了学习外语的经历,这种另外的语言使得三语习得过程变得更为复杂。对三语习得中的语际影响和多语行为进行研究具有重大的理论意义。首先,现有的关于语际影响的理论基本都是基于母语的影响构建的,对于多语学习者的研究可以使我们重新审视现有的关于母语影响的假设,从而对现有的理论进行验证、质疑、反驳或者修改。其次,三种或多种语言的存在为我们研究语际影响提供了新视角,比如两种或多种语言对目标语的共同影响、非母语之间的相互影响等。第三,它能够使我们了解学习者从其他已知语言进行迁移的条件,这有助于分析三语习得过程。此外,对这一领域的研究不仅对三语习得有重大意义,而且对双语者和单语者的语言生成研究有重要的价值,因为对三语生成过程的分析可以作为二语和一语生成研究的基础。

同时,关于三语习得过程中的中介语的研究对于课堂外语教学也有一定的启示。以前的二语习得研究认为母语知识只会干扰目标语的学习,外语教师也因此在课堂上尽量避免引入母语知识,以免激活学习者已有的语言知识。但是,大量的迁移研究证明了迁移对语言学习的促进作用,大多数研究者也对此结论表示认同。对于多语者的研究进一步表明学习者已有的语言知识和语言学习经验对三语学习有很大的影响,因此,就需要在三语教学中从各个环节帮助学习者有效地利用这些知识和经验,通过各种教学手段提高学习者的元语言能力,从而利用有经验的语言学习者的整体认知优势。Jessner(2008c)提出了通过提高学习者的多语能力来提高整体语言水平的教学主张。对三语学习者来说,L1 或者其他已有的语言知识可以作为学习其他语言的认知基础。James(1996)认为可以重新利用对比分析法以增强学习者的语言意识。很多研究表明寻求语言之间的共性是语言学习的自然特征,因此,在多语课堂上,教师应该通过意识增强任务引导学习者探索和分析语言之间的共同点。对两种或多种语言,尤其是在类型上接近的语言之间的共性和差异进行分析,有助于提高学习者的语际语言意识,也有助于语言学习策略的培养,从而促进多语学习。

第四章 *

多外语学习者与第二外语
学习者的语言习得对比研究

4.0 引　语

　　人类在一生中可以轻易地学习并掌握几种语言。我们大多数人经常会遇见在同一个对话中从一种语言自如地转换到另一种语言的人们，也常常会接触到四、五岁的孩子用一种语言和母亲交流，用另一种语言和父亲交流，同时用第三种语言和幼儿园老师交流。因此，在全球范围内，多语现象无疑是一种较为普遍的现象，它在社会生活中的重要性也成为学者们逐渐关注的焦点，比如在多语现象的社会语言领域和教育领域方面已经展开的一系列研究。相比之下，认知和心理领域的研究发展较为缓慢。直到 20 世纪 80 年代，语言学家们才开始有系统地研究多语者的习得过程，并意识到多语者是一个具有自身特色的语言学习群体，需要谨慎地将其与二语习得者进行对比研究。

　　＊　该章节获得"上海市高校选拔培养优秀教师科研专项基金项目"和"上海外国语大学校级一般项目"资助。

4.1 多语习得研究概述

4.1.1 研究的历史与现状

过去几十年以来,语言习得研究领域一直着重于研究习得过程中的机制问题,旨在详细描述人类是如何学习他们的母语以及非母语的语言的。然而,这些研究仅限于二语习得的范畴,因此我们对非母语习得过程的理解也只是片面而不完整的。大部分学者一致认为针对非母语的习得理论不能仅仅基于我们对二语学习者习得特征的认识之上,而且应该能够解释当两种或更多种语言互相作用时我们的大脑是如何运作的,并应了解大脑是如何掌握、处理、储存、组织和使用学习者所获取的语言信息的。总之,这方面的研究不应仅限于第一或第二语言的相关信息。文献中关于习得母语和习得二语之间的差异已经有诸多描述,比如学习者的年龄、不同的认知程度以及大脑中是否储存有先前的相关知识等等。相形之下,关于二语习得和三语或更多语言的习得过程之间的差异却鲜有表述。

语言学家们大多持有一种"无差异"假设,趋于认为对一个二语习得者和一个第六语言习得者进行比较是毫无必要的,因为所有非母语的语言习得过程本质上是一致的。持有这种观点的原因大抵有两个:第一,应用语言学界对多语者的习得过程研究较少,因此,对于具备先验知识的学习外语的学生和不具备先验知识的学习非母语的学生缺乏系统化的对比研究,学者们没有充足的文献资料可以依据,所以还未能将非母语的相关先验知识作为一个变量去测试,从而无法科学有效地将不同类型的习得过程的相异点进行对比;第二,二语习得领域的研究尚未能清晰地区分学习第二种语言和学习第三种或更多的语言之间的不同。所有的学习者都被一概视为二语学习者,尤其是当他们所习得的非母语语言水平非常低下的时候。因此,定义语言学习者的类型完全取决于研究者本人的主观评判，也就是说取决于他们是否认为学习者的先验知识会影响研究结果，并依此对学习者的性质进行分类。毫无疑问，这种随意定义的方式与语言习得研究领域中要求使用严密的研究方法之基本原则相悖。与这一流派相反，有一小部分学者认为学习者此前的语言知识和学习经历在很大程度上影响着习得过程，因此我们很有必要对不同类型的习得过程进行区分。

　　语言习得领域一直以来存在着"单语歧视"（monolingual bias）和由此而来的"双语歧视"（bilingual bias）。"单语歧视"指的是根据单语者的范式来衡量评估二语语言能力或语言表现，尽管二语习得者本身不是单语者并且永远无法达到单语者的水平。"单语歧视"最典型的例案，就是运用母语范式来解释二语法。"双语歧视"指的是双语者同时具备两种语言能力，而这两种能力是互相独立存在的，因此"双语者"意味着同一个人同时拥有两种单语能力。根据这种观点，多语者也就成为双语者外加几种额外的语言，而不是从学习初始就同时具备几种语言能力。多语者的大脑里储存着两种语言，在此基础之上可以添加更多的语言，然而这种添加是具有任意性的。

　　对此，许多语言学家提出反对意见（如 Grosjean，2004），认为语言机制处理是复杂的，而多语处理更为复杂。如果将母语能力和二语能力视为两种独立的语言能力，那么二语语言研究领域中单语歧视现象必定盛行。这些语言学家主张我们必须从一个整体的角度去看待双语者，因为他们绝非是简单意义上的拥有两种语言能力的单语者的叠加，他们的语言构造是独特的、具体的。从这个角度出发，我们认为，双语者的大脑里所储存的两种语言能力构成一个完整的体系，而不是两个孤立存在的单项技能。然而，尽管对双语现象的研究发生了这种思维转向，但是对于多语现象的研究，语言学家们却仍然倾向于将多语者的语言能力视为多个孤立的个体语言能力，因此文献中的研究很少有将多语能力视为一个整体的视角出发，去研究多种语言之间的影响的。可喜的是，近 20 年来，语言学界已逐渐呈现出一些新的趋势,开始认为语言之间是相互关联而非孤立的。事实上,对于来自不同语言的语言信息是否应该整合成一体这个问题已经毫无疑义。因此,目前转而关注更多的是这种整合应该达到什么程度,并且会如何影响整体的理解或输出过程等问题。

4.1.2 研究焦点

尽管二语习得中有种种复杂的个人和社会因素影响着学习的过程,但由于习得第二门外语的学习过程和经验都有可能影响多语习得,因此相比之下,多语习得是一种比二语习得复杂得多的语言学习现象。当多语习得者已经拥有一定的语言学习经历,且具备一些单语者所不具备的元语言技能和元认知策略时,这种影响尤为明显。近年来,在语言学领域中逐渐兴起了对多语习得的研究(Cenoz & Genesee, 1998; Cenoz & Jessner, 2000; Clyne, 1997)。虽然三语或多语习得方面的实证研究还比较缺乏,是应用语言学中一个比较年轻的学科,但是这个领域已然自成一体。

首先,该领域目前关注的一个重要课题就是对于相关术语的理解。当我们描述双语体系中两种语言之间的关系时,通常会使用母语和二语的习惯说法。母语不仅仅是第一种习得的语言,还是一种强势语言(dominant language)。同时,我们通常会认为二语语言水平低于母语水平。当学习者习得第三门语言时,其习得语言的顺序并非意味着与使用这些语言的频率或语言水平对等。也就是说,最后习得的语言并不一定水平就最低,使用的频率就最小。每种语言的水平会随着时间变化而有所不同,并且当社会语言环境不同时,语言技巧也会不同。因此,把握多语习得领域中对术语的精准理解是非常必要的。

其次,已有的研究着眼点还放在二语语言习得和三语或多语习得的相对性差异对比上,以此来探讨多语学习的过程和特点。在二语习得中,两种语言体系呈双向地相互影响,而多语者在几种语言体系之间的相互交叉影响则更为复杂。这是由于除了母语和二语之间的双向影响外,三语也可以影响母语,反之亦然。同时,二语和三语之间也会产生影响。因此，在多语习得中，语际间的相互影响以及双语者在习得更多语言时所拥有的优势成为研究的核心（Cenoz，Hufeisen & Jessner，2001，2003；Clyne，1997）。此外，Williams & Hammarberg(1998)提出几条用于评判三语习得和输出之间关系的标准：语言类型间的相似度、文化相似度、语言水平、新近使用的语言以及二语的地位。因此，二语在多语习得过程中所起的重要作用日趋明显。

另外，有学者认为，我们应该重新定义第三外语学习和使用的环境中 EFL(English as Foreign Language)和 ESL(English as Second Language)之间的区别。语言应被视为是一个连续体，EFL 在这个连续体的一端，而 ESL 在另一端。因此，第三语言习得是应用语言学中的一个研究分支，既与二语习得和双语习得相关，但又有所不同。毫无疑问，二语习得和双语习得领域中的研究成果影响并增进了我们对三语习得发展的了解。

三语习得是一个极其复杂的过程，因此在以下的章节里，我们首先会对三语习得这个概念进行定义和诠释，并讨论三语或多语习得者的个体差异、语境因素以及三种或多种语言之间的交互影响等多种因素对三语习得者所产生的影响，从而凸显出多因素之间的动态性。这种动态性也能够帮助我们解释双语者习得更多外语过程中所呈现出的特点，同时又有助于我们区分多语习得的过程与二语习得的过程。

4.1.3　三语以及多语习得的定义及特征

在语言习得领域里，对多语的研究一直鲜有人关注。Cenoz & Genesee(1998)认为多语习得只是双语和二语习得的简单变异。在这里，"二语"这个概念指的是任何一门区别于母语的语言，无论学习环境的类型或学习者所学语言的数量。语言学家们对此提出质疑，认为这个概念里含有单语歧视(monolingual prejudice)，因为接近母语的语言水平是根据目的语中单语者的语言水平而设定的。但是在 EFL 和 ESL 环境中很少能找到二语学习者达到了近乎母语水平的例子。所以，两种语言都达到同样水平的双语者几乎不存在。因此，含有此类单语歧视的二语习得理论是无法用于解释三语学习过程中的真实状况的。此外，许多语言学家(Fouser，2001；Jessner，1999)对如何定义三语习得这个概念也存在一定的分歧。Fouser就曾指出，目前对三语习得的定义不但非常模糊，而且颇有争议。通常人们认为"三语"就是习得第二种语言之后的那种或那些语言，但是我们应该考虑到学习者不同的二语习得背景和学习环境等因素。

在三语习得领域中，Herdina & Jessner(2002)给出的定义相对来说较为明晰。他们认为，多语是一个多样化的现象，包括单语和双语等多种语言习得情况，所以双语和多语并不相互等同。三语的典型特征包括：(1) 非线性特征；(2) 语言维护；(3) 个体变化；以及(4) 相互依赖性及质变。首先，Herdina & Jessner(2002)认为非线性特征是三语习得区别于二语习得的一个最主要的特点。语言能力(language competence)是一个渐进的过程，其间学习者在经过一段训练期后逐渐达到某种语言水平。这个过程受到内因和外因的诸多影响，要么加快，要么减缓。因此，语言学家们(Nunan，1999)认为这个过程无论其快慢与否，有意识或无意识，学习动力大还是小，都是一个线性的过程。但是Herdina & Jessner却认为基于生物生长方面的研究，多语学习过程应是一个非线性的过程，因为"根据生物学原理，语言发展是一个动态过程，包含加速发展和滞后的交替阶段。语言发展取决于环境因素，而这些因素是不确定的"(2002：87)。其中，滞后阶段可以用来解释学习者的二语或三语的语言耗损/磨蚀现象(language attrition)，同时也证实了非线性特征是三语习得的一个本质特征。语言学习是在多种不同的心理和物质情境中展开的，同时，学习一门外语需要积极地使用这种语言，才能加快其习得速度。因此，我们不难理解为什么那些停止使用语言的学习者在一段时间后很难再重新激活之前已经习得的知识。如果缺乏对语言的系统温习和巩固，那么他们就需要及时地调整自己的语言运用能力(language performance)，从而满足预设的交际需求。语言的耗损/

磨蚀速度取决于可获取的真实语言输入和运用的频率、已有几种语言体系之间的竞争、学习者的年龄以及语言维护的持续时间等等。所以，学习者不仅需要学习语言，而且需要对已学的语言进行不断的温习，否则所习得的语言便会随着时间的推移而逐渐遗忘。

基于这个观点，语言维护（language maintenance）和个体变化便成为三语习得的第二个和第三个必要特征。学习者必须努力保持他们现有的语言水平。掌握的语言越多，需要付出的努力越大。因此，时间只是语言耗损/磨蚀的因素之一，在 EFL 环境下的语言学习，需要经历恢复周期（refreshment period）才能防止语言耗损/磨蚀的发生。语言耗损/磨蚀现象也与学习者个人的一些特点相关。每一个个体都是复杂的，因此学习者学习第三种语言时都会受到多种因素的影响。语言学家们认为所有这些因素都是相互关联的，它们之间的交互关系非常繁复。这方面的研究成果阐释了语言体系的习得和进展过程。因此，我们可以从学习者已知的几种语言入手分析其中的相互关系，从一个动态的角度去研究第三语言习得的规律，从中发现不同因素之间的变化和关联特征。

正是由于三语习得的第四个特征，即语言间的相互依赖性，我们须将第一、第二以及第三种语言视为一个完整的语言体系，学习者同时激活并使用这些语言。多语者掌握的这个体系中的多种语言亦是一个整体，而并非独立习得的孤立个体。根据这个观点，对双语者而言，多语就不仅仅是数量上的变化。在学习者习得一门新语言的过程中，这门语言和已知语言之间又构建新的联系，于是学习者整个语言体系都会受到影响、产生变化、发生语言重组。同时，根据以往的学习经历，学习者也需要逐渐掌握新的学习技能和学习策略。所以，我们认为在第三语言习得过程中所发生的语言变化并非是单纯的量变，而是一种质变的过程。

4.1.4　三语习得与二语习得的基本区别

二语习得和三语习得的规律是不同的，因此双语者习得一门外语的过程与其二语习得的过程也应有所不同。在对两者进行一个大致的区分和对比之前，我们有必要先回顾一下文献中对"双语能力"（bilingual competence）这个概念的描述。尽管如今双语者遍布全球，但是我们仍然很难简单地描述双语习得这种语言现象，而文献中的定义也各有千秋。一些语言学家认为"双语"即意味着双语者应能够在单语社会或双语社会中，根据社会或个人的社会文化需求，运用两种（或更多的）语言，具备达到母语水平的交际和认知水平，并且能够积极地与两种（或多种）语言文化产生认同。Hoffman（2001）则提出了一系列具体影响双语者语言习得过程的因素：（1）语言发展特点（这里指的是双语者 L1 或 L2 的语言耗损/磨蚀或语言维护问题）；（2）不同语言的习得顺序；（3）几种语言的水平；（4）每种语言使用的具体情境，比如交流的对象以及场合以及使用哪种语言等；（5）语言态度；（6）学习动机以及由于社会或心理因素而带来的压力；（7）双语者所处的环境；以及（8）对两种文化的熟悉程度。相比之下，Bialystok 等（2005）更侧重于通过分析具体案例来研究双语孩童的认知发展过程。她们认为，单语和双语的语言输出之间最大的区别就在于双语中有语码转换，这反映了两种语言体系之间的交互作用。

下面我们进一步讨论一下二语习得和三语/多语习得的区别。根据 Cenoz & Jessner（2000）提出的观点，两者的区别主要体现在习得语言的顺序、社会语言因素以及心理语言机制等方面。

首先，二语习得中只有两种可能的语言习得顺序：要么二语是在母语之后习得，要么两种语言同时习得，从而具备双语能力。当习得过程中牵涉到超过两种语言时，习得顺序便有几种不同的可能。比如由于一些外因（如生活在国外或出差等）或者内因（如学习者缺乏动力或学习兴趣），三语的学习过程有可能被另一种语言（L4）所打断，这种间断时期有长有短。这其中有一系列具体的环境和语言因素影响三语习得的过程。环境因素包括这些语言习得和使用的地方、语言类型（linguistic typology）以及这些语言各自所代表的社会文化地位。语言使用的环境有可能是一个自然的语言使用情境，亦或是课堂教学环境,亦或两者都有。学习者在这些环境中运用他们的 L1、L2 或 L3。由于他们接受的 L3 语言输入的质量和数量都会影响其运用目的语的口语及书面表达能力的发展,因此环境的不同势必也会影响他们的三语习得过程。另外,所学的不同语言之间的关系是另一个影响三语习得的因素,也就是语言类型。和目的语相近的语言会促进语言的习得过程,也有利于语码混用(code-mixing),因为学习者比较容易借用或挪用目的语中的一些表达法。一些语言学家们(Williams & Hammarberg,1998)认为语际间的影响应成为研究第三语言运用(L3 use)的主要内容。

其次,学习和使用语言的社会文化环境是影响三语习得的第二个重要因素。在大多数多语和双语社会里,不同语言占有不同的地位,使用的目的也不同。在使用两种语言的社会里,当 L2 用于媒体、教育或其他目的时,L1 和 L3 便有可能成为人们日常生活中和同事、家人之间使用的语言。

第三个影响三语习得的因素是心理语言机制。无论习得超过两种以上语言的过程是间断性的、连续性的还是同时进行的,这个过程与二语处理过程都会有相似性,而多一种语言则会使语言习得中的内部认知处理过程变得更为复杂。现有文献(Clyne,1997 等)主要研究了个体差异给三语习得带来的影响、L1 和 L2 语言水平在三语习得中所起的作用以及语际间影响。关于二语和三语的心理语言处理机制方面的区别,我们还需要开展更多的研究,探索多语处理的机制。

综上所述,三语既不等同于二语,又不能仅仅被视为不同语言体系的简单叠加。在三语习得过程中,个人的语言体系不但在数量上得到增多和扩大,而且更重要的是在质量上得到了提高。学习第三种或更多种语言时,学习者需要掌握语言学习技能、语言管理技能以及语言维护技能。语言学习技能指的是语言学习的认知方面的能力。语言管理技能指的是能够利用不同的语言资源平衡交流需求,这也是一种多语艺术。语言维护技能则意味着多语者需要付出更多的努力维护并提高他们所学的几种语言。多习得一门语言不仅能够发展语言的内部处理机制，而且能够促进这门语言的使用。一些研究表明，二语的学习经历有助于三语或多语的习得。另外，双语者在学习第三门语言时在认知方面比单语者具有一定优势，这些认知优势包括创造性思维和元语言意识。

下面，我们将从认知和心理语言学、社会语言学、学习策略以及语际间影响等方面对二语习得与三语/多语习得的异同点进行深入的探讨。

4.2 认知和心理语言学方面

早期研究认为双语就是两种单语的集合（double monolingualism），但是 Grosjean（1985）对此提出反对观点。他认为双语者的话语中含有语码转换等特征，而这些特征是单语者所没有的。此后，Cook（1993）引入了"多语语言能力"（multicompetence）这个概念，指出了单语能力与双语能力这两个概念之间的区别。他认为双语者和多语者掌握的关于母语和二语的知识与单语者不同，两者所具备的语言意识和语言处理机制也不同。基于这个理念，他在1999 年的文章中对在语言教学中将本族语者使用的语言模式作为常模进行了批判。Cummins（1981，2001）则将双语体系视为一座冰山，之后这个比喻在双语研究领域得到广泛传播和沿用。他认为双语者的两种语言之间有一个共同的内在的语言水平（common underlying language proficiency），而并非各自拥有一种孤立的语言能力。这种能力是一种既非母语亦非二语的语言能力，是由双语者自身通过运用两种语言的经历而逐渐建立起来的一个语言库。这个"智库"（think tank）有助于语言间概念和策略的迁移，同时也构建了双语者强于单语者的元语言意识。关于大脑中不同语言间是相互依赖还是独立存在这一论题引起了学术界的激烈争议。因此双语者语言体系间的相互依赖性不仅仅在心理语言学领域中成为一个关注的焦点,同时"相互依赖性假设"(interdependence hypothesis,参见Cummins,1979,1981)在应用语言学领域,尤其是双语教学领域中影响颇为广泛。语言学家们认为接触了两种或更多语言和文化的人具有诸多认知优势,比如具有较高的交际敏感度、创造力以及元语言意识,其中对后者的讨论尤为激烈。在多语习得中,随着学习速度的加快、学习经历的增多,元语言意识发挥出来的作用比在二语习得中更为显著。由于使用频率的增高,多语者对于元语言技巧的运用自然也不同于单语者。此外,双语者的思维方式和翻译能力与单语者也有所不同。

近年来,由于欧洲多语现象的兴起,多语语言水平认知方面的研究队伍越来越壮大。了解语言学习过程中的认知规律也就是了解学生如何学会学习语言的机制。研究结果表明好的学习者会有意识地注意语言的形式和功能,灵活使用学习策略并对自身的学习过程具备自我意识。这些特征也体现在多语学习者身上。同时,由于两种或多种语言水平的提高能加强元语言意识,所以有经验的多语学习者比二语学习者通常会具备更强的元语言意识(Thomas,1988),进而有益于语言习得的过程。

Larsen-Freeman(1997)则提倡用一种整体化的观点去看待多语现象,并提出一种动态系统理论(Dynamic System Theory),通过运用这种理论去研究心理语言学中的相关问题。根据动态体系理论,多语习得是一个动态的语言发展过程。在这个过程中,学习者已经掌握的语言体系影响着正在建构中的语言体系,二语习得与双语习得之间的联系由此可见。学习者个人的语言水平处于动态变化中,因此多语习得这个过程具有动态性,其显著特点体现在语言渐忘、语言稳定性以及语言维护方面。正如生态系统一样,语言学习过程富含变化,因此心理语言学体系应是一个开放而非封闭的系统。这种动态的观点可用于解释语言学习中诸多因素(比如社会因素、生理因素和个体因素等)之间复杂的相互依赖性和某些因素的变化性(比如学习动机)(Ushioda，1996)。Herdina & Jessner(2002)同样从动态的角度出发,提出"多语语言水平(multilingual proficiency)"的概念,区分了多语者与单语者的认知体系和语言体系。"多语语言水平"由不同的语言体系、语言体系间的语际交互以及增强型多语监控器(Enhanced Multilingual Monitor,简称EMM)组成。动态体系中的核心问题就是元语言技巧的运用以及语言学习的认知规律。其中,元语言意识的研究对于解释三语习得中所发生的催化作用至关重要。换句话说,在三语习得过程中,不同的心理学体系之间的语际交互会产生协同效应(synergetic effects),这种效应会导致学习过程中发生质的变化。

基于以上这些观点,下面我们将从认知和心理语言学的角度出发,从三个方面讨论多语能力的特征,即多语能力和元语言意识、多语能力和认知发展,以及多语能力和心理变量之间的联系。

4.2.1 多语能力和元语言意识

文献表明(Van Lier，1998),最初开展语言意识(language awareness)方面的研究是为了从中寻求一些启示以便有效地提高课堂教学质量。曾有语言学家比较了双语孩童和单语孩童在认知方面的差异,并认为双语孩童具有一定的认知优势,这是由于双语或多语者具备较高的元语言能力、元语言意识和元语言技能,并且对元语言任务表现出较为浓厚的兴趣。为了证实这一论点,多语习得领域中对此展开的研究仍然方兴未艾。2005年,以Bialystok为代表的语言学家们进一步指出认知能力方面的优势不仅在孩童时代体现出来,还会一直持续到老年。Hamers & Blanc(1989)则列出一系列双语者的认知优势,指出这些认知功能都与高层次的创造力和信息重组能力相关,比如翻译能力、发散思维能力(divergent thinking)、交际敏感度以及元语用能力等等。其中,大多数语言学家都认为元语言意识是最有助于多语者提高语言学习能力的一个因素。比如Thomas(1988)最先提出,经过正规训练的二语学习者学习第三门语言时能够更加有效。下面我们就先来描述一下元语言能力这个术语，然后探讨元语言能力分别与监控行为、语言学能和语际间的交互作用这三个方面的关系。

根据 Malakoff & Hakuta(1991)的定义，元语言意识指的是能自如并抽象地思考一门语言的能力，对语言功能和特点具备一种意识，并能够对这些功能和特点进行反思。具备了元语言意识的人，不仅仅能够理解或表述某一句话语，而且能够思考该话语所表达的深层次意义及其体现出来的语言形式和结构，这就是学习者运用认知和语言技巧去解决某些问题的能力。简而言之，具备元语言意识的学习者能够对语言进行反思和掌控，能够区分语言的形式和意义，分辨内部语言的不同要素，并且能够理解语法结构和形式。由于双语者更能准确地评估语言的使用是否妥当合适，所以双语水平越高，反思语言的能力就越强，在语用方面也具有一定的优势。同时，双语者有效解决语言输出或理解方面问题的能力也比单语者强。由此，元语言意识是语言学习的一个重要因素，也是三语习得领域中值得关注的一个问题。但是，Cohen 强调了思考一种语言和将一种语言作为媒介进行思考这两种行为之间的区别。他质疑多语者是通过哪种语言媒介进行元语言思维的，是母语，还是此前习得的一种非母语语言，亦或是目的语。他认为在习得的早期阶段，学习者不一定能够处理复杂的思维要求。也就是说，在这个阶段，他们的语言能力还比较低下，所以还不能够进行元语言思维。然而这种情况会随着习得过程的推进而得到改善，到了某个阶段他们便不仅能够用非母语表达思想，而且还可以依赖不同的语言来获取元语言信息，不断地通过寻找语言间的相似点来进行元语言思维。

由于语言学习的经历不断增多，学习效果得到逐步改善，多语语言能力中的元语言意识是处在一种动态变化的过程中的。每个学习者的具体情况不同，他们的这种意识所达到的程度也是不同的。语言学习过程中元语言意识的发展和使用意味着学习者此前习得的几种语言之间产生一定程度的交互影响，也就是说他们的语言知识具有交互性。Herdina & Jessner(2002)提出的多语动态模型(dynamic model of multilingualism)就解释了这种互动性是如何在学习者个人的语言能力提高、语言耗损/磨蚀程度以及影响语言习得的诸多因素之间发挥作用的。相形之下,传统的静态线性模型认为多语能力只是不同语言知识体系的简单总和,而并没有考虑到不同体系之间的交互影响以及个体差异,因此与多语动态模型是不同的。基于动态体系理论基础之上,Jessner(2003)也特别强调了多语者的思维体系受到其自身变量控制,十分复杂。该理论认为"许多生物体系和物理体系是不规则的,不连贯的,不同一的"(p. 48)。由此,多语体系是一个动态体系,所有的动态变化都与时间有关,并且这些变化在自身体系内不断地拓延并发生重组。处于这个体系中的学习过程是非线性的,可逆的,并且受到已有知识之间的交互性的影响。三语习得者的语言能力和技巧的提高均得益于这些知识的交互,其中最为显著的是他们的元语言意识和元认知技巧的提高。基于这个观点,变异成为多语处理机制中的一个重要因素,因此多语习得方面的研究开始关注这个因素在多语习得中所起的作用。

4.2.1.1　元语言意识与监控行为

为了更好地探讨语言学习中的监控行为和语言意识之间的联系,我们必须了解成功的多语者是如何监控他们的语言使用的。在这里,我们需要指出"监控(monitoring)"指的是监控学习的过程并在问题出现时采取适当的措施及时处理问题。另外,监控还包括对语言进行评估并分析导致问题的原因,因此监控的过程与元认知知识(metacognitive knowledge)和元语言知识(metalinguistic knowledge)紧密相关。对此,Bialystok(2005)提出假设,认为双语或多语者需要同时管理两种并存并且相互影响的语言,这种管理行为能够提高包括监控器在内的执行功能(executive functions)。双语监控方面的研究大多跟语言习得和语言处理机制相关。根据语言习得理论中 Krashen 的监控假设(Monitor Hypothesis),监控器所起的作用是督促学习者对语言规则和语言形式进行有意识的了解,也就是元语言意识。语言处理机制研究中关于监控方面的实验大多与控制机制有关，比如探查错误、改正错误以及自我修复能力。Bot（2004）指出多语处理机制中语言交叉点（language node）起着双重作用：首先，它将使用某一具体语言的意图传递到选择语言规则的某些输入体系，也就是语前信息（preverbal message）；然后，它激活储存在语言体系不同部位中的具体语言规则（比如词汇、语法规则、音节发音等）。对于多语者而言，几种不同语言的熟练程度之间的差异会对监控过程产生一定的影响。在上文提及的多语动态模型里（Herdina & Jessner, 2002），多语者的语言体系的最大特征就是他们拥有增强型多语监控器。它是在语言学习过程中由于不同语言体系间的相互依赖及交互作用而产生的一种机制。多语学习者在一个多语环境中运用这种监控器来检测自己的语言使用情况。由于语言数量的增多，监控器的功能也得到扩大。另外，多语者的监控行为已经不局限于探查错误或自我修复了。它还体现出语言意识中的社会语言特征，比如在某个特定语言情境下，为了达到预想的交际需求而偏向选用某些语言。

由此可见，二语习得者和三语或多语习得者的语言监控能力存在着较大的差异。由于语言接触越来越多，多语者学习到了更多的技能，比如他们提高了元语言意识，改进了元认知策略，这些新技能使他们的学习发生了质的改变，而二语习得者在这些方面的能力则比较有限，这也反映了二语和多语者在语言学习中所具备的元认知和元语言技能，以及语言管理和语言维护技能是不同的。在三语习得过程中，学习者建构了一套基于双语语模之上的元体系（metasystem），因此他们具有"双语意识"（bilingual awareness），通过发挥元语言意识来监测在完成一个交际任务时的语言输出，同时将注意力放在所传达的信息之中。Thomas（1992）认为元语言意识所起的作用就在于学习者之前的语言学习经历影响他们随后采用的学习策略，而他们对有效策略的熟练和了解掌握程度又决定外语学习是否能够最终取得成功。使用学习策略取决于语言学习意识，而这种意识又引导学习者整个学习的过程,比如他们的语言认知和语言输出。学习者对语言学习有着各自的理解,采取不同的学习方法。多语学习者采用的学习策略在提高整个学习和运用语言的能力方面具有更多的优势,在很大程度上促进了整个学习过程,使学习者能够顺利完成各种不同的语言理解和输出任务。

4.2.1.2 元语言意识与语言学能

多语学习中的语言学能(language aptitude)及其与元语言能力之间的关系是另一个与语言学习的认知和情感因素相关的问题,备受语言学家们的关注。语言学能一直是一个有效预测语言学习速度的指标,虽不能等同于智商,但两者有重合的部分。在二语习得理论中,语言学能影响着语言学习的速度和成功与否。多语习得领域中的研究正越来越多地关注双语者学习第三门语言的语言学能与二语习得者的语言学能之间的区别。这些研究表明多语者体现出来的认知优势与他们较强的元语言意识紧密相关。部分研究已将语言学能纳入语言学习成功的一个重要影响因素。

Skehan(1989)总结了影响学能的三个因素:(1)听觉能力(即语音解码能力);(2)语言能力(即语法敏感度和归纳能力);(3)记忆能力。学能是多项不同技能的组合,因此任何一项独立的技能都不能标志一位成功的语言学习者的综合能力。Skehan(1998:188)进一步提出语言学能有其固有性,这一点是不容忽略的,"毫无疑义,环境对学习者的语言学习能力会产生一定的影响,这是因为语言学习本身是为未来的学习做好充分的准备,比如将来需要学习第三门语言,或者需要扩大母语的词汇量。同样,通过学习语言,学习者也了解了这个学习过程。但是核心问题是,尽管之前的学习经历有可能给未来的学习带来很多益处,但是一个人学习语言的固有素质是不会改变的,而且这种固有素质对未来学习的速度同时还具有一定的约束性。"

在双语和多语习得领域中,语言学能和元语言能力在某些情况下被视为相同的概念。在习得过程中涉及的语言体系越多,我们就越难判断是语言学能还是元语言意识在影响习得进程。因此,一些语言学家(Herdina & Jessner, 2002:138)在讨论多语动态模型时就提出了在多语习得中应该会同时使用到多语言学能(multilanguage aptitude)和元语言意识的说法。Baker(2001)针对双语环境中关于双语或多语孩童是否具有语言固有性以及语言学能是否可教提出了一些核心问题。这些问题主要包括:(1)双语或多语孩童是否是因为他们的语言天赋比其他孩子高才能够掌握双语或多种语言的;(2)他们是否会随着对多种不同语言的接触的增多,元语言能力和技巧得到增强,继而语言能力也得到增长;(3)在多语习得中,到了什么年龄或阶段的时候,语言学能不再等同于元语言能力等等问题。因此,我们还需要通过未来的研究进一步探讨这种语言固有性是否真的存在,如果存在,我们应该如何在某一合适的时间点去衡量多语者的这种内在素质。

此外,Eisenstein(1980)的研究表明,在孩童时代习得两种语言对其在成人阶段学习第三种外语大有裨益。同时,与那些在家庭环境中学习两种外语的学习者相比,那些在正规的学校环境里习得另一门外语的学习者在学习更多语言时具有较高的学能。这是因为在经过正规的二语语言训练之后,学习者提高了他们参加脱离语境的语言测试(decontextualized tests)的能力,但是不一定能提高他们对于语言交际能力的习得。

4.2.1.3　元语言意识与语际间的交互作用

目的语中有两种语言形式显征(salience):(1)目的语本身具有一些显征,因此相对容易引起学习者的注意;(2)显征来源于语言之间的差异。同时,这两种类型的显征产生的效果是截然相反的。学习者比较容易通过发现第一种类型的显征习得某些语言形式,但却不太容易通过第二种类型的显征来掌握语言形式。尽管这些学习者具有跨语言意识(interlingual awareness),但是他们并不明白自己输出的中介语为什么是这样的。换言之,他们的语际间对比意识非常低,也就是他们关注两种语言之间的差异的意识较低。一些语言学家是从语言习得过程的角度出发进行研究的，其中 Schmidt 等 (1986)将其归纳为两个过程：一个是归同的过程(congruence)，意即在学习语言过程中学习者能够发现语言间的相似性，将 L1 与 L2 和 L3 中相似的形式关联起来；另一个则是相异的过程，意即他们能够发现语言间的差异。元语言意识强的多语习得者能够利用更多的语言资源，擅长于通过探索分析几种语言体系间的共同点来掌握目的语中的某个或某些语言点。另外，一些语言学家调查了语言学习策略的选择与此前的语言学习经历对这种选择所起的影响之间的联系，发现有经验的语言学习者在语言习得和使用过程中懂得掌握学习技巧并提高交际能力。

在多语动态模型里，元语言意识的提高与否取决于多语者所认知到的交际需求和跨语言意识。这种交际需求通常通过语言混合表现出来，而跨语言意识则是通过学习者对自己语言的使用进行反思后得以体现的。此外，Cummins(2001)认为学习者也会将元语言技能迁移到其他语言中。事实上，使用两种或多种语码会激活对每种语言的监测和检测功能，这样一来，元语言意识就得到了提高。因此，语言之间的迁移过程影响着学习者的元语言技能，从而元语言意识在两种语言的使用和习得过程中得以凸显出来。此外，关于多语者的多种语言如何影响他们运用三语学习策略和技能方面的研究表明，有经验的学习者在使用与第三门语言非常相似的语言时，往往能够巧妙地将这两种语言为其所用，使其成为辅助性的语言，体现出较强的跨语言意识。这也源自语际间的交互性与语言意识之间的关系。

Jessner(2003)研究了三语者在写作过程中如何开展元语言思维活动从而体现他们的元语言意识，以及如何采用有效的策略搜寻词汇。他的研究表明，三语者的学习策略之一就是在写作时善于寻求语言间的相似之处，这说明在进行三语输出时他们展开了相对活跃的元语言思维活动(metalinguistic thinking)，建立了母语、二语以及三语之间的联系，形成了他们特有的心理语言学体系。这也证实了前文所提及的,由于元语言能力的发展而建立起来的"共同的内在的语言水平"(common underlying language proficiency),提高了三种语言的监控能力,同时也提高了元语言意识。他们利用三种语言之间的相似性寻找合适的词汇,评估词汇的使用情况,在这个过程中,他们提高了遣词造句的水平。学习者的语言应用能力体现在他们运用技巧的能力上,从而通过使用这些技巧来弥补某些不足。这些弥补策略(compensatory strategies)是学习者在使用母语或第三门语言时所使用的策略,如语言转换、外来化(foreignizing)以及直译,也是母语者和二语习得者所使用的接近法、描述法和造词法。对于语言间差异的认知也影响了他们所选择的语言。在寻找合适词汇的过程中,他们会进行词汇转换。之所以这么做,要么是为了刻意体现隐性意识(tacit awareness),要么是为了使用一些能够体现出元语言意识的表达方法来展现显性意识(explicit awareness)。应该指出的是,这两种意识都属于跨语言意识的表现形式。

隐性意识是一种高于直觉的意识。当学习者的两种语言水平非常接近的时候,这种隐性意识是通过使用几门非母语的辅助性语言中的同源词来得以体现的。由于多语者的大脑中储存了一批几种语言共享的同源词,在他们的大脑词库(mental lexicon)中有一种特殊类型的同源词表征。假如我们运用 Bialystok 关于分析和控制(analysis and control)的两分法来解释多语者在语言输出时采用的弥补策略,也就是说如果我们将多语者解决问题的行为视为他们在分析和控制元语言的话,那么他们所使用的元语言(metalanguage)便是分析和控制之间这种交互形式的产物。语言的运用反映了学习者的隐性知识,而将之提升到理论层面则反映了他们运用显性知识的能力,因此,我们认为,通过运用元语言而体现出来的元语言意识是学习者的内隐学习(implicit learning)和外显学习(explicit learning)交互作用的结果,而这种意识也是分析和控制之间交互作用的结果。对于多语者而言,他们需要关注多套不同的语言体系,因此必须重新将注意力分配到不同的信息源上。正是由于多语者在决策过程中发挥了元语言的作用,他们才能够在语言输出时有意识地相应地使用某些策略。母语与二语之间的联系既不是决然分割、独立存在的,也不完全是由于双语词汇组织之间的交互而产生的。多语学习者通过同时综合运用两种语言知识而将这种联系建构成一种相互依存的关系。

总之,多语者的语言意识包括两个层面的意识:即跨语言意识和元语言意识。多语者在语言输出和使用的过程中,通过隐性或者显性的方式表达他们对于几种语言体系之间的联系时,这种意识就是跨语言意识。前文所提及的元语言意识则是语言意识的一部分。这两种意识密不可分、相互影响。由于意识程度的高低影响着在多语输出时个体语言的激活状况,多语者大脑中词汇的组织方式也受到一定的影响(Cenoz *et al*. 2003)。此外,关于多语输出中元语言的运用方面的研究也增进了我们对不同语言系统之间相互依赖性的了解。如果我们从心理语言学的角度出发,去探讨多语习得和多语输出中语际间的交互作用,那么元语言意识就构成了一个至关重要的认知要素,反映了多语者使用并学习几种语言的过程及其对这个过程所产生的影响。另外,我们之前所提及的增强型多语监控器(EMM)也是这几种语言之间动态交互的结果。由于学习者元语言能力的提高,多语者形成了一套有效的监控所有语言的系统,因此他们的元语言意识得到了提高。由此,我们认为双语者因具有较强的元语言意识而比单语者在学习新的语言时具有认知优势。简而言之,跨语言意识和元语言意识之间的交互作用,是我们研究多语者受到语际间影响的核心内容,同时也是从心理语言学角度出发去探讨多语者的语际间交互作用的前提条件。为了增进我们对多语习得和多语输出的过程及其特点的了解,语言学家们应该在未来的研究中更多地关注多语体系中的语言迁移过程及其迁移机制。

4.2.2 多语能力和认知发展

学习者通常会借助任何他们认为是相关的信息去完成语言任

务,这是人类认知的一个基本原则。在探讨关联原则时,Wilson & Sperber(2006:612)就曾谈到,"人类的认知系统是这样发展的,我们的感知机制会自动挑选出相关的刺激点,我们的记忆追溯机制则自动地激活相关的假设,而我们的推理机制会自然而然地通过最有效的方式去处理这些信息。"在语言习得过程中,当需要完成某一项学习任务时,大脑中出现的最为相关的信息有可能是此前习得的关于其他语言的知识,也有可能是在获得这些知识过程中所积累的学习经历。然而,此前所掌握的语言知识和语言学习经历并非总是起着正面的作用。对此,语言学家们进行过激烈的争论,争论的焦点往往是具备双语能力对此后的语言和认知发展是否有益,它到底是语言学习中的一个障碍,还是一种资本?

直到 20 世纪 70 年代,人们才一致认为双语能力能够增进认知的发展,从而促进此后几种语言的习得过程,从而其利大于其弊。其中的益处之一便是双语能够帮助我们的大脑在老年时期保持年轻和活跃的状态。基于这个观点,De Angelis(2007)提出了三个关于多语能力的假设:第一,学习两种以上的语言有可能促进认知发展,并有益于语言习得过程,也就是说,学习的语言越多,他的认知技巧便越有可能得到提高,语言习得过程会加快,并且学习效果会更好;第二,和单语者相比,多语者学习语言虽然更加有效,但与双语者在认知发展和语言习得过程方面本质是非常相似的;第三,学习更多的语言知识之后,学习者也许会流失一些本来熟知的语言知识。此外,在多语研究领域,关于没有学习多种语言的单语者所具备的认知能力或处理信息能力是否真的会比多语者更为低下这个问题,有部分语言学家(比如 Makakoff & Hakuta,1991)也提出类似的质疑。他们认为如果不具备更多的语言知识,学习者智力发展的机率便会相应减少;如果具备了几种语言知识的话,他们的认知发展便会显现出有意义的优势。之所以会这样,是因为这些个体学习者是通过集中几种语言体系去观察和感知周围世界的,因此他们能用不同的语言来表达自己,这也是单语者所不具备的语言丰富性。

关于此前所掌握的语言知识对认知发展和语言习得过程所起的作用，我们需要弄清楚两个关键问题：第一，学习者的非母语语言水平到底需要达到什么程度才能使自己的双语能力或多语能力发挥作用、显现优势；第二，在习得的几门语言中，其中一门语言的发展和提高是否会迁移到另一门语言中并且影响那门语言的输出。对此，Cummins(1979)提出了两个假设，即入门假设和发展性相互依存假说。入门假设提出学习者的语言能力中有两个不同的入门级水平，他们必须达到第一个初级的水平线才能避免双语所带来的认知方面的负面效应，同时只有当他们达到第二个水平线时，认知功能才能得到提高。发展性相互依存假说则认为由于母语中所掌握的技巧可以迁移到二语中，学习者的二语语言能力在很大程度上与其母语的水平相关。这一点也就意味着多语者同样能够将母语或任何其他一种语言中的技巧迁移到另一种非母语中。如果两种语言之间是相互关联、相互影响的，那么这种关系同样存在于第二语言和第三语言，或者第三语言和第五语言之间，以此类推。此前习得的语言能力越强，这种语言间发生影响的机率就越高。语言水平是与智力发展成正比关系的，假如学习者必须达到一定的语言水平从而在认知上获益于他们的双语能力的话，我们就不难想象那些已经获得三种或更多种较强语言能力的学习者通常要比那些能力不够强的学习者显现出较为明显的认知优势。此外，Lasagabaster(2001)指出，由于多语者能够将此前习得的语言技巧迁移到另一种非母语中，他们习得语言的速度会得以提高，同时也有可能影响他们的习得途径。

文献中关于多语学习者的研究基本认为具备双语能力和三语习得之间是一种正向关系，但从信息处理的角度看，并非所有的多语者在学习语言的过程中都具有优势。根据信息处理框架(McLaughlin & Nayak, 1989)，语言习得过程有两种情况：一种是控制性过程(controlled processes)，在这个过程中需要投入大量的时间和精力；另一种是自动性过程(automatic processes)，这个过程发生的速度很快，需要的精力较少。在这个理论框架下，语言学习是一种控制性过程的结果,有经验的学习者会使用多种不同的信息处理策略和技巧,这是没有经验的语言学习者所做不到的。基于这个观点,Nation & McLaughlin(1986)的研究发现只有在隐性的学习过程(implicit learning)中,学习者并没有得到具体应该如何学习的指导,这时候多语者的表现才比经验较少的单语或双语者要好;而一旦当这种学习过程转化成显性(explicit learning)时,也就是说当老师明确地要求他们学习语言规则的时候,多语者则并不一定能够体现出优势。

4.2.3　多语能力和心理变量(psychological variables)

迄今为止,关于多语能力和心理变量之间的关系鲜为研究者们所关注。对于这个年轻的领域,大部分研究所关注的是,学习多门语言的能力是否有助于学习更多的语言,是否有助于掌握多种语言的知识,或者是否有助于提高元语言意识和跨语言意识(Jessner,2006)。对此,我们得出的答案都是肯定的,即掌握几种不同的语言无疑是有利的。但也有一些研究(Pavlenko,2003)认为当学习者进入到一种新的文化和语言环境中后,随着他们的语言和认知逐渐丰富起来并出现一些转型,他们的母语有可能会退化。另一个研究方向(Bialystok *et al.*,2005)则关注在完成非语言任务(nonverbal tasks)时多语者所具备的认知优势。多语者同时操练几种语言,在这个过程中不断地需要激发其中一种语言,相对减少其他语言的使用,并在几种语言中进行转换。通过学习多种语言、体验多元文化,多语者逐渐拥有了几个不同的认知系统去感知世界,同时丰富了他们的感知体验,他们因此而具备了发散性思维的优势。

除了以上提及的这些研究课题,Dewaele 在 2007 年开展的实证研究是目前唯一的关于拥有多种语言对心理变量的影响方面的研究。他发现与双语者相比,会四门语言的学习者和三门语言的学习者在使用他们的二语时所反应出来的外语焦虑度(Foreign Language Anxiety)较低,但是将这两种外语学习者进行对比时,发现随着习得语言的增多,学习者变得更擅长于交流,自信心也得到增强,因此他们之间的外语焦虑度是大抵相仿的。在此结论的基础上，Dewaele & Oudenhoven(2010)将多语对性格的影响进行了量的分析。他们发现接受过正规外语训练的单语者的情绪稳定性(Emotional Stability)高于多语者。这似乎验证了 Guiora *et al.*(1975)的说法，即要想将二语说得原汁原味，学习者必须具有一种全新的身份，完全融入到这种原本不熟悉的语言中。要做到这一点，学习者需要有相当程度的开阔性思维和文化同理心(Cultural Empathy)。不过这些心理变量也会给学习者带来压力、不确定性以及焦虑情绪，从而降低多语者的情绪稳定性。虽然这种语言和文化的适应过程会带来一定的压力，但同时也能开拓学习者的思维，增强他们的文化同理心。总之，这些心理变量是受环境影响并处在复杂的动态变化过程中的，而语言则体现了这些变量的复杂多样性。

4.3　社会语言学方面

人们通常会认为学习两种或多种语言并用这些语言进行交流是非常麻烦的事，比如需要承受认知负荷，会出现"半语言"现象(semilingualism，即对两种或多种语言都只是一知半解)、会具有分裂的身份(split identities)等等。但是目前的实证研究(Baker, 2001)并未表明双语对于认知有任何危害，而且语言学的各大分支学科都已认同，双语带来的只是区别而非不足(difference not deficit)。从社会语言学角度出发，我们这样定义"双语"，即无论学习者掌握的这些语言的具体水平如何，只要他们掌握两种语言的能力，那么他们就成为双语者。但由于说几种语言本身是具有一定困难和挑战的，因此在学校正规的学习环境下，这些双语者常常表现出某种程度的焦虑。在研究多语库(plurilingual repertoires)时，Beacco(2005)是这样解释"多语"这个概念的："多语指的是无论他们所掌握的语言水平如何，学习者只要在社会交际场合使用多于一种以上的语言，那么他们就成为多语者。这一整套运用语言的技巧是复杂而独特的,使用者能够在不同的社交场合,为了达到不同的社交目的而运用程度不一的语言。根据个人所处的不同语言环境、教育背景及其社会阅历,这些学习者的多语能力也会有所差异"(p. 19)。作为一个社会行为人(social actor),多语能力以及基本语言技巧是可以在不同时段内掌握的。在社会交往和交流中使用两种语言的重要性可以反映在学习者使用的话语中。大部分研究(Bono & Stratilaki,2009)认为,双语和多语学习者在未来的语言学习中,在学习策略和语言使用策略上具备很多优势,能提高他们在社会环境下运用创造性技巧使用语言的能力。

在针对多语学习者的社会语言学研究范畴中,我们主要关注三个密切相关的问题:第一个是多语言能力(plurilingual competence),也是多语研究理论框架中的核心要素;第二个是语言表征问题(language representation),也是我们探索语言行为本质特点的出发点;第三个是多语现象和文化身份认同问题,这个课题也逐渐引起越来越多的社会语言学家的关注。下面,我们就这些问题展开逐一的讨论。

4.3.1 多语言能力

在社会语言学领域及其相关子领域中,多语能力及其与语言使用之间的联系早已成为一个引人关注的话题。比如,话语分析家们(Filliettaz & Roulet,2002)从不同角度对这一问题进行了研究,并提出了关于语言发展以及在话语交流中的话语组织方面的假设。在他们看来,话语是一种交际行为,我们采用具体的方法去分析某一具体交际情景的特点、话语双方的身份、交际目的、所涉及的内容以及所处的环境,这也就是对话语进行分析。同样的,要分析人们如何使用语言,我们需要识别某一特定话语事件与构建这一事件的社会结构及其社会环境之间的复杂辩证的关系。

然而,直到近年来,我们才开始对多语者所具备的交际能力、语言资源以及话语技能有了长足的了解和认识。以 Coste, Moore & Zarate 为代表的欧洲语言学家们认为,"多语言能力"指的是一个综合语言库的发展,因不同语言的交汇合并而具有原创性和复杂性。根据欧洲委员会对这个术语的定义,多语言和多文化能力(plurilingual and pluricultural competence)指的是为了达到交际目的,多语者参与到跨文化交际中而使用不同语言的能力。具备这种能力的人通常是社会行为人(social agent),具有几种不同语言的能力,体验过不同文化,但程度不一。这种能力并非几种独立能力的简单重叠或并置,而是语言使用者可用以发挥的一种复杂的综合能力(1997)。由此,我们可以看出这种诠释将多种相关要素都纳入考虑之列,强调了在不同语境中个人的语言体验,充分反映了多语言能力的复杂性。具备了这种综合的交际能力,多语者就能够将不同的语言和文化整合到一起,构建一个更为全面而完整的语言库,并根据每个不同的情景和需求不断地更新、激活这个语言库。

一方面,多语言能力者能够运用语言库中储存的所有语言知识,在某一具体的社会场景中作出适当的语言选择,这种选择与他们习得语言的顺序或每种语言的水平是没有太大关系的。另一方面,多语言能力是综合了一个语言学习者一生的学习经历、学习动力以及所有语言在他大脑中的表征共同相互作用的产物。如果能够了解这种能力的语用原则,我们就不难意识到语言构型(linguistic configurations)和话语现实的复杂性、多样性以及变化无穷性(infinity)构成了多语言能力的典型特征。此外,Oliveria & Anca(2009)还指出多语言能力的四个维度。他们认为,多语言能力的首要维度是社会情感维度(socio-affective dimension),也就是说具有多语言能力的人能够对多种语言、文化以及与他人交流中反应出来的个人性格和动机进行反思,并且表现出一定程度的意识;第二个维度是语言和交际资源库的管理维度(management of linguistic and communicative repertoires dimension),即能够在新的交际或学习情境中记录并更新自己的语言和交际历程;第三个维度是管理学习历程的维度（management of learning repertoires dimension），即管理几种不同语言的习得过程；最后是交际维度（management of interaction dimension），即能够对语言接触情境中（比如翻译或语码转换）的交互过程进行反思。

4.3.2 语言表征

除了多语言能力之外，在日常面对面的交流中，语言表征也是能够帮助构建并发挥多语言能力的另一个关键要素（Stratilaki & Bono，2006）。学习者的母语语言表征与正在学习的这门语言的语言表征以及表征之间的差异都与他们各自的学习策略和话语策略密切相关。由于拥有两种或多种语言能力，多语学习者形成了一套独特的语言体系，继而构建了一种特有的语言表征，这种表征体现了这套体系和正在学习的这门语言体系之间的语际距离。Castellotti & Moore（2002）认为语言表征本质上是具有双重性的，它既是静态的，又是动态的。如果我们从动态的观点出发去研究多语言习得者，那么语言表征具备以下三个方面的特点：第一，语言表征与交际过程中所使用的话语策略相关（比如语码转换），这些策略有可能有助于交流，也有可能有碍于交流的展开；第二，语言表征本身是灵活可变的，因此学习者也可以随时修正和调整；第三，语言表征是在不同语种之间复杂多变的交互过程中发展形成的，能够影响学习者未来的学习过程。

我们非常提倡学习者多学习一门语言，但有一些语言学家却指出与单语者相比，多语习得者的语言行为（linguistic performance）在某种程度上要稍逊一筹。对此，Gajo（2001）& Moore（2006）进行了解释。他们认为长期以来，人们带有一种单语偏见（monolingual bias），忽略了双语者或多语者的语言有其具体特点，比如他们所建构的几种语言的知识结构是不完整的、不平衡的，常常需要进行语码转换并且自创词汇，因此他们的语言行为其实是具有原创性的。此外，多语者具有语言学习和使用策略上的潜在优势，这种优势体现在元语言层面,包括交际策略、学习策略以及语言表征上。尽管双语者和多语者的一个明显优势是习得掌握的语言种数较多,拥有量的优势,但是这种优势势必与质的优势紧密相关。换言之,他们建构了一整套复杂的体系,这个体系跨越、涵盖了几种不同语言的元语言知识、策略及信念。在学习者的话语库中新增加一门语言,他们的基本学习技能就能得到提高,但这并非是一个简单的量的积累过程。一些实证研究(Gajo,2001;Moore,2006)表明,多语者所认知到的事物超越了语言层面本身。由于话语库不断扩大并且变得多样化,他们学习和使用语言的方式发生了显著的改变。比如,他们的元语言意识提高了,对语言的社会和语用功能有了更强的意识,认知变得更灵活,更愿意探索,并且更有能力掌控一些交际活动(Jessner,2006)。为了保持交际的流畅,他们能够通过提高使用语言策略的技巧去弥补语言、话语、交际以及社会文化知识的不足。这种元语言意识也对他们的语言表征产生了影响。由于语际间距离在很大程度上决定了学习者可以从一种语言中迁移什么成分到其他语言中,因此元语言意识对语际间距离的表征影响尤为明显。

总之,策略的使用技巧和学习者的语言表征构成了多语习得者语言学习和使用方面的潜能的核心要素,这些要素很有可能激发学习者的反思性、灵活性和创造性,并且提高他们解决问题的能力(Moore,2002)。多语言能力具有社会和交际价值,能够帮助交际双方更好地了解对方的意图,因此这种能力在社会生活的方方面面都有助于提高学习者的交际能力。

4.3.3　多语现象和文化身份认同

在过去的十几年里,语言学领域中涌现出大量的关于语言和身份认同的研究。对于自我、话语以及身份认同的协调(negotiation of identity)问题的相关研究(Mantero,2007)已经从语言习得的边缘地带转而成为研究中心,而"身份认同"这个概念具有越来越深厚的理论内涵。它涉及教育、语言学习和发展以及个人与社会的关系,是一个跨学科的研究话题，其中包括心理学、教育学、社会学、人类学和哲学的内容。相关学术领域对"身份认同"（identity）这个概念的探讨倾向于认为它是"一个处于动态中的、变化的、在话语中形成的概念，这个逐渐建构的过程是建立在处于同一时空中的人们所处的文化体系之上的"（Baquedano-Lopez & Kattan，2009，p. 87）。此外，身份是在一系列纵横交错的权利体系之中建构的，所有社会行为人在他们的社会交往和社会生活中建构他们的社会身份。成为具有多语能力的学习者不仅要学习两种或多种语言的语言形式，而且要在社会交流中使用这些语言规则，逐渐使之社会化。语言形式并非独立于它们在社会语境中的含义而存在，而是在学习者使用这些形式的过程中形成了语境，从而赋予这些形式具体的语境意义。社会语言学和人类语言学关注的便是语言、个体、语境、文化以及社区之间的复杂关系，有利于我们进一步了解成为多语者的语言习得过程。

历史上，双语现象或多语现象曾是一种边缘化的现象，但随着国际化交流和跨地区交流的增多，社会语言学研究表明成千上万的人们如今都能够轻松地使用两种或更多的语言。在欧洲，多语交流已经成为人们生活方式的一部分，也是一种身份的象征。经过良好规划的多语以及多文化局面必定能推动社会政治和经济的发展，为人们创造财富。Beacco & Byram（2003）认为"多语"是人们使用和学习多于一门语言的潜在能力。学习者可以自学，也可以在正规课堂环境里学习。多元文化指的是与不同的社会文化团体相关的多元文化知识，多语现象通常是伴随着多元文化出现的。这些文化并非简单地叠加在一起，而是综合混杂成为一体。体验这种混合文化可以带来和谐的感受，但因为很多双语者无法真正完全融入到任何一种文化中，自己的身份受到挑战和威胁，因此这种文化体验也可能带来痛苦的感受。

在多种因素和环境的共同作用下，学习者个体逐步形成多语身份，这一现象已经成为一条发展规律了。多语身份认同（plurilingual identity）是一种自身赋予的多元文化和多种语言的身份。这种身份是学习者在一生中经历了不同的社会、文化和语言体验后累积建构的(Oliveria & Anca，2009)，因此，它是建立在多语社会中对于某一多语群体的归属感之上的，同时与这一群体共同分享语言和文化的多样性。多语身份认同也往往与多语者的自我表征(self-representation)密切相关，并在交际场合和学习场合中能够自如地展现这种自我表征。多语者经历多元体验后形成了自己特有的多种语言和文化的资源库，而这种多元体验也促进了他们的能力在不同程度上得到提升(Beacco，2005)。

从后现代的社会建构主义(social constructivism)和主观的、非本质主义(non-essentialism)出发，多语身份认同是一种复合的、多面的、可修正的、动态的、瞬息多变的概念，多语者在不同的话语范畴和社会交往中可以扮演不同的角色，采取不同的态度，具有面对全球多语社会重重挑战的能力(Aronin & Singleton，2008)。由此，多语身份是建构在具体的时间、话语和情景中的，同时在与他人的交流或其他对话性过程(dialogic processes，比如写作)中得到不断加强(Ball & Ellis，2008)。要想拥有多语能力，学习者就需要根据个人特点，通过长期的不懈努力和积累，塑造自身的多语身份，从而逐渐建构他们特有的多语资源库。

多元文化身份意味着在不同的场合中所体现的身份迥异，比如当他们和孩童交流或和同伴交流时，在正式和非正式场合中，或是在职场和比较随意的场合中，他们的身份会发生一些质的变化，而这些变化往往发生在从母语转换到一种目的语，或从一种目的语转换到另一种目的语的过程中。在社会交流中，个体会主动趋同于群体，产生粘合，而这种粘合性(cohesiveness)正是来源于身份趋同(conformity)的社会需求。这是因为人们都希望能够被自己身处的社群所接受，准确地了解和把握周遭的社会环境，因此个体的身份认同实质上是一个适应社会语境的过程。人们为了更好地适应环境而积极地选择、改变并调整他们的身份，也就是说在自己所处的环境中，他们的身份处于一个不断个性化(customisation)的过程中。身份建构（identity construction）其实也是建构自我的形式之一，其目的就是为了在社会环境中和其他社会成员和谐相处，在不同的语域和语体中能够正确地进行社会交流。对此，身份趋同和粘合的社会需求产生了举足轻重的影响，这一点对于多语者来说尤为显著。

为了适应目的语文化类型和社会模式（acculturation/enculturation），多语学习者需从母语转换到某种目的语，同时他们的身份认同也在意义创造（meaning making）的过程中从一种语言转换到另一种语言。这个过程的一个重要特征就是语码转换。由于多语者具备多语言背景，当在参与到某个社会交流的场合中时，他们承担着多重角色关系。这时，语码转换在多个层面上对这种多重角色进行了界定。同时，也只有当对话双方对用于语码转换的交际资源库达成共识的时候，这种转换行为才是有效的。由于同为多语者，他们更容易达成这种共识，所能利用的交际资源库更丰富，因此也更容易完成角色转换和身份认同的转换。这种转换体现了这些多语者的自我意识（sense of self）与其采用的交际手段之间的关系。

4.4　学习策略方面

尽管人类历史上一直存在着多语社会和多语个体的现象，但是当今发生在全球范围内的社会语言学变化以及对于个体多语能力的要求却是一个全新的走势。在学习策略（learning strategies）研究领域中，语言学家们从不同角度对双语学生和多语学生在使用学习策略方面的能力进行了比较。Macaro（2006：325）提出我们应该将"学习策略"描述为"一种目标，一个具体情况，一种大脑行为"。这种观点关注的是学习者的内在学习过程，而另一种观点以关注学习者的外在行为为主，两者形成了鲜明的对比。比如 Oxford（1990）将"学习策略"定义为"学生通过开展的具体活动，采取的具体行为、步骤或技巧，来提高他们使用第二语言或外语的能力。这些策略有助于他们内化、储存、萃取或使用新的语言。"大多数学习策略方面的研究表明有经验的语言学习者比缺乏经验的语言学习者要更擅长于学习更多的语言,比如多语者在识别人工语法(artificial grammar)的语法刺激方面的能力要强于双语者。因此,多语者习得另一种语言的过程必定在某些方面不同于单语者和双语者的习得过程。有语言学家提出多语者在情感方面显示出来的优势也较大,比如他们的学习动机、学习态度以及自信程度,概念性知识(conceptual knowledge)和直觉,逐渐形成的集中注意力的能力,认知能力以及元语言意识都比较高,同时他们也愿意花费更多的努力去学习(Jessner,2006;Nation & McLaughlin,1986)。下面我们从多语学习的经历与学习策略的关系、学习者语言水平的高低与学习策略的关系、语法学习策略的使用情况以及学习策略使用的自动化四个方面将二语习得者和多语者进行一个大致的对比。

4.4.1　多语学习经历与学习策略

McLaughlin & Nayak(1989)曾提出过"正面迁移假设"(positive transfer hypothesis),也就是说多语者能够将此前语言学习经历中运用策略的成功经验,迁移到新的语言学习环境中。Nayak,Hansen,Krueger & McLaughlin(1990)的研究表明,与单语学生相比,多语学生为了达到完成学习任务的要求,在调整学习策略方面更为有效。Jessner调查了学生的专业写作情况,认为由于具备两种或多种语言能力,学生们的元语言意识得到提高,因此学生们此前所掌握的语言知识能够在逐渐形成第三套语言体系的过程中起着引导作用。同时,相对于较为缺乏经验的学生来说,有经验的学生所掌握的学习策略是不同的。Rivers(2001)对成人学生学习第三语言的学习方式进行了质的分析。他发现这些学生在很多方面不断地开展了自我评估和自我管理,比如他们能及时把握和调整自己的学习进程、学习方式、策略偏好,甚至老师的教学方式和其他同学的学习方式等等均是他们所密切关注的。Moore(2006)研究了双语孩童在完成合作性任务(collaborative tasks)时进行的课堂对话交流的情况。他们利用已有的语言学习经历来发挥运用策略,获取未知语言的信息,缩小语言间的距离,并建立对新的语言体系的一系列假设。

在语言研究领域,大家长期以来着重于研究什么样的学生才是一个好的语言学习者,他会使用什么样的学习策略。在他们眼中,多语学习者通常就是好的语言学习者。但是,好的语言学习者并不等同于有经验的学习者,因为他们也许无需太多学习经验就有能力学好语言,他们更多的是依赖智商、勤奋以及语言学能。多语者并不一定天生就是好的语言学习者,他们学习语言的能力是通过在所处的语言环境中处理多种语言信息的过程中不断发展提高的。除了在认知、情感、社会以及学习经历方面有诸多优势外,多语者还逐渐提高了自动处理语言信息的能力,这些认知需求也使他们有能力学习更多的语言。由此,多语者学习另一种语言的成功率与他们此前的学习经历成比例增长,并且随着学习不同语言的经历的增多,处理语言信息的方式也越来越多样,频率和复杂度也越来越高,比如运用内化语法的学习策略方面。正是由于多语者能够自由转换学习策略,重组语言体系的内部表征,因此其语言学习能力比单语者和双语者强。他们从过去的学习经历中不断积累学习策略,从而在完成各项任务时能够在多种策略中进行选择。他们此前习得的语言数目对于策略使用频率的影响是间接的,并受着学习者的"自我概念"(self-concept)的调节。与此同时,他们对此前的语言学习经历的价值评估也随之发生变化。

通过对比研究多语者是否能够使用更多的语法学习策略,我们能够进一步了解和比较有经验的语言学习者和缺乏经验的语言学习者在学习语言的过程中分别使用哪些学习策略。如果学生和老师都了解什么因素可以加速习得过程的话,那么语言学习就会变得更为有效并且节约时间。对此,研究证实了有一类学习策略是可以学习并且可以教授的(Macaro,2006)。但是 Dornyei(2005)却认为普通的学习活动和运用学习策略的学习活动之间并没有任何差异,因此质疑是否真的有学习策略可以依循。他提出当一种活动适合于个体学习者，契合他们的学习目的和任务，并且当学习者有效地使用策略时，那么这种活动就是带有策略性的。即便这种观点是正确的，他认为目前在学习策略使用方面的研究也应转而关注学习者的自我调节能力以及更深层的认知过程。但是从教学的角度出发，我们其实应该更多地研究有经验的学习者是如何运用策略处理信息的，这个过程又与他们的语言使用之间有何关联。假如我们使用心理语言学的方法对之进行研究的话，那么学习这种活动其实是学习者或语言使用者在他们的工作记忆（working memory）中进行信息处理的一个过程。

4.4.2 语言水平与学习策略

文献表明（Psaltou-Joycey & Kantaridou, 2009），二语语言水平（language proficiency）的高低与学习策略的使用频率、变化以及类型之间有直接联系。Peacock & Ho（2003）的研究发现无论从量上还是质上，语言水平高的学生比语言水平低的学生在选择使用学习策略方面都更有效一些，使用的认知策略和元认知策略也较多。因此，语言水平在很大程度上影响了学生整体使用学习策略的频率，而且随着水平的提高，使用频率也渐增。在三语习得的过程中，他们学习语言的程序和步骤也随着经验的增多而不断变化调整着。相比二语习得者而言，三语或多语习得者会使用不同类型的学习策略，而且在使用元认知策略、认知策略、弥补策略以及社会策略方面表现得更为娴熟，通过运用这些策略，学习者不仅大大提高了他们的认知技巧，而且也能够利用已经习得的非母语语言来不断修正他们的记忆技巧。

4.4.3 语法学习策略

诸多研究结果显示，多语者比双语者在学习语法知识方面要快捷一些。Kemp（2007）对144名多语学习者学习语法的策略使用情况进行了调查,发现这些学生学习的外语种数越多,其使用的语法策略也就越多、越频繁,因此多语知识也逐渐增多。多语者通过语言学习不断掌握多种策略,因此语法学习策略与所学语言的种数是有关联的。学习者如果具备了习得数个语言体系的经历,他们就能够更好地运用此前曾经奏效的策略来学习新的语言,尽管有些策略只适用于某个学习者个体,具有独特性。为了证实这个观点,在 2009 年的一项最新研究中,Kemp 提出假设:如果学习者学习的语言越多,那么他们使用的语法策略就越多,使用语法策略的频率也越高,使用具有独特性的策略数量也越多。他的研究结果证实了这几个假设的正确性,也就是说多语者使用的策略使他们能够释放一些工作记忆中的资源转而关注语言输入中的关键点,这一点在使用语法学习策略的自动性(automatisation)方面体现得尤为明显。

　　学习不同语法系统的经历使学习者能够更快地内化新语言中的语法形式,更为频繁地使用不同的策略,从而减轻工作记忆的负担,使策略性地处理信息的过程逐渐转化为自动化的过程,使他们能够更多地关注语言输入中的重要信息。根据 Kemp(2007)的研究,由于双语者缺乏学习不同语言的语法系统的经验,他们所使用的语法策略明显少于多语习得者。他们没有足够多的具体处理信息的方法,也没有积累建立一个足够大的学习策略的资源库。由于缺乏大量的语言交流经历,不知道什么是有效的策略,因此他们缺乏过程性知识(procedural knowledge)。同时,他们也缺乏陈述性知识(declarative knowledge),既不了解不同的语法可以作为一个整合体系同时运行,也不了解几种语法体系之间可以在许多方面表现出其迥异之处。因此,这些双语者只能在两种语言之间进行转换,无法对多种语言进行对比。缺乏经验和练习,他们就没有大量机会去重组所接收的语言输入的内容,从而使整个过程变得相对低效,也不太可能达到自动使用策略的效果。在某种程度上,他们无法像多语者那样运用语言间的共享功能。这些都有可能归因于语言学习经历的缺乏,导致他们必须使用全部的工作记忆来处理认知压力,从而造成用于关注和内化语法形式的精力相对较少的情况。

4.4.4 学习策略使用的自动化

如前文所述,实现学习策略使用的自动化是多语者多种语言习得过程中的关键,同时也会影响他们此后习得新语言的速度。学习者有可能有针对性地使用这些学习策略来提高他们的语言输出质量;但与此同时,通过不断的练习,他们的策略使用和信息处理过程已经到达一种自动的程度,因此这种行为也并非完全是有意识的。这种自动化现象、语言输入的重组以及语言表征层面的功能共享大大减轻了多语者工作记忆的负担,从而使他们能够更多地关注语言输入中的关键点,更快地内化所习得的语法形式。如果策略性的信息处理发生在工作记忆中的话,那么多语者就能够有效地使用工作记忆,这对于他们的长期记忆以及存储和检索所习得的语言都是有极大好处的。

此外,学习者在具体情境下为完成具体的任务而对策略进行修正、重新运用和不断重组,在这个过程中,自动化程度也逐渐得到提高。如果多语学习者所掌握的自动使用策略的技巧使他们能够更多地关注语言输入中的重要内容,那么他们就能够在完成任务的过程中自由转换使用不同的策略,或将这些策略结合起来使用或将之稍作修整以配合完成具体的任务或适应具体的情境。在这些方面,他们的策略使用比那些缺乏经验的学习者更为有效、更为妥当。同时,他们也更擅长于评估所使用策略的有效性,并且会逐渐意识到这种语言学习经历给他们带来的好处。

总之,在语言学习的策略使用过程,也就是策略性地处理信息(strategic processing)的过程中,学习者需要付出努力。那些已经投入时间和精力学习几种语言的学习者有可能花费更多精力去处理语言输入的信息,成功地运用另一种语言完成任务。随着所学语言的增多,多语学习者越来越多地使用语言策略。他们的自我调控行为和学习动力毫无疑问是紧密相连的。学习者不仅仅需要花费精力使用学习策略,而且还需要花费精力不断地摸索学习的不同途径、掌握不同的策略。多语者在学习新语言语法的过程中使用的策略大抵源于两个途径:要么他们在学习语言过程中学习了一些策略,然后将之迁移到新的语言中;要么他们在学习新语言过程中从老师、同伴或其他途径中学习到了一些新的策略。因此,策略性地处理信息成为一种学习文化(culture of learning),是随着不同情境和任务而变化的,同时多语学习者个体也可以在不同情境、不同任务、不同语言之间转化、迁移这些信息处理的方法。

4.4.5　小结

近年来,关于多语学习者使用学习策略的研究对教学也产生了一定的影响。由于明示陈述性知识和隐性过程性语法知识能够帮助学生提高交流水平,语言学家们逐渐意识到应该将语法方面的语言输入和认知作为学习过程的一部分。多语者热衷于学习语法知识,并在学习过程中积极使用学习策略。尽管倡导交际教学法的流派摈弃明示语法教学(explicit grammar teaching),但是无论是从老师那里还是从课本中,多语学习者却通常还是希望老师采取这种教学方式来教授语法。他们相信这种教授方法和学习方法有助于加快学习速度,同时也觉得更有趣味性、学习动力更大。

从以上实证研究中,我们可以看出多语学生对不同语言进行比较后,充分利用所获取的有用信息,修正他们已经掌握的学习策略,并进一步生成新的语言假设。他们能使用几种不同的语言进行思维来完成某些语言任务。他们的语言体系不仅在量上得到扩展,而且也发生了质的变化,同时他们的语言学习也变得更为集中有效。总体而言,与单语者相比,多语者在学习策略使用方面具有诸多优势,同时随着习得的语言数目增多,他们学习多种语言的能力也得到了增强。

总之,未来我们需要开展更多关于学习策略方面的研究。假如这些学习者随着所学语言的增多,其使用的策略数目和频率都增多的话,那么他们的使用方式也应该能够更恰当、更有效。但是目前的实证研究并未显示多语学习者的策略使用情况和他们成为更优秀的语言学习者之间是否存在必然联系。另外,这些策略也并非是单一孤立的,通常它们是成群、成串、成梯形状出现。更重要的是,在多语学习者的语言发展过程中,策略的使用除了会发生量性的变化外,还会发生质性的变化。质的变化是无法在量性研究中得以充分体现的。因此,我们很有必要从质的角度进一步研究多语者策略性信息处理能力的发展轨迹。

4.5　语际间影响方面

语际间影响(cross-linguistic influence)等相关领域的研究旨在揭示此前的语言知识是如何影响目的语的输出、理解和发展的,以及在什么样的情况下会产生影响。"语际间影响"这个术语出现在 20 世纪 80 年代,用来概括"迁移"(transfer)、"干扰"(interference)、"回避"(avoidance)、"借用"(borrowing)以及与二语语言流失(language loss)相关的一系列现象。在理论层面上,这个术语是一个中性词汇,客观代表着任何有可能给目的语带来的影响。

几十年以来,语言学家们一直认为非母语是产生影响的潜在来源。比如,Odlin(1989:27)是这样解释的:"目的语和此前习得的几种语言之间存在诸多异同,这些异同点会带来语际之间的影响"。Sharwood Smith(1994:198)则认为语际间影响是"母语对学习者在某一种目的语的输入和输出过程中的影响,由此,也指代学习者所习得的任何一种语言对其目的语的影响"。从这些定义中,我们不难看出,语言迁移有可能源于一些非母语的影响,但是目前我们还缺乏充足的实证研究来证明这一点。因此,未来关于语际间影响和多语现象的研究无疑可以帮助我们开阔视野,摆脱母语对目的语影响的局限,抱着一种更为开放的态度去理解和看待母语或非母语对其他语言所产生的影响。下面,我们先逐一介绍文献中对"语际间迁移"这个概念的阐述,然后再探讨一下与母语和非母语影响相关的诸多因素。

4.5.1　语际间迁移

与语际间距离和语言类型紧密相关的一个领域是语际间迁移,而研究语际间影响和多语现象的一个很关键的问题在于,"迁移"这个概念的传统定义是否恰当涵盖了与多语现象相关的一些特点。"迁移"通常牵涉到两种语言,一种是源语,另一种是目的语。因此早期关于"迁移"的定义体现了这个特点,强调迁移是发生在母语与第二语言、第二语言与第三语言、亦或是第二语言与母语之间的一种现象。然而,这种解释中并没有考虑到影响的来源有可能同时与好几种语言有关,因此这种定义也是片面的,不适于解释具体与多语相关的现象。

我们认为迁移除了可以发生在一对一的语言之间,反应了一对一的联系外,也可以是几种语言同时对目的语产生的影响,即多对一的联系。后者通常发生在两种或更多语言之间的交互影响,并且同时影响着目的语。另一种情况也可能是当一种语言影响另一种语言时,这种已经被影响的语言反过来也会影响正在习得过程中的那种语言。因此,语言学界业已广泛使用"协同语际间迁移"(Combined Cross-Linguistic Influence, 简称CLI)来指称这种复杂的迁移现象。要想识别并区分语言输出过程中导致迁移的多种根源,我们必须设计非常复杂的研究方法。这具有很大的挑战性,因此针对具有多重影响来源的迁移现象的研究开展得较为缓慢。此外,文献中未能对学习者使用多重知识来源的本质机制进行准确的定义和描述,因此关于语际间迁移的假设不可能是完整全面的。

语际间的距离影响着语言之间迁移的量级(magnitude),而迁移通常更容易发生在类型相近的语言之间。此外,当一种语言和新学习的这门语言之间有联系时,迁移就很有可能发生,无论是正面迁移还是负面迁移。Lado(1961)曾将迁移描述为一种语言学习者将其母语的一套习惯移至外语中的行为。Gass(2006)提出语言迁移是学习者在习得第二语言或更多语言的过程中通过某种方式运用母语或任意一种语言的知识。Singokurira(1993)认为尽管文献表明二语和三语之间的相似性是这两种语言间相互影响的缘由,但这绝不是唯一的原因。这种影响是包括新近性(recency,指最新学习的语言)在内的多种因素相互作用的结果。另外,有助于学习者学习二语或三语的不仅仅是母语,二语也有可能影响着三语,而三语则影响着对二语的进一步深入的学习。从社会文化角度来看,三语学习者也许对二语的认同感胜于母语,这样,二语就会继续影响他们学习一门新语言的过程。一个人学习的语言越多,就越容易学习更多的语言。语言类型、语言系统(genealogy)和语际距离对于语言的学习方式起着重要的作用。语际间影响有助于孩子习得一门新的语言,而两种语言水平相当的孩子比两种语言水平不一的孩子更具有优势。语际间影响这个问题与学习者如何建立、展开三种语言间的关联有着密切关系,而这取决于其当前学习的具体语言。

一些语言学家们(Ludi & Py,2009)认为,迁移是学习知识过程中的一个重要要素。就语言学习而言,迁移是指学习者将一种语言中的成分迁移到另一种语言中,是一种心理行为(psychological operation)。另一些语言学家们则认为多语习得中的语言迁移是一种已经习得或正在习得的语言对另一种语言的影响,以及对在同步习得(simultaneous acquisition)或有序习得(sequential acquisition)的过程中后习得的语言的影响。同时,我们应该了解这样两点:第一,尽管两种语言互相之间也有一定的影响,但是语际间的迁移是发生在多种语言习得的过程中的,而不是在二语习得的过程中;第二,不同语言间的迁移既有可能是学习者刻意激活使之发生的(比如积极地积累并使用词汇同源词),又有可能是无意识发生的(比如自主发生的语际间的语言转换)。双语语篇(bilingual discourse)中的超语言标记(translinguistic marks)通常被视为是学习者犯的错误,并被归结为他们某一种语言能力低下，甚或两种语言能力都很低下的表现。由此，学习者个体的双语现象在很多方面成为一种危险的行为，因为这不仅意味着掌握某一种语言势必影响到另一种语言的水平，而且还会影响到附属于这种语言的文化。所以双语者的认知和社会身份都会受到一定程度的负面影响，而多语是几种单语的复制，只是这几种语言习得的程度各不相同。

多语现象和语际间影响方面的文献指出了导致学习者依赖先前习得的几大语言因素(De Angelis，2007)，用来解释母语和非母语带来的语言影响，其中有一些是多语现象中独有的特征。这些特征包括：语际间距离，目的语语言水平和源语语言水平，使用语言的新近程度(recency of use)，生活时间长短和接触非母语环境的程度，语言习得顺序以及语境的正式程度。下面我们就对这些影响因素进行逐一的介绍和讨论。

4.5.2　影响因素

4.5.2.1　语际间距离

语言学界一致认为相比那些语际距离远的语言而言，迁移更有可能发生在语际距离近的语言之间(参见 De Angelis & Selinker，2001；Ringbom，1987，2001)。语际间距离(language distance)指的是语言间和语族间的距离，对此，语言学家们能够客观地从语言形式上进行定义和识别。Cenoz，Hufeison & Jessner(2001)认为由于习得与母语或二语相近的语言不仅能够促进习得的过程而且有益于语码转换，因此语际间距离成为三语习得中的一个重要因素。同属于一个语系的语际间距离会比属于不同语言分支的语际间差异小。为了达到尽可能高的语言水平，任意一种三门语言间的相似度都会影响学习者接触到的不同语言的最佳数量，因此语际间距离对于学习者如何选择一门适当的语言去学习具有重要的指导意义，也会对三语习得者的语码转换方式和语际间影响产生一定的作用。Hoffmann & Widdicombe(1999)认为语码转换指的是学习者的话语中出现多次使用或激活多于一种语言体系的情况。当母语或二语与所习得的三语相近时，学习者一般会借用其中任意一种语言中的词汇和术语，因此多语习得者需要了解他们的母语或二语在其语言发展过程中所起的作用。

需要特别指出的是，一些实证研究的结果表明，多语者的语言输出中的迁移大多发生在与母语最相近的那种（那些）语言之间，然而，也有一些研究认为一些学习者尽管具备一些与母语相近的语言知识，但是在某些情况下也会依赖和运用一些与母语较远的语言知识。因此，语际间的远近与否并非是导致语际间影响的唯一因素。同时，我们需要区分语言间的相关性（relatedness）和语言形式间的相似性（formal similarity）。不同的学习者对这两者的感知程度是不同的。他们通常会根据先前掌握的语言知识来判断语言间总体的相近程度，以及两种或更多语言成分和特点之间的相似性。比如，多数学习者会认为英语和法语是非常相似的，因为两者之间有很多共同的同源词，但他们同时也会认为两者在很大程度上是不同的，因为它们的发音特点和音系规则相异。由此，Ringbom（2002）提出迁移存在三个层面，即整体迁移（overall level）、单项迁移（item level）和系统迁移（system level）（注：关于这三种迁移的特征在此不予赘述）。学习者感知语言间相似点的过程无疑是发生在不同层面的，在这个过程中依赖于语言的形式和意义的程度也不尽相同。对于多语者而言，随着可以使用和比较的语言数目的增多，这些不同变得尤为显著。他们通常会从所习得的几种语言中选择其中一种语言作为主要信息来源和依据。语言相关性虽然只是影响这种选择的因素之一，但却是最重要的因素，而其他三种因素（即母语和二语的地位、使用语言的新近程度以及语言水平）也同样起着不可忽视的作用。另外，学习者倾向于将源语中语音相似、形式相似的语言要素迁移到目的语中，但这种迁移发生的前提条件是学习者熟知目的语中对应的语言形式。

总之，那些与目的语相近或相似的语言通常是学习者首选的可以依赖的信息源泉,因此在语言学习过程中大体起着促进的作用。相形之下,语言形式的相似性和语音相似性似乎是导致协同语际间迁移(CLI)的诱因,这种迁移既可以发生在相近的语言之间,亦可以发生在较远的语言之间。由于在语言类型上习得一门与母语或二语相近的语言不仅能够促进语言习得过程,而且还有利于语码转换,语际间距离便构成三语习得中的重要因素。我们可以在不同的语言层面来分析语际间距离,比如音系、句法、词汇以及语用方面。母语或二语与目的语之间的相似性决定了在课程设置中对这几种不同语言的输入量上的分配,其中包括强度方面的分配以及开始引入二语和三语语言习得的最佳年龄,所以语际间距离对三语习得有着重要的教学启示。同时,当教师在课堂教学中关注语言形式,提高学生的语言意识以及帮助他们掌握学习策略时,语际间距离也起着重要的作用。学生们通过语言意识的提高,了解语言不同方面的知识,比如哪些语言点是可以借用并稍作修改从而可以运用到其他语言中,以便更优化地使用所有的语言资源。

4.5.2.2　目的语语言水平和源语语言水平

在语际间迁移的研究领域里,语言水平这个因素通常指的是目的语语言水平和源语语言水平。关于目的语语言水平,多数语言学家认为语际间迁移更有可能在语言习得的早期阶段发生,这个时候学习者掌握的目的语的知识还非常薄弱零碎,急切需要填补相关目的语的知识空缺(Singleton, 1987)。但这一论点并非说明在语言习得的高级阶段不会发生迁移。关于源语语言水平是如何影响语际间迁移这个过程的,我们还不甚了解,迄今为止也没有任何实证研究将其作为核心变量去测试。从研究方法的角度来看,学习者业已习得的非母语的语言水平成为区分二语学习者和多语学习者的一个参数,继而也能够将二语习得和三语或多语习得的过程区分开来。

研究表明,迁移的发生既可以源于学习者所熟知的非母语语言,又可以源于他们还没有操练娴熟的非母语语言。这说明语言水平的起始级(proficiency threshold level)相对较低,也就是说经过一到两年的正规学习后该语言就足以能够影响目的语的产出和发展了。Ringbom(2001)指出就二语习得者而言,源语语言水平决定了发生在目的语中的迁移的类型。形式上的迁移(transfer of form)相对来说只是一种比较表层的迁移类型,它与母语或者二语都可能有关系,在非母语的语言水平无需很高的情况下就能发生。意义上的迁移(transfer of meaning)只能发生在学习者习得的水平较高的语言之间,既可能来源于母语,也可能来源于学习者掌握的高度流利的二语。基于这个结论,我们认为很有必要将二语习得者和多语习得者区分开来。比如,De Angelis(2007)的研究发现,多语者习得几种语言,在这几种语言之间发生迁移,而这些迁移并不仅仅局限于形式上,很多时候是发生在意义层面的。同时,他们此前所拥有的几种非母语的语言能力都较为低下,这个结果与二语习得中关于迁移发生的结论就相斥。

4.5.2.3 使用语言的新近程度

早在二十世纪六十年代,语言学界就对使用语言的新近程度与多语现象之间的关系进行了探讨。Vildomec(1963)提出非母语影响最有可能来源于比较"生动"的语言,也就是记忆中还比较新鲜的语言,而那些很长时间不使用的语言则不太可能产生影响。在语言习得过程中,使用语言的新近程度这个概念指的是什么时候最新近使用某一种语言。由于学习者更容易在大脑中获取这些新近储存的语言信息,人们倾向于认为最近使用的语言有助于激发语际间影响。Shanon(1991)的研究结果证明了学习者很大程度上会依赖最后习得的那门语言,因此存在一种新近效应(recency effect)。然而,这个结论却没有得到更多实证研究的支持。相反,有相当多的研究发现很多迁移的案例并非来源于那些最后习得的语言,甚至有些几十年都没有使用的语言对目的语的使用也会产生一定的影响(De Angelis & Selinker, 2001)。Schmidt & Frota(1986)则将新近使用这个因素和语言水平联系起来,提出研究对象最容易受到他们所习得的几门语言中说得最流利的那门非母语语言的影响，而并不是那门最新近学习的但最不流利的语言的影响。

有时候学习者认为很长时间没有使用的语言不会影响他们对目的语的输出，而我们目前认为这种观点是不正确的。有很多实证研究可以证实这一点（Herwig，2001；Rivers，1979）。同时，这些研究还表明，学习者所学语言是否具备主动还是被动的知识对目的语语言的输出会产生巨大的差异。比如 Magiste(1986)的研究证明被动的双语知识有助于三语习得，而主动的双语知识有可能延缓三语习得的进程。

4.5.2.4　生活时间长短和接触非母语环境的程度

Vildomec(1963)认为在非母语语言环境中生活很长一段时间会影响对第三种语言的语际间影响的类型和数量。这个观点得到了一些研究的支持。比如，Fouser(2001)研究了两位学习韩语的英语母语者。韩语分别是他们学习的第三门和第五门语言。此前，他们在日本生活了很长一段时间。日语也是他们所习得的一门非母语，而且日语比韩语流利。Fouser 对他们提出了几个问题，其中包括他们在韩国居住时间的长短是否会对日语有影响。其中一位被访对象认为，当他说日语的时候会不自觉地经常转换到韩语中，而另一位则回答说，当他说韩语时经常会用日语进行思维。Hoffmann(2001)讨论了个体语言学习者对他们所习得的每一种语言产生心理依赖感的现象。他认为这种依赖感会影响他们的语言维护，并进一步提出三语者会在任意一个阶段赋予他们所使用的每一种语言相对的重要性，而那种最少使用的语言会逐渐失去它的地位而变得不那么重要。语言使用的时间和地点对流利度和重要性起着关键的作用。通常，最重要的语言是那种在和学习者密切相关的语言环境中使用的语言，而用哪种语言进行抽象思维则取决于"他在哪里，他和谁在一起，他想的是什么"(p. 4)。

由于以上提及的这个因素通常起着立竿见影的效果，我们不由地将它和接触非母语环境结合起来考虑。同时，这种接触也会对之后的语言使用产生影响。比如,Cohen(1995)指出使用一种语言的时间、对象以及具体情境会激发学习者对于非母语的记忆。在他的研究中,一位英语母语者同时也是一位三语者曾经说过,"有时候当我说二语时,有一些事物会激发我对曾经在国外居住的那段经历的回忆。当我使用这种语言的时候,尤其是当我的记忆是有关和当地人聊天对话的时候,就会用这种语言去思维"(p. 102)。因此,在一个非母语的环境居住生活时,许多个人经历必定会在学习者的脑海里留下深刻的烙印,但是当他们离开这个环境时,如果这门语言的流利度下降了,那么也许回忆起这段经历会有些困难。

4.5.2.5　语言习得顺序

语言习得顺序与学习者大脑中两种或更多种语言之间所能建立起来的联系的类型相关,因此也决定了有可能产生的语际间影响的数量。Dewaele(1998)的研究是这一领域中最为著名的一例。他调查了 39 名以荷兰语为母语的学习者,学习的英语是第二门语言或第三门语言。他们用法语口头输出 218 个创意造词(此处指的是根据目的语的形态改编单词的语型和音系,但母语者却从未使用过这样的词语)。这些调查对象中有 32 名的法语是第二语言、英语是第三语言,另外 7 名的英语是第二语言、法语是第三语言。Dewaele 将这些创意造词划分为语内影响和语际影响,认为语内影响通常源于口误或过于概括(overgeneralization)或是 v. 简化词汇使用规则,而语际影响则是由于激活了非目的语词条(non-target lemma)而产生的,导致受试者将这些非目的语信息传送到目的语的语言形式中。以法语为二语的学习者更多地依赖语内策略和母语,而以法语为三语的学习者则更多地依赖语际策略和他们的二语(即英语)。因此,多语学习者的语言习得顺序能够决定他们使用目的语时出现的语际影响的类型和数量。

4.5.2.6　语境的正式程度

众所周知,当学生们用非母语进行操练的时候,他们会在测验或者课堂这种正式的场合中出现一些焦虑的情绪。一些研究发现让人产生焦虑的场合会对双语者产生负面的影响,比如同伴之间的压力以及对失败的恐惧。就语言学习而言,尽管正式的场合会给人造成压力,但是我们认为这种压力和焦虑如果是往健康的方向引导的话,则有助于提高学生语言输出的质量。迄今为止,文献中只有一份研究(Dewaele,2001)调查了语境的正式程度是如何影响多语者的语言表现的。这份研究比较了学生在正式和非正式的场合运用法语的情况,调查对象包括以荷兰语为母语、英语为二语或三语的学生。结果表明在正式场合中,学生较少混合使用三种语言,而在非正式访谈中出现三种语言混用的情况较多,这是因为在正式场合中,学生加强了对语言输出的监督使用(monitoring)。

4.6　未来的研究方向

在教学环境中,多语习得/多语教育(multilingual education)与二语习得/双语教育(bilingual education)之间有许多共同之处,但因学习者个人双语程度不同,习得过程也有所不同。二语习得通常指的是在教学中将二语作为一门专门的课程来教授,双语教育指的则是同时将两种语言作为教学媒介来教授多种课程。应该指出的是,我们不应将这种划分视为对立的两种模式,而是同一种模式渐进性的两种体现形式,比如在内容依托式语言教学(content-based language teaching)中使用二语作为教学媒介,在语言课堂中经常教授不同的学科内容。因此,双语教育可以有多种不同的操作模式,其中,这种所谓的"弱化模式"使二语习得和双语教育几乎合二为一。同理,多语习得和多语教育之间的界限也十分模糊。多语习得指的是将第三门语言或第三门之后习得的语言作为一门课程来学习,多语教育指的是将三种或多种语言作为教学媒介来教授课程。根据使用语言数目的不同来决定采取的教学模式和方法,制定不同的教学目标及其各自在课程设置中所占的比重,这几种语言的组合模式可以表现出多种不同的形式。

与双语教育和二语习得领域中丰富的研究相比，多语习得和多语教育方面的研究还很缺乏，有诸多问题值得我们去思考和探索，比如，双语能力对三语习得有何影响？当学习者习得更多一门外语时是否会混用几种语言？当学校里同时开设几门语言课程时最理想的教学模式是什么？学习者在三语习得过程中采用的具体学习策略是什么？学生的什么年龄段是教师在课程设置中引入不同语言教学的最佳年龄？假如我们不采用本族语者的语言使用作为语言常模（language norm），那么在教学中应该使用什么模式作为最终的教学目标？多语者应该具备多少语言学习的经历才能凸显他们具备多语背景的优势，以及在什么条件下他们才可以充分有效地利用此前的学习经历？

另外，在多语教学方面，目前还缺乏对学校环境中（school context）多语习得的研究。因此，我们可以开展一些以课堂为本（classroom-based）、关注具体教学手段的研究，比如教师的反馈以及多种语言在课堂内外所起的作用，在内容依托式课程教学中将三种或多种语言作为教学语言、将不同的语言教学大纲整合起来实施到课堂中的挑战等等课题。此外，现有的用于提高学生元语言意识、掌握学习策略的具体教学课件各具利弊，对此我们也可以采取一些干预措施（intervention measures），进行深入的调查研究和课堂测试。

4.7 结　语

本章我们分别从认知和心理语言学、社会语言学、学习策略、语际间影响等方面展开论述，剖析和比较了二语习得和多语习得之间的异同，在此基础上探讨了中国外语教学环境下开展多语教学的可行性，并指出了未来的研究方向。由于多语习得涉及多种复杂的个体因素和情境因素，同时学习者此前习得的几种语言在语言层面和社会层面都具有不同的特点,这些都或多或少地影响着学习者的语言习得过程,因此三语或多语教学具有其特有的复杂性和多样性。对此,我们需要开展大量的针对多语习得的社会语言、心理语言、语言形式以及教育方面的实证研究,结合本土特色,正确地指导和策划多语教学的办学模式。

第五章

学习者个体差异与多语习得

5.0 引　语

　　本书前几章有关多外语学习的研究都是从整体上探讨三语习得的规律，其视角是以学习为中心的。然而，对于任何影响三语习得的因素的探讨都只能通过观察学习者个体的习得过程而进行，在同样的学习环境下，即语言输入、输入方式、学习时间均相同时，不同学生的学习效果往往大相径庭，有的早已熟练掌握，有的却还在原地踏步。这就是语言习得领域里一个令学者们长期困惑的现象，即语言学习过程中的个体差异，这种差异在多外语学习中往往表现得更为突出。很显然，不同的学习者个体从同样的输入和输出中的获益是各不相同的。

　　学习者在如何处理输入以及如何通过交互建构输入方面存在极大的差异，这往往受到语言学能、学习风格、动机和性格等多种个体因素的影响，在多外语学习中，学习者已掌握的外语语种与其所学的外语语种之间的语言距离等因素，也会在很大程度上影响其新的语言习得进程。目前已有的大量研究是针对个体差异对语言习得的影响的，本章将从以学习为中心的视角转为以学习者为中心的视角，旨在探讨学习者的个体因素如何影响语言输入的处理和输出。

5.1 语言学能

在笔者近 20 年的英语教学生涯里,接触了大量的学生,其中有在外语学习上得心应手的成功的语言学习者,能熟练使用二至三门外语,也有一筹莫展的失败者,连一门外语都学得备感吃力、甚至痛苦。笔者常常思索的问题是,成功的多外语学习者与失败的外语学习者之间的主要差异是什么? 英语教师该如何帮助不擅长学习外语的学生克服学习障碍呢? 事实上,在外语习得领域,个体差异这一现象已经得到了许多教师和学者的关注,在过去的十多年里,这方面的研究业已取得了令人瞩目的成就,然而,其大部分的研究工作集中在学习风格、动机、焦虑和学习策略这四大个体差异上,尤其是在二语研究的重点转移到对中介语发展的共性研究上后,语言学能在语言学习中的作用更是没有得到应有的重视。在中国的外语教学课堂上,长期以来一直推崇的是学习者的刻苦努力,语言学能这一因素更是被长期地忽视。这是学术界一个很不理性的选择,因为早在 20 世纪 50 年代的早期研究中,语言学能的重要性就已经得到了确立。语言学能是外语学习中个体差异的一个至关重要的构成,甚至或许可以说是最个体化、最重要的构成。本章节我们将探讨一下学习者之间的表现差异是否能够(至少部分)归因于语言学能,我们将从上海外国语大学英语学院同一班级抽取三名不同层次的学生作为实验对象,试图通过外语学能测试和访谈的方式进行一项比较研究。

5.1.1 定义

什么是语言学能? 这一看似浅显的问题却并不容易回答。有学者提出,人们学习一门外语的自然能力是不同的,这一能力与一个人的总体智商有一定的关联,却又不完全等同。

Carroll(1981:84)是一名在语言学能领域颇有造诣的心理学

家,他将人的总体学能笼统地定义为"学会一件事的能力",而且是"学习者某些稳定持久的内在特性的综合表现",因此可以推断,语言学能是学习语言的一种特殊才能,与其他特殊才能,如音乐天赋、绘画天赋等,是类似的,而且这些"稳定的内在特性"是多方面的。

出于操作的目的,学习任何一件事的能力都能被定义为学习者学会这件事所需花费的时间的多少,时间越短,相关的学能就越高。要学会一件高难度的事情诸如学会一门外语,如果学能很低的话,花费的时间就可能会无限的长。因此,个体差异并不体现在是否能够学会一件事,而是在于学会这件事所需花费的时间或在相同的时间内所能达到的水平差异。因此,外语学能就是一种综合能力,能使一些学习者在学习外语时比其他人学得更快,也就是说,他们能更快更有效地从最初的输入阶段进入到输出阶段。

根据 Carroll 的研究,以及后来众多的研究所证实,外语学能主要由四大认知能力构成:

音位编码能力:区分不同的声音、将这些声音与代表它们的符号联系起来、并记住这种联系的能力。这种能力是一种独特的听觉能力,在强调口语的课堂上尤其重要。

语法敏感度:辨认单词在句子中的语法功能的能力。这一能力在强调用分析法学习外语的课堂上尤其重要。

归纳性语言学习能力:从语言材料推理、归纳出有关的语言规则的能力。这一能力强的学习者不太依赖于教师或书本所给出的那些语言规则。

机械记忆能力:形成并记住单词词组在母语和三语之间的联系的能力,这一能力对于词汇学习尤其重要。

这四项能力也就是 Skehan(1989:26)所谓的"语言学能的四部分标准构成",然而 Skehan 还注意到,语法敏感度和归纳性语言学习能力并没有鲜明的区分,因此他提议了一个由三种能力构成的语言学能模式,即听觉能力(对应于音位编码能力)、语言能力(对应于语法敏感度和归纳性语言学习能力)和记忆能力(对应于机械记忆能力)。尽管分类上有所差异,但很明显,其实质是大同小异的,这几种能力对于外语学习的重要性是得到了一致公认的。

5.1.2 常用的几种外语学能测试

尽管这些能力在外语学习中的重要性得到了学者们和语言学习者的一致认可,但如何认定并衡量这些能力却不是一件易事,在这一方面,Carroll 和 Pimsleur 做出了突出的贡献,他们所开发的一系列测试至今仍被广泛采用。

其中最享有盛名的是由 Carroll 和 Sapon 在 1959 年设计的"现代语言学能测试",简称 MLAT。当初设计该测试的目的是选拔人员参加美国对外服务机构的外语培训,但由于其测试结果的准确性,该项测试目前在美国和加拿大仍被政府机构广泛采用。在设计过程中,Carroll 和 Sapon 先罗列了长长的一串他们认为可能与语言学能相关的因素,然后,他们耗时多年,做了大量的实验,以确定其中哪些因素确实与实际的语言学习行为具有相关性,最终终于将那一长串的因素削减到合理的数量。MLAT 测试包含五大部分:

第一部分 数学学习:先让学习者通过磁带学习库尔德人 1 至 4 的数学表达法以及这些数字的"十"位和"百"位表达法,然后马上测试他们是否能够听懂诸如 430,321,142 等数字组合,该部分主要测评的是学生的关联记忆能力。

第二部分 语音注音:先让学习者学习一些英语音位的语音注音法,然后测试学生的学习效果,如"划出你所听到的英语单词:Tik,Tiyk,Tis,Tiys"。该项目测评的是音位编码能力。

第三部分 拼写提示:这是一项快速测试题,测评学习者的本国语词汇量和音位编码能力。先要求学习者解释按语音拼写的英语单词,如"ernst"应解释为"earnest"一词,然后从一系列单词中选择一个它的近义词。

第四部分 句子中的单词:该项目测评的是学习者的语法敏感度。最典型的题型就是给出两句句子,其中第一句中有一个单词标有下划线，而第二句中有五个单词都标上了下划线，学习者必须确定第二句中的这五个单词中哪一个在句子中的作用与第一句中的那个单词完全一样。

第五部分 对应单词配对：先让学习者书面浏览一组库尔德词汇及其对应的英语词汇，并用这些词汇进行刺激与反应操练，然后运用多项选择题测试学习者对这些词汇的掌握程度。该项目测评的是学习者的关联记忆。

受到 Carroll 的成果的影响，Pimsleur(1966)开发了另一套主要针对初中学生的相类似的语言学能测试题——Pimsleur 语言学能测试(PLAB)。该组测试包括一项辨音测试、一项声音与代码间的关联测试、一项要求学生列出与所给单词押同韵的尽可能多的单词的测试、一项测试归纳性语言学习能力的语言分析测试以及一项要求学习者确定单词意思的词汇测试。与 MLAT 不同的是，PLAB 更加强调了听觉能力，因为 Pimsleur 的研究发现，那些在其他学能测试中表现出正常语言学能水平的学习者却可能在听力方面表现欠佳。

除此之外，美国国防部开发了"军队语言学能测试"(ALAT)和"国防部语言学能测试"(DLAB)两组测试，已被不同的机构广泛采用，用于外语人才的选拔和教学班级的编排。例如，美国联邦调查局就常常利用 DLAB 的分数来判断一个情报员是否能学好外语，从而决定是否送他去接受强化语言培训。

5.1.3 研究成果回顾

早期的研究发现，这些测试所得出的语言学能的数值与外语语言水平测试的数值始终保持着明显的正相关联系。Carroll(1981)总结了他多年来的研究，最后得出的结论是，这两者之间的相关系数随着参照值的不同(期末考试成绩、客观的外语能力考试成绩、教师对学习者学习能力的评估分数)而在.40 至.60 之间浮动。Gardner(1980)也对几个研究加拿大学校里法语学习的情况与学能和动机之间的关系的试验进行了回顾，他得出的结论是，语言学能与外语水平的相关系数为.41。

后来的研究不仅证实了这个结论，而且反驳了对 Carroll 的语言学能模式所提出的一种质疑，即该模式只涉及与"认知性的学术性的语言能力"(CALP)相关的那些能力，而忽视了与"基本的人际交流技能"(BICS)相关的能力。Ehrman 和 Oxford(1995)调查了在美国的外语学校里学习 32 门不同外语的 282 名受过高等教育的学习者，研究了各种不同因素与他们的口语和阅读能力之间的关系，结果表明，语言学能(通过 MLAT 测得)与口语和阅读能力之间的相关度比学习方式、学习策略或性格更高，其相关系数高达.51。

这些研究表明：语言学能是造成外语语言学习个体差异的一个重要因素。事实上，Skehan(1989：38)认为"学能一直都是预测语言学习成功与否的最佳预测工具。"他强调了学能在预测语言学习结果方面所占的中心位置。他说：

> 有人提出学习动力……或认知方式……或文化迁移的程度……或性格和态度比学能更为重要。这种论点其实是一种经验主义，需要数据来证明。事实上，许多定量研究所获得的数据大体上都证明了学能与所调查的其他变量相比至少是同等重要的，而且往往更加重要。研究表明，学能测试的数值与水平考试成绩的 multiple 相关系数高达.70，而.50 的例子更是极其普遍。只有动力指数接近这一数值，性格及认知方式等因素的相关系数与之相比明显偏低，很少超过.30。(Skehan 1989：38)

其他的研究人员也得出了相似的结论。Sparks, Ganschow 和 Patton(1995)发现，语言学能(通过 MLAT 测得)是预测高中外语学习者的学习成绩的两个最佳手段之一(另一个手段是本国语的成绩)。Gardner 和 McIntyre(1992：215)也总结道：语言学能"也许是最佳的、也是唯一的一种预测第二语言学习结果的手段。"

总之，目前的研究表明，重新定义语言学能的各种能力构成也许是没有必要的,由 Carroll 所提出的四部分标准构成模式似乎足以解释语言学能在输入、输出处理和语言习得过程中的作用。Carroll(1990)也特别反对对该模式作任何的改动。然而,无论是早期的还是目前的研究都有一处明显的空白,就是没有将语言学能与某种特定的语言技能的发展相联系,也就是说,还没有深入探讨语言学能测试分数究竟能在多大程度上预测学习者在某项特定的语言学习任务中的表现。Carroll(1990:26)就曾建议今后的外语学能研究应该"更细致地分析在不同的语言学习任务中学习者所表现出的认知能力。"我们所做的这一实验与 Carroll 的建议正好不谋而合。

5.1.4 三名学生的一项对比研究

为了深入分析学习者的外语学能在特定学习任务中的表现,本节将报告一项针对三名多外语学习者的实证研究。

5.1.4.1 实验对象

本实验的实验对象是上海外国语大学英语学院的"国际公务员实验班"的三名学生。

上外是一个培养高层次外语人才的重要基地,培养高端国际型外语人才代表了我国外语教育改革与发展的一个重要方向。为了贯彻《教育部财政部关于实施高等学校本科教学质量与教学改革工程的意见》(教高[2007]1 号文件)和《教育部关于进一步深化本科教学改革全面提高教学质量的若干意见》(教高[2007]2 号文件)的精神,推进高等学校进行人才培养模式的综合改革,探索教学理念、课程体系和管理机制等的全方位创新,满足国家对社会紧缺的拔尖创新人才和应用人才的需要,实现"培养具有国际视野、创新精神、实践能力的国际型人才"的战略目标,上海外国语大学创办了"国际公务员实验班",并于 2007 年 9 月开始招收第一届本科生,旨在培养全面掌握并能熟练使用英语及另一门外语、在国际组织、跨国机构、多边团体、外事部门等国际性或涉外型机构胜任外事、文化、教育、翻译、卫生、经贸、法律、新闻、管理、军事等国际事务工作的多语种国际化专业人才。这是一种全新的外语专业人才培养模式,该实验班的学生除了学习专业英语之外,还进入到其他院系学习另一门专业外语,如法语、德语、日语、西班牙语、俄语等,是名副其实的正规的多外语学习者。

我们从三年级中抽取了三名学生作为实验对象,她们的母语都是汉语,都是多外语学习者(英语和法语),全是女生,年龄相仿,都在19至20岁之间,但平时的外语成绩在班中的排名有一定的差异。以国家专业英语四级考试分数为例,其中1号的得分在班级内名列前茅(但不是第一名),2号的考试得分在班内属于中等水平,3号的四级考试得分远低于班级平均分(但不是最低的)。我们有意识地避开获得最高分和最低分的学生,其主要目的就是避开极端的、不具备普及意义的个案,从而提高实验结果的可信度。

5.1.4.2　实验设计

本项研究要求实验对象完成两大实验任务,一是词汇学习任务,二是语言学能测试。该实验是一项相关性研究,五项语言学能测试的得分作为一组变量,词汇学习后的理解测试得分和习得测试得分作为另一组变量,通过这两组变量之间的相关性研究,旨在发现语言学能是否会影响外语习得,同时试图进一步发现语言学能的哪些构成与理解新词汇及习得新词汇有关系,并且对学习结果具有预测性。

在实施词汇学习任务之前,必须对三名实验对象进行一项学习前测试,其目的是确定一组目标词汇,这些词汇必须是厨房内的常见物品,而且是实验对象所不认知的英语单词。该项测试在正式实验操作开始前一个月进行,将该项测试与正式实验操作隔开一个月的时间,目的是确保实验对象在受试时不会刻意地关注这些词汇。同时,还要注意不要让实验对象在这一个月内有机会学习这些词汇,同样在实验操作之后、学习后测试之前的一段时间内,也要避免让他们接触这些词汇,因此,所选用的测试词汇是学生在学校的语言学习中出现频率极低的一些词汇。

词汇学习任务就是让实验对象聆听一系列的指令,按指令在厨房的一张模拟图片的不同位置放置不同的厨房用品(如开瓶器、调味罐等)。预先的测试确保了实验对象在实验前并不认识这些用于实验的词汇。该实验任务的一个好处在于,它本身就含有测量实验对象对于指令的理解程度的数据,也就是说,通过检查实验对象是否在模拟图片的正确位置写上了正确的厨房用具编号,可以显示出他们是否正确理解了指令。随后的一系列学习后测试可以反映出他们是否习得了这些新词汇。词汇学习任务具有以下两大基本特征:

(1) 目标语输入经过了特殊设计,包含了特定的语言特征——即新的目标语词汇。

(2) 实验过程中使用了一种非语言工具——图片。

语言学能测试的目的是测评实验对象的四种不同的学能构成,该研究中所使用的这套测试题共包括五大测试项目,原本是面向英语为本族语的受试者的,针对汉语为本族语的中国学习者,最理想的做法是重新设计一套测试题,但目前为止还没有这样的试题可供参考。考虑到自编试题缺乏一定的权威性和说服力,同时,该套测试题中的后三个项目,即语言分析测试、词汇记忆测试和拼写记忆测试,都是与受试者的本族语无关的中性试题,即使是在前两个项目中——拼写提示测试和句子中的单词测试——试题所涉及的英语词汇和句子结构也是最基础、很浅显的内容,绝对是受试者已经熟练掌握的英语语言知识,因此,笔者还是使用了该套试题,并且在每项测试前用中文口头解释了该题型的要求。

5.1.4.3 实验任务之一——词汇学习任务

该实验主要包括以下的操作步骤:

a. 学习前测试:预先测试的目的是确定一组目标词汇,这些词汇必须是厨房内的常见物品,而且是实验对象所不认知的英语单词。在预先测试中,实验对象拿到一张罗列了 50 个英语单词的卷子,她们将其中认识的单词翻译成汉语(详见附录一)。在这 50 个单词里,除了一系列与厨房相关的词汇之外,还放入了一些故意分散受试者注意力的无关词汇,如 recliner(躺椅),cradle(摇篮)等。根据测试结

果,选定十个与厨房相关而学生大都不认识的词汇作为本次实验的
目标词汇,每一个词汇的不认识率达到 95％以上。最后选定的这十
个词汇是: *scallion*, *scouring pad*, *canister*, *blender*, *broccoli*,
ladle, *spice rack*, *wicker basket*, *corkscrew*, *sugar tongs*。

b. 学习任务操作:采用厨房任务,持续 30 分钟左右。

实验对象完成该任务的表现反映了他们的听力理解程度。如果
受试者在听到一条指令后,能够正确地确定一张图片并将它放置在
模拟厨房图片的适当位置,她就获得了一分。由于在实验之前,学生
们已经熟练地掌握了指令中所包含的表示方位的词和词组(如 in,
on,under,on top of)以及表示厨房各部分构成的词(如 sink,floor,
stove),因此学生如果不能理解指令,唯一的原因只能是他们不能确
定正确的厨房用具。具体描述如下:

教师用正常的语速读出每一条指令,学生们可以通过提问等方
式与教师进行互动交流,教师通过调整语言输入来帮助学生理解指
令。下面是其中一条指令的操作实例。

T: *Can you find the scouring pad? Take the scouring pad and
put it on top of the counter by the sink — the left side of the sink.*

S: *One more time.*

T: *Can you find the scouring pad? Take the scouring pad and
put it on top of the counter by the sink — the left side of the sink.*

S: *What is scouring pad?*

T: *Scouring pad is, wh ⋯ you hold it in your hand and you
wash dishes with it. OK?*

S: *Where do I put it?*

T: *On top of the counter by the sink — the left side of the
sink.*

教师将模拟厨房的图片和画着不同厨房用具的小图片分发给学
生。在互动协商了每一条指令之后,学生选定一张小图片,并将其编
号写在模拟厨房图片的适当位置。最后,教师将这些完成了的模拟

厨房图片收上来。整个实验过程由于部分学生的提问,师生之间存在一些简单的、机械的互动,但学生之间完全没有互动。

c. 学习后测试 1:在实验操作后一星期进行。这是一项图片与词汇配对的测试,主要目的是衡量实验对象认知目标词汇的能力。测试卷的最上端是十个目标词汇,下面是十个厨房用具的图片,要求测试者在每个单词的旁边注上对应的图片的编号,每一个正确注上的编号得 1 分(总分 10 分)。

d. 学习后测试 2:在实验操作后两星期进行。本测试的主要目的是衡量实验对象产出目标词汇的能力。要求受试者在所给的十张厨房用具的图片旁边分别注上它们对应的英语词汇,如果对拼写没有把握,他们可以用音标来替代。每一个标注正确的词汇得 1 分。(总共 10 分)。

e. 学习后测试 3:在实验操作后四星期进行。该测试与学习后测试 1 类似,只是改变了一下图片和词汇原先的顺序,以减少可能存在的重复受试的影响。

f. 学习后测试 4:在实验操作后五星期进行。该测试与学习后测试 2 类似,要求受试者写出十张厨房用具图片对应的英语单词。

5.1.4.4　实验任务之二——语言学能测试

在整个实验期间,挑选一个学生比较空闲放松的时间,让这三名学生完成一整套的语言学能测试,目的是测评他们的四种不同的学能构成,这套测试包括五大测试项目(详见附录二):

测试项目 1:拼写提示

这项测试在 MLAT 中占据极其重要的位置。要求受试者将声音(即左栏的根据语音而拼写的一个英语单词)与词意(即右栏的某个近义词)联系起来,测试的是学习者的“声音—符号关联能力”,它是“音位编码能力”的一部分。

测试项目 2:句子中的单词

要求学习者在一句句子中找到一个词,它的语法功能应与另一句中的某个标注的词完全一致,这一项目测试的是学习者的“语法敏感度"。

测试项目3：语言分析

要求学习者依据所给的一种虚构的语言的例句,推理出每一个单词的意义,该项目测试的是学习者的"归纳性语言学习能力"。

测试项目4：词汇记忆

要求受试者在3分钟之内记住一种虚构的语言的六个数字,然后,将一个7位数字的电话号码用该语言翻译出来,该项目测试的是"联想记忆",它是"机械记忆能力"的一部分。

测试项目5：拼写记忆

要求受试者在5分钟之后记住10个虚构的单词的拼写,然后在2分钟之内写出他们所记住的这些单词。每个正确拼写的单词得2分,有拼写错误但尚能辨认的单词得1分,该项目测试的是"机械记忆能力"。

5.1.4.5　实验结果

表5.1提供的是这三位受试者在词汇学习任务中所取得的理解分和词汇习得分。显然,1号受试者是三人中得分最高的,而3号是最低的。

＊　词汇理解

理解分是通过核对学生已完成的厨房图片而获得的。凡是正确理解指令而标示正确的编号给1分,总分10分。

＊　词汇习得(认知)

词汇认知分是通过实验之后的两次图片文字配对测试而获得的,即学习后测试1和学习后测试3。总分10分。

＊　词汇习得(产出)

词汇产出分是通过实验之后的两次图片标注测试而获得的,即学习后测试2和学习后测试4。总分10分。

表5.2是语言学能测试的描述统计数据。同样,1号受试者是三人中得分最高的,而3号依然是最低的。

这样我们就能将其与学能测试分数进行对照,进而讨论两者之间的相关性。

表 5.1　理解与习得测试的描述统计数据

		学生 1	学生 2	学生 3
词汇理解（共 10 分）		10	9	8
词汇习得（认知）	学习后测试 1（共 10 分）	10	7	6
	学习后测试 3（共 10 分）	10	7	5
词汇习得（产出）	学习后测试 2（共 10 分）	9	5	3
	学习后测试 4（共 10 分）	10	6	2

表 5.2　学能测试的描述统计数据

	学生 1	学生 2	学生 3
第一项：拼写提示（共 5 分）	5	5	4
第二项：句子中的单词（共 5 分）	5	5	4
第三项：语言分析（共 7 分）	6	3	3
第四项：词汇记忆（共 6 分）	6	4	2
第五项：拼写记忆（共 10 分）	5	3	1
总分	27	20	14

5.1.4.6　讨论

该实验显示，受试者的语言学能测试结果与其在理解和习得测试中的表现相当一致。换句话说，语言学能测试的总成绩与受试者理解和习得新词汇的情况直接相关，并且能成功地预测受试者的表现。

仔细观察表 5.1，不难发现一个异常的现象，即 1 号和 2 号受试者的词汇产出分数在经历了两个星期的间隔后呈上升状态，也就是说,他们的学习后测试4的分数高于学习后测试2的分数。最可能的原因是,这两名学生在两次测试的间隔期间有意识地学习了这些目标词汇。笔者与这两名学生进行了非正式的面谈,进一步验证了这种推测,这两名学生都非常主动认真,英语学习动力很强,她们在学习后测试2之后发现自己还有单词没有掌握,回家后就查了词典,这样就构成了另一种新的学习任务,涉及到的是有意的学习,而不是附带习得,同时也花费了更多的学习时间,这样一来她们在学习后测试4中的分数不降反升也就不足为奇了。

Krashen(1981:24)认为,语言学能只有"在'监察'发生作用的测试环境和强调有意识学习的课堂上"才与学习者的三语语言水平相关联,而本项实验却发现,事实并非如此。Krashen在论述他的观点时只考虑了语言学能的一个构成——语言能力,而未涉及另两个重要的构成部分——听觉能力和记忆能力。本实验结果表明,聆听和产出目标词汇涉及到了语言学能的所有这些构成部分,而且,由于本实验的设计是针对附带词汇习得的,该实验也证明了语言学能在自然的语言习得中的作用,可以说,语言学能是预测一个人语言学习是否成功的极其明确的依据,甚至可以说是最准确的依据。

Skehan(1998)认为语言学能包括三个主要构成部分,而且每个构成部分都与中介语发展过程中信息处理的某个阶段关系密切。听觉能力显然与输入的处理相关,因为口头语言形式是否被关注取决于听觉能力;语言能力(包括语法敏感度和归纳性语言学习能力)在理解输入的语法意义并将输入转化成吸纳的过程中至关重要,使学习者能够"推知语言规则,并进行语言上的归纳"(Skehan,1988:5);而记忆能力主要与语言成分的存储相关,使学习者能在语言输出时提取这些存储的内容。

本次实验似乎支持了以上这种分析。从表5.1和表5.2我们可以发现,理解分的差异完全可以由学能测试1、2和3的分数来解释,而学习后测试2所获得的词汇产出分数的差异(学习后测试4已不具备测试信度,这已在前文详述过,所以这里就不考虑了)可以归因于学能测试 4 和 5 的分数上的差异,也就是说,听力理解似乎要求学习者利用多方面的语言学能能力,而新词汇的习得似乎主要依赖于记忆能力。

5.1.4.7 结论

尽管该项研究只涉及三个实验对象,规模很小,但已经证明,语言学能在语言习得过程中发挥着重要的作用。事实上,个人的语言学能比语言环境本身更能解释学习者学习外语的表现,至少对于这三名多外语学习者来说确实如此。

而且,该实验也表明,学能的各种构成成分分别与语言习得过程中不同的处理阶段关系密切,听觉能力似乎与学习者把听到的一串声音输入切分成一个单词的能力相关,语言能力与其后的解释语法意义、将输入转化成吸纳的处理阶段相关,而记忆能力与学习者存储并提取语言材料相关。因此,要了解输入处理如何导致中介语发展就必须研究语言学能问题。

5.2 学习风格

输入处理中个体差异的另一个重要变量是学习风格。尽管学习者都具有人类学习的基本特征,但每一个人处理问题的思维或感知方式都带有强烈的个人色彩,是各不相同的。学习风格这一概念来自普通心理学,它是指个人解决难题的特殊方式。本节将讨论这一认知性变量对外语学习的影响。

在我们具体讨论不同的学习风格之前,我们先来解释一下语言习得领域所使用的过程(process)、风格(style)和策略(strategies)这三种说法的不同含义。

5.2.1 学习过程、风格和策略

这三个词的使用一直比较混淆,我们经常发现学习策略和学习风格两个词被交替互换使用,有时侯学习过程和学习策略又被作为同义词使用,因此仔细地定义和区分这三个词是非常重要的。

学习过程是这三个词中最具普遍性的一个词,所有心智健全的人都会参加某种层次或某种类型的学习活动,都会经历一种一般的、具有共性的过程,例如,所有的人在学习过程中都会使用迁移原则,因此,过程是每个人的共同特征。

学习风格是指某个个体一贯的、持久的行为倾向或偏好,也就是说,风格是某个人作为一个个体所特有的、有别于其他人的智力特征。例如,某个人可能比其他人更具场独立性、更容易沉思、属于视觉偏好型,这些风格构成了该个体思维或感知的总体模式。

学习策略是指处理一个问题或任务的具体方式,是针对某个特定目标而制订的具体方案。策略会因人而异、因任务而异、因时间而异,对于某个特定的问题,每个人都会有许多可能的解决方式,会针对该问题选择一种或几种处理方式。

总而言之,我们可以将过程、风格和策略看成是一个从人类外语学习的普遍特征向个体外语学习的不同特征逐步转化的一个统一的连续体。

5.2.2　场独立型—场依存型

在普通心理学术语中,"场"是一个抽象的概念,是指一整套的思想或感觉,而其间包含着需要感知的特定的相关的子项。因此场独立指的是在包含着众多分散人注意力的项目的一个"场"中感知某一特定的相关项目的能力,而场依存则恰恰相反,它指的是对整个"场"的依赖倾向,以至于不容易感知"场"之中的某个特定项目,却能将整个场作为一个整体感知得更加深刻。

场独立型—场依存型认知风格可以说是认知风格的核心,是认知风格领域中研究得最早最多、影响较大的一类认知风格,是由美国心理学家 Witkin 在 40 年代研究垂直直觉时首先提出来的。研究发现,人们在知觉活动中所表现出来的对外界参照和依赖的程度是不同的，依赖程度大或受环境和他人影响大的人属于场依存型，反之，则属于场独立型。场依存者倾向于以整体的方式去看待事物，而场独立的个体则倾向于以分析的方式看待事物。这两种人在学习方法和策略上也存在较大的差异。

在语言学习中，场依存的学习者倾向于把含有多个语项的学习任务作为一个整体来看待，对于出现在语场中的某个特定的语项的学习有一定的困难，而场独立的学习者能够识别或把重点放在某个特定的语项上而不会受到语境中其他语项的干扰。Rod Ellis(1994)对这两个术语下的定义为："场独立的学习者是整体地进行操作（即他们把场看作是一个整体），而场依存的学习者是采用分析方法操作的（即他们通过场的各个组成部分来感知场）"。

现有的大多数证据似乎都支持场独立与外语学习成功之间的相关性。早在 1978 年，Naiman 等人就做了一个"隐藏的图形测试"，要求受试者在复杂的图案中找到一些简单的几何图形，受试者所面临的感知上的挑战就是要分割一块视野，使其中的某个部分独立凸现出来。他们假设这种挑战与学习外语是相类似的，学习者必须从一大堆的语言输入中将一项语言点分离出来。他们调查了一群在多伦多学习法语、英语为本族语的八年级、十年级和十二年级的学生，发现场独立的学生在模仿和听力理解上都比场依存的学生得分高。

后来的研究也发现，场独立与成功的语言学习成正相关的关系。Hansen 和 Stansfield(1981)对 293 名学习西班牙语的大学生进行了一种"组合式嵌入图形测试"，以评估他们的场独立能力，他们将该测试分数与另一项综合性的语言测试分数进行了相关性研究，发现两者呈正相关性，并具有统计显著性。Chapelle 和 Roberts(1986)也使用该项"组合式嵌入图形测试"对 61 名学习者的场独立能力进行了评估，他们发现这些学生的学期初和学期末的语言水平测试成绩都与场独立分数显著相关，尤其是期末的成绩。

然而，场依存者往往更加合群、更加善解人意，他们在学习外语的交际功能方面可能会很成功。尽管这一推论听起来似乎合情合理,但几乎没有什么实验证据可以证明这一点,因为还没有人能设计出衡量一个人的场依存能力的测试题。标准的场独立能力测试,如上文提及的"隐藏的图形测试"和"组合式嵌入图形测试",都要求受试者在较大的几何图案中分辨出隐藏其间的小的几何图形,这类测试得高分自然表明该受试者的场独立性较强,但低分并不一定表示其场依存能力较强,因此我们目前还未找到适当的方法来测评场依存能力,这一推论也就无从证实了。

既然场独立性已经由多次实验证明对外语学习是极其重要的,那为什么我们认为场依存能力又是同样重要的呢?这一看似自相矛盾的说法其实是有依据的,因为这两种风格是以不同的方式对待语言学习。场独立性往往与一些有意识地集中注意力的活动密切相关,如语言分析、句型操练、测验等,而场依存性与外语学习的交际功能更为相关,换句话说,在面对同样的语言输入时,场独立性强的学习者更容易注意到其与自身现有知识之间的差距,从而进一步地分析语言输入材料,这样就能更快地过渡到吸纳阶段,而场依存性强的学习者往往更倾向于进行意义协商,以增强理解,这种协商性的语言产出也能反馈到习得过程中的吸纳阶段,显而易见,这两种认知方式最终是殊途同归。

尽管场独立—场依存能力在心理学家看来是一种相对稳定的特质,但事实上在同一个人身上,这种风格也是随着外部条件的改变而变化的,在不同的学习背景下,学习者往往能自发地调节场独立和场依存能力的运用。也就是说,如果某项学习任务要求较高的场独立能力(如综合填充题),学习者就可能充分发挥他们的场独立能力;如果某项任务对场依存能力要求较高(如功能性对话),学习者就可能调动他们的场依存能力。通过前一节所报告的与实验班学生的访谈,笔者发现一部分学习者,尤其是那些特别聪慧的成功的多外语学习者,往往同时具备较高的场依存和场独立能力。因此在外语学习中我们不能说,学习者应该具有较高的场独立性或场依存性,这都是片面的,要有效地处理输入、成功地习得语言,场独立和场依存能力都是不可或缺的。

5.2.3　反思型—冲动型

反思型—冲动型认知风格是 Kagan 等人于 1964 年提出来的,是指在不确定条件下个体做出决定的速度差异,故而又被称作"概念化速度"。反思型的个体往往在做出一个决定之前要进行较长时间的仔细周密的思考,而冲动型往往容易在不确定的情形下较快地做出大胆的、冒险的猜测。据 Brown. H. D. (1980)报道,最常用于测评一个人属于反思型还是冲动型认知方式的实验是一项"相似图形配对测试"。受试者先看到一个图形,然后又看到好几个相类似的图形,他必须判断出其中哪个图形与先前那个完全一致,花费的时间较长、但错误较少的受试者被认为是反思型的,而时间短、错误多的受试者则是冲动型的。

在外语学习中,反思型学习者在阅读时犯的错误较少,而冲动型学习者通常读得更快一些。在课堂上,反思型学习者在回答问题前会综合考虑一切可以考虑到的因素,在处理任务信息方面往往更为有效,并且采用更为系统和成熟的策略,逻辑性强,他们的答案往往准确度较高,但当时间紧迫、任务繁重时,反思型学习者就难以发挥思维缜密的优势,反而会表现得焦躁不安、不知所措。而冲动型学习者的课堂表现往往显得更为活跃,他们积极主动地要求发言,与老师和同伴的互动性较强,反应较快,他们愿意冒险猜测答案,因而错误率也就更高。

不难发现,这两种认知方式对于习得过程而言各有利弊。反思型学习者似乎处理语言输入的速度较慢,他们会花费更多的时间分析输入,将它与已有的知识挂起钩来,形成并验证假说,然后经过深思熟虑,再小心地步入语言产出阶段,他们在输入处理的每一个阶段上往往逗留的时间都较长。而那些冲动型学习者则恰恰相反,他们会从输入阶段开始,一路上飞快地穿越中间的几个阶段,直达输出阶段,然后又从输出返回到协商和吸纳阶段,然后又回到输出阶段,显而易见,要习得一种语言形式,冲动型学习者也许要重复这一过程好多次,暴露的错误也比反思型学习者要多,但是结果还是一样的,两类学习者都能成功地习得语言。一些实验研究证明,优秀的学习者往往是那些同时兼备了反思型和冲动型两种认知风格的长处的学习者。

由于反思型和冲动型这两种不同的认知方式在外语学习课堂上有着明显不同的表现,因此教师在教学中必须充分考虑到这一因素。对于那些快速反应、积极回答问题的冲动型学习者,教师对于他们的语言错误要更加宽容一些,而另一方面,对于反思型学习者,教师应更加耐心一些,允许他们有更多的时间准备作答。

5.2.4　齐平型—尖锐型

齐平型—尖锐型认知风格是由 Holzman 和 Klein 在 1954 年首先提出来的,它反映的是在将信息"吸收"到个人的记忆中时所表现出来的差异。Guilford(1980)指出,"个体倾向于在一个方向或另一个方向上,一端是浓缩和简化信息,相对的另一端则是对信息之间的差异进行夸张"。齐平型风格的个体倾向于将相似的记忆内容混淆起来,倾向于将知觉到的对象与先前经验中的相似事件联系起来,记忆对象之间的差异往往被忽略,或变得模糊不清。与此相反,尖锐型风格的个体倾向于将记忆中相似的事物进行区分,甚至可能夸大相似记忆内容之间的细微差别。

这种特征表现在外语学习上,尤其是词汇学习方面,齐平型风格的学习者在学习拼写或发音相似的外语单词时,如同形异义词和同音异义词,会存在一定的困难,不太容易将这些词汇区分开来;而尖锐型风格的学习者在学习近义词时,倾向于刨根问底,过度夸大它们之间的区别。这就需要教师采取适当的措施,进行一定的引导。

在多外语学习中,尖锐型风格的学习者更适合学习语言体系较为接近的几门外语,而齐平型风格的学习者则更适合学习语言距离较大、语言体系迥异的几门外语。

5.2.5　聚合型—发散型

聚合型—发散型认知风格是由 Guiford 在 20 世纪 50 年代初期介绍智力模型时提出来的。聚合型与发散型风格的个体在信息加工模式上存在较大的差异,他们所使用的存储信息的方式截然不同。聚合型风格的个体在处理具有常规答案的问题时表现出较强的能力,而发散型风格的个体在处理具有多种不确定答案的问题时表现出较强的能力。

在外语学习方面,聚合型认知风格的学习者思维较严谨,概括能力强,喜欢寻找和总结规律,善于抓住事物的本质特征,思考问题有条不紊,具有抽象概括方面的优势,例如,他们在英语阅读训练中,比较擅长寻找文中的主要观点;在英语写作时,特别擅长议论文和摘要类文章,他们观点明确、论证条理清晰。但他们趋向于只注意某些方面,并很快地就局限于某一特定领域之内。教师可适当引导他们拓展视野、博览群书,培养他们更为广泛的兴趣和爱好。而发散型认知风格的学习者不太注重严密性和秩序性,他们想象力丰富,思维具有跳跃性,采用的是一种搜寻策略,这种搜寻往往是广泛的、松散的、缓慢的,而且不只局限于信息储存的某一方面,由于其涉猎的面较广、角度较多,因而他们的思维具有创新性。例如,他们在英语阅读训练时,能对各方面的信息进行广泛的搜寻,既包括语义方面的,也包括语言形式方面的,并擅长将已有的各种信息联结起来,常常会产生灵感顿悟,这些特征对于外语学习而言是具有相当优势的。

5.2.6　听觉型—视觉型

从这一方面去研究学习风格是大有可为的,它针对的是个人所偏好的输入模式。许多学者使用问卷调查的方式调查了学习者的这一个人喜好,Levin 等人(1974)发现许多外语学习者是双模式型的,也就是说,不管是听觉型还是视觉型的输入模式,都不会对他们的学习结果造成显著的差异,但是,有相当一部分的学习者,大约占总人数的 25%，明显地受到输入模式的影响。

　　Lepke(1977)也报告了一个实验，他的实验对象是一群正在学习德语的美国大学生，他发现，当教师运用学生所喜好的那种输入模式进行教学时，学生的表现就更优秀。然而，之后的外语习得论著中几乎不再有这方面的实验报告。

　　笔者在与学生的访谈中发现，大多数的学生认为自己属于双模式型，但确实有一部分学生对某一种输入模式有明显的偏好，据他们称，当他们所接受的输入是自己所喜欢的那种模式时，这种输入就更能"吸引"住他们，能"更深入地"进入他们的大脑。也就是说，当学习者面对自己喜爱的输入模式时，他们能更加集中注意力，捕捉到更多的输入信息，从而引发更进一步的输入处理。相反，如果视觉型学习者接受的输入是听力材料，或听觉型学习者接受的输入是快速阅读材料，那么更多的输入信息就会被疏漏掉，因此习得的内容也就更少了。

　　但值得一提的是，这一学习风格不仅是个人内在品质的反映，也是对外部环境的一种反应。Reid(1987)对 1388 位来自不同语言背景的学生进行了问卷调查，结果发现他们所喜欢的模式与那些以美语为母语的学习者截然不同。更重要的是，调查发现，他们在美国居住的时间长短与他们所喜欢的模式也有关联——居住时间越长，就越喜欢听觉型输入模式。这也许反映了学生对于美国式教育的一种适应和自身的调整。这也恰恰解释了为何中国的传统英语教学培养了一大批视觉型学生，擅长阅读而听力薄弱。

　　因此，外语教师身负重责，必须平衡好语言输入的不同模式，既要照顾到学生的不同需求，也要培养他们处理不同模式的输入的能力。

5.3　性　格　特　征

　　在许多外语教师看来，学生的性格是决定其外语学习是否成功的一个重要因素,外语学习者自己也往往认为性格因素是非常重要的。在笔者所访谈的学生中,三分之一以上的学生认为外向型性格有助于学好外语,尤其是外语的口语。但是,针对性格变量与外语学习之间关系的实证研究并不多见,不过,现有的一些实验结果仍然对我们之后的讨论具有启迪作用。

5.3.1 外向型—内向型

谈及性格变量,人们首先想到的就是外向型和内向型。由于输入假说强调了可理解的输入的重要性,互动式假说强调了意义协商的重要性,输出假说强调了学习者语言输出的重要性,而外向型学习者往往比内向型学习者有更多的语言产出,也容易接触到更多的可理解的语言输入,因此人们就大多认为外向型学习者更容易获得语言学习的成功。但事实果真如此吗?

在5.1节所报告的实验对象里,3号学生似乎就是典型的外向型性格,很合群、善交际、直率健谈、喜欢冒险、总是抢着回答问题……在实验过程中,她非常积极主动,不断地提问,她的词汇理解分确实不错,但她的词汇习得分却明显地低于其他两位同学,由此我们似乎可以推断:在词汇习得方面,外向型性格并没有起到很大的正面作用,一定是其他的某些因素起到了更为重要的作用,比如说语言学能。

事实上,我们目前还不清楚,外向型性格或内向型性格是否会促进或妨碍语言习得的过程。就像习得领域的许多其他课题一样,这方面的实验研究结果并不一致。Naiman 等人(1978)调查了一批自认为是优秀的外语学习者的加拿大人,结果发现,他们的外向型或内向型性格得分与他们的听力理解和语言模仿得分并不具有显著相关性;同样,Suter(1976)调查了一群在美国大学里学习的外国学生,测评了他们的英语语音技能,结果发现其语音得分与外向型性格并无相关性。而 Strong(1983)针对 13 名母语为西班牙语的幼儿园孩子的调查却结果迥异,他运用课堂观察、问卷调查等方法测评了孩子性格的不同侧面,有趣的是,他发现那些性格分值几乎全部与孩子们的自然口语交际得分具有显著相关性,而这些重要的性格变量都与外向型性格有关:健谈、合群、反应热烈等,这证明外向型性格似乎在语言学习的初级阶段是有益的。Busch(1982)针对正在学习英语的成年日本人所做的一项实验或许是目前为止分析外向型性格与外语学习之间关系的最为全面的一项研究。她假设外向型学习者将比内向型的学得更好,但实验结果并没有支持这一假设。事实上,在日本这个文化氛围里,外向型或内向型性格与外语学习似乎并不会产生什么联系,因为出于对教师的尊重,无论何种性格的学生都必须在课堂上表现出内向型性格类型的行为。

总而言之,现有的实验证据还不足以证明外向型性格或内向型性格与成功的外语学习之间的关系。尽管外向型学习者爱好社交,这有利于他们获得更多的输入和更多的协商和操练的机会,但这也许只是对基本的人际交流能力的发展有益,尤其是在学习的初始阶段,但与听、读和写的能力并无多大关系。而内向型学习者尽管说得较少,但也许会因此而获得更多的时间处理语言输入,而且他们比外向型学习者更能静下心来,集中思想学习,而外向型学习者容易受外界干扰而分散注意力。因此,可以说两种类型的性格在外语学习上并无优劣之分,都能获得语言学习的成功,只是方式不同而已。外向型性格更适合于戏剧、角色对话等教学活动,而内向型性格则更适合于听和写等活动。有些出色的语言学习者甚至同时兼备了两种不同的性格特征,会根据不同的学习任务要求而表现出其中的一种特征。

5.3.2 对歧义的容忍度

我们将讨论的这一个性格变量会对语言输入的处理产生很大的影响,这就是对歧义的容忍度,它是指在处理新的带有歧义的语言输入时能消除受挫感、并且不求助于权威的一种能力。歧义是自然语言表达的一个特性,指一个词、一个短语或一个句子有一种以上的解释,歧义分为词汇歧义和句法歧义两类,是词、短语或句子和意义之间"一"与"多"之比的关系。对歧义容忍度高的学习者能允许不确定的知识归类存在，而不总是要求绝对严格的归类。

这一性格变量是 Naiman 等人(1978)所实验报告的与语言学习具有相关性的少数几个性格特征之一。他们发现，学生对于歧义的容忍度与他们的听力理解分数呈显著相关性，但与语言模仿分数无相关性。另外两位对此课题感兴趣的学者是 Chapelle 和 Roberts (1986)，他们使用 MAT－50 量表来测评学生的容忍度，该量表包含了 62 道测试题，尽管在先前的语言习得研究中从未使用过，但被证实具有相当高的测试信度。他们的实验对象是 61 名就读于伊利诺斯大学英语强化班的非英语国家学生，这些学生接受了 MAT－50 测试，并分别在学期初和学期末进行了英语水平考试，结果发现，对歧义的容忍度与学期初的语言水平考试分数不存在显著相关性，但与期末的水平考试成绩存在显著相关性，因此，Chapelle 和 Roberts 认为，在相同的时间跨度里，能够容忍歧义的学生也许比不太能够容忍歧义的学生能从外语学习中获益更多。

要解释对歧义的容忍度为何与外语学习相关并不是一件难事。在外语学习中，学习者自然会接触到许多新的语言刺激，其中含有许多学习者无法马上准确理解的词汇和语法特征。在这种情形下，具有歧义容忍度的学习者会平静地将它作为语言发展中的一个自然现象而加以接受，他们也许会将它暂时搁置一边，也许会形成一个新的假设，这取决于他们已有的知识和对输入分析处理的深度，然后他们就会等待以后更多的信息来修正、确认或否决这一假设，这样的话，语言习得的过程就能自然、健康地不断进行下去。

而对歧义缺乏容忍度的学习者在面对歧义现象时通常会感觉沮丧，从而影响学习表现。他们往往不满足于理解文章的大意，而要求获得每一句句子、甚至每一个单词的确切意思；他们也许会草率地下一个定论，也许会向权威(如教师、词典等)求助，因为他们喜欢将所有的现象都明确地定位归类。显然，这样一来，正常的输入处理过程被打乱了，理解的输入阶段与吸纳(intake)阶段被过于简单化了。

这就是为什么这一类学习者在外语学习上常常花费更多的精力而收效甚微的缘故。而在中国学生中，这一类学习者颇多，这就需要教师给予适当的引导。

5.4　学　习　动　机

在外语学习中，我们当然可以很简单地说，学习动机强的学习者比动机弱、甚至没有动机的学习者更容易成功，但是，究竟什么是动机，它有哪些不同的类型，它又是如何作用于语言习得过程的，这都是我们所关注的问题。学习动机是个体差异研究中研究得最为广泛、最为深入的领域之一，然而，大量的研究都集中在工具型动机和融合型动机这两大类别之上，而且依赖的实验手段几乎都是自审型的问卷调查和相关性分析，内在兴趣所产生的动机几乎无人问津，学习动机对于学习过程（相对于学习结果）的影响也很少有人关注，这正是本节将要讨论的内容。

5.4.1　学习动机的分类

动机也许是人们用来解释能否成功完成一项复杂任务的最普遍的一个用词，是指激发个体活动、维持已激发的个体活动、并使该活动指向某一目标的心理倾向。这里所谓的活动，指的是行为，动机这一概念是心理学家们对个体行为原因及其表现方式的一种推理性的解释。

所谓学习动机，就是唤起个体进行学习活动、引导行为向一定的学习目标行进、并对此学习活动加以维持、调节和强化的一种内在心理历程或内部心理状态。学习动机并不是某种单一的成分，而是由多种动力因素组成的整体系统，包括学习需要、学习自觉性、学习态度、学习兴趣等。学习动机在学习活动中的作用是很大的，国内外不少教育家、心理学家和实用语言学家都给予了它特别的关注，并且对学习动机进行了各自不同的分类。对学习动机进行分类的目的就是为了进一步地了解学习动机,进而明确培养和激发学习动机的途径,笔者认为,任何一种分类都有其长处,也有其片面之处,学习动机的多样性和复杂性决定了它不可能只有一种分类方式,我们可以根据不同的标准进行分类。

根据学习动机形成的起因,可将学习动机分为内部学习动机和外部学习动机。内部动机来源于学习者自身对学习的需要、兴趣爱好、求知欲、理想信念、责任感、成就感等内在因素,它较为持久,能使学习者处于一种主动、积极、自觉地学习的状态中。外部动机是由外在的诱因所决定的,如父母的奖励、考试的压力、理想的工作、令人尊重的社会地位等,表现为心理上的压力和吸引力,它往往较为短暂,具有较大的可变性,被这种学习动机所推动的学习活动也往往处在一种被动状态。

根据学习动机的内容指向可分为直接学习动机和间接学习动机。直接学习动机与学习活动直接联系,是由对学习的直接兴趣以及对学习活动的直接结果的追求所引起的,这类动机比较具体,但作用较为短暂而不稳定,容易随情境的变化而变化。间接学习动机则与学习的社会意义相联系,是社会要求在学习上的反映,这类动机的社会性更强,且具有较大的稳定性和持久性。

根据学习动机的实际效能可分为主导性学习动机和辅助性学习动机。一个学生的学习动机并非是单一的,往往同时存在着多种动机,主导性学习动机是指在几种学习动机中占主导地位的学习动机,而其他那些处于非主导地位的学习动机则是辅助性学习动机。有的辅助性学习动机能促进主导性学习动机,因而会与主导性学习动机同时并存,有些则不能促进主导性学习动机,因而会被抑制,甚至完全不起作用了。

学习动机是指人某种特定的行为的一种内在驱动力、冲动或强烈要求,它是一种内在的欲望,但其强度同时受到环境的制约,可以分为普遍动机、特定情形下动机和具体行为动机。外语学习显然需要所有这些层次的学习动机。例如，一个普遍动机很强的学习者或许在写某一篇英语作文时"具体行为动机"会很弱。

最后值得一提的是 Skehan 的观点，Skehan(1989)将学习动机分成四大类，并提出了四个假说，这四大假说对于语言习得过程中的学习动机研究具有很重要的影响。

内心目标假说：学习者在学习之前就已具备的某种特定的动机，研究得最多的工具型动机和融合型动机就属于此类范畴。

结果性假说：学习结果会影响学习动机，学得好的学习者会受到鼓舞，继续坚持下去，而学得不好的会感觉沮丧，丧失信心，因而不再那么努力了。

内在兴趣假说：学习者对于正在从事的某种具体的学习任务所具备的内在兴趣会产生学习动机。

胡萝卜和棍子假说：外在的影响和刺激会影响学习者的动机强度。

具有"融合型动机"的学习者喜欢并欣赏所学的语言以及与之相联系的文化，他们希望自己更像目标语社会中的成员，能为目标语社会所接受；而具有"工具型动机"的学习者则将所学语言看成是一种工具，希望学会目标语后能达到一些实用性目的，如考试、升学、谋职、增加收入、提高社会地位等等。大部分研究表明，无论是融合型学习动机还是工具型学习动机，抑或是两者皆备，学习者都能成功地学会目标语。

5.4.2　学习动机与语言习得

毫无疑问，学习动机是语言习得过程中的一个强有力因素，它不仅能影响外语学习的速度，还影响到最终的学习结果。尽管目前还不确切地知道学习动机是如何影响语言习得过程的，但是不难发现，有学习动机的学习者往往在学习过程中更加积极活跃、思想集中，因此他们就能在同样的语言输入中"注意"到更多的内容，进行更为深入的语言分析，从而吸纳得更多，也能更多地参与互动式活动，语言产出也更多。也就是说,他们比学习动机弱的学习者能更深入地进行语言输入处理。

值得我们注意的是学习动机与学习成果之间的相互关系。通常,学习动机与学习效果呈正相关性,强的学习动机会促进学习,提高学习效果。学习动机之所以能够影响学习效果,是因为它直接制约学习积极性,学习动机强的学生,必然在学习活动中表现出较高的学习积极性和浓厚的学习兴趣,能专心致志,有克服困难的坚强决心和毅力,往往取得较好的成绩;而缺乏学习动机的学生,学习积极性较低,不能积极关注和处理语言输入,不能积极地面对困难,学习的主动性不够,学习效果自然就不好。

心理学研究表明,学习效果也可以反作用于学习动机。学习的成功有助于维持和强化现有的这种学习动机,并创造出新的动机类型,使学习更有成效,从而形成学习上的良性循环;与此相反,如果学习效果不好,学习者在学习中所付出的努力得不到相应的回报,就会降低学习者的学习积极性,则可能形成弱学习动机→低成就→更弱学习动机的恶性循环。

但是,大多数心理学家都认为,学习动机与学习效果的关系并不是直接的,它们之间是以学习行为作为中介的,而学习行为并不单纯只受学习动机的影响,它还要受制于一系列的客观和主观因素,如:学习基础、教师素养、学习方法、智力水平、个性特点、健康状况等。因此,学习动机是影响学习行为、影响外语学习效果的重要因素,但强烈的学习动机并不能保证良好的学习效果。

5.4.3　学习动机的培养

由于学习动机对语言习得的促进作用,学习动机的培养和激发就成为语言教师的一项重要任务。内心目标假说中的工具型动机和融合型动机等学习动机,主要取决于学习者的外语学习目的,是学习者进入课堂之前就具备的,也是教师很难控制和改变的,但有些学习动机,如内在兴趣动机和结果性动机,则是教师在语言课堂上能够培养和激发的。

内在动机这一概念源自心理学领域,它与强调外部奖惩作用的动机相对立。Crookes 和 Schmidt(1989)认为"内在兴趣"是动机的主要构成之一,是现有的认知机制对外来刺激的一种积极反应,能激发并维持学习者的好奇心。从某种程度上说,内在兴趣动机是所有动机中最为重要的,因为语言学习任务是由无数次的学习活动所构成的,没有了对于这些活动的内在兴趣,不管是融合型动机还是工具型动机,都可能不会发挥有效的作用。教师努力地激发学生对于课堂教学活动的兴趣,其实就是在增强学生的学习动机。外语学习中培养内在兴趣动机的有效方法之一就是给学习者提供互动式活动,尤其是小组活动的机会,当学习者用目标语传递信息的需求得到满足,并从中获得乐趣时,他们学习该门语言的内在动机就会被激发出来。

如果教师仔细挑选和设计学习任务,保证它难易适中,既能够具有一定的挑战性,激发学生对外语学习的内在兴趣,又能使他们获得成功的体验和满足,就能激发或增强由成就感所引发的结果性动机。

Dornyei 和 Csizer(1998)提出了"激发语言学习者动机十诫",值得外语教师借鉴。

(1)以身作则树立榜样;

(2)创造轻松愉快的课堂语言学习环境;

(3)正确说明学习任务;

(4)与学生建立良好的师生关系;

(5)增强学生学习语言的信心;

(6)使课堂学习充满乐趣;

(7)促进学生自主语言学习能力;

(8)使语言学习活动个性化;

(9)增强学生的学习目标意识;

(10)让学生熟悉目标与文化。

总之,学习动机是一个相当复杂的现象,也是影响输入处理的一个重要因素,不同类型的动机可以互相补充、共同存在,例如,具有融合型动机的学习者可能同时具有工具型动机或其他类型的动机。学习动机会促进学习,反之学习效果也会激发或增强学习动机;而且学习动机是动态的,根据学习环境和任务的不同会随时发生变化。因此,内在兴趣动机理应引起更广泛的关注,而且它也是教师在课堂上能够操纵控制的一种动机。

5.5 年　　龄

长期以来,年龄对外语学习的影响一直是学者们争论不休的热点和焦点。心理学家、语言学家和教育家都十分关注年龄与外语学习之间的关系,从不同的角度、选择不同的对象进行了大量的实证研究,但得出的结论存在较大的差异,甚至大相径庭。

5.5.1　不同的理论观点

这一领域最有影响力的理论当属关键期假说,又称为临界期假说。该假说的理论基础是由著名的神经外科医生 Penfield 和 Roberts 在 1959 年提出的大脑模块化理论,Lenneberg 发展了这一观点,在 20 世纪 60 年代提出了著名的语言习得的关键期假说。Lenneberg(1967)认为,语言是大脑的产物,语言能力的发展要受到人的生理机制的严格制约。所谓的关键期,是指在人生发展的某个特定的阶段,人可以在没有外部干预的条件下,自然、轻松、快速地学会一门语言。具体地说,从两岁开始到青春期到来之前,即 10 到 12 岁之前,人的大脑具有可塑性,语言学习能够自然轻松地进行,而青春期来之后,大脑已经充分发育成熟,大多数人的大脑发生了侧化分工,神经系统不再有弹性,学习语言就变得相当困难了。

语言习得的关键期假说针对的主要是母语的学习,但许多的学者们纷纷将之推广至外语学习,并进行了大量的实验验证,许多研究的结果都在一定程度上支持了这一假说。该假说较好地解释了儿童与成年人在语言学习上所表现出来的差异,如:儿童能够在短短的数年之内掌握一门复杂的语言,而成年人学外语往往需要花费大力气;儿童学外语往往能够获得地道的语音,而成年人说外语不太可能不带本族语的口音;儿童学外语的成功率很高,可以接近、甚至达到本族语一样的水平,而成年人学外语几乎不可能学得像本族语一样好。

然而,也有不少学者对关键期假说持反对意见。Snow 等(1978)选择了一组不同年龄、母语均为英语的荷兰语习得者作为实验对象,对他们在自然语言环境中的荷兰语习得进行了纵向的研究,结果发现,在最初的几个月里,12 至 15 岁之间的儿童以及 18 岁以上的成年人进步最快,而在一年之后,8 至 10 岁、12 至 15 岁之间的儿童荷兰语掌握得最好,而 3 至 5 岁之间的儿童在所有的荷兰语测试中始终表现最差。因此,Snow 等(1978)认为,所谓的侧化早在青春期之前就已完成,有的可能在 3 岁时就已完成,因而不存在所谓的外语学习临界期,他们提出了非临界期假说。

事实上,人类大脑中的神经可塑性并不像关键期理论陈述的那样绝对,它是随着年龄的增长而逐渐变化的过程,一些学者从生物学角度研究了儿童及成人的外语学习,发现并没有证据显示大脑的神经发展及分化与语言学习有直接的关联,在人的一生当中也不存在某一个时期特别适合或不适合学语言,过了关键期学好外语的也不乏其例。后来,又有学者提出了一种敏感期假说,这一理论认为,语言的发展是连续的、综合的,语言习得过程中不仅仅只有一个关键期,而是有多个关键期,一些语言技能在语言发展的某个阶段比别的阶段更容易获得。不少的实证研究也说明语言习得似乎存在敏感期。

结合我国外语学习的实际情况,借鉴国外的最新理论和研究结果,国内的学者们对外语学习中的年龄问题也作了热烈的探讨。束定芳、庄智象(2008)认为,学习外语的起始年龄并不会在很大程度上影响习得的程序,任何年龄开始学习一门外语都有可能获得成功;学习外语的起始年龄对习得的速度和效率有较为明显的影响,在语法、词义和词汇方面,少年比儿童和成年人表现得更为出色;起始年龄对习得将达到的精密程度起着决定性的作用,尤其在语音方面,但束定芳等也指出,根据调查和有关资料显示,小学就开始学习外语的学生比起初中开始学习外语的学生在总体的外语能力方面并无明显的优势。刘润清(1990)认为我国儿童学习外语的最佳年龄大约在9岁左右,因为这时的大脑仍保留着早期的灵活性,并且认知发展已比较成熟,而同时又对使用所学语言不感到拘束。蒋祖康(1999)指出:"具备了合适的学习环境(如双语制或外籍教师教学),早一点接触外语的学习者比迟一点接触外语的人从长远看可能略具优势;在合适的学习环境下,青少年和成年人也能在多数方面和儿童一样学好外语,甚至效率要高些。"Stern(2003)也认为,无论学习者是儿童还是成年人,在习得母语之后,他们都要经历同样的过程和克服相似的困难,因此,即使开始学习的年龄很早,也不能保证外语学习的成功。他建议在学校开始外语教学时应慎重考虑以下三个条件:一是有多少时间可用于外语学习;二是外语是否对学生有益;三是是否有合格的教师和适当的教材。

笔者认为,在全球化的浪潮和中国改革开放的大形势下,外语学习是势在必行的,而且其重要性越来越得到大家的认可。面对一亿多中国少儿群体,有关外语起始年龄的讨论注定是意义重大的,将对中国的外语教育政策的制定和外语课程的设置产生深远的意义。我们决不能简单地照搬照抄国外的心理学与外语教学理论,而是要广泛调研,尊重客观现实,发现中国小学英语教学自身的规律,使外语学习既符合儿童的认知需要,也符合我国英语教育的基本国情。学习外语不一定越早越好,最重要的是要有合格的师资、优秀的教材和适当的教学方法。外语学习的成功与否,取决于认知水平、教学环境和社会背景等多维因素,而非一维影响。桂诗春教授(1992)也认为,笼统地讨论外语学习的最佳年龄不容易取得积极的结果,较可行的办法是认真地研究年龄的差异会对外语学习产生什么影响。外语教师应根据学习者不同的年龄而采取不同的教材和不同的教学方法，避免千篇一律和生搬硬套，只有扬长避短，才能使学习者在有限的时间里收到最理想的学习效果。

5.5.2 不同年龄段多外语学习的特点

无论外语学习的关键期或敏感期是否存在，必须承认的一点是，不同年龄段的外语学习者在学习的环境因素、智力水平、思维模式、衡量标准等方面不尽相同，也就是说不同年龄段的外语学习者各有优势和劣势。

5.5.2.1 儿童(3～10岁)

这个年龄段的孩子大脑正处于可塑性最强的时期，这正是他们学习外语的优势所在，他们在语言才能方面基本未呈现差异，在学习自然的语音方面占有绝对的优势(Larsen-Freeman 2005)。这一时期学习外语最容易在大脑中留下痕迹，激发神经功能系统，以备后来再发展，语言习惯和能力都比较容易形成。但缺点是，他们的长期记忆能力较差，母语与外语、本土文化与外来文化容易混淆，抽象逻辑思维能力还没有形成，时间花得较多，因此他们的外语学习以一门外语为宜，不适合多外语学习，而且特别需要良好的学习环境和条件。

首先要有发音标准、口语地道、耐心和蔼、充满爱心的优质师资，如果儿童时语音基础没打好，或对学习外语产生反感，那么今后即使用多年的时间、花大力气来弥补，也往往是收效甚微、事倍功半，严重影响以后进一步的深入学习，更不用说是多外语学习了。同时，教师要充分利用各种教学手段，创造宽松愉悦的学习环境，不仅要重视语言的培养，更应激发他们学习外语的兴趣，注重培养听说能力，使他们乐于将外语作为游戏工具和交际工具。

另外，非常重要的一点是，要注意处理好儿童学习外语时其母语和外语之间的关系，因为他们的母语此时也正处在不断发展的过程中,在正常的交流环境下应鼓励儿童以母语为主,外语应作为一种兴趣、爱好,一旦遇到合适的语言环境,儿童自然就会去使用它,有些家长望子成龙心切,常常逼迫孩子使用外语,这样往往会给儿童造成心理压力,进而可能产生厌学情绪。同时,正确处理好母语与外语之间的关系,可以避免给少儿造成"外语重要,母语不重要"的错误印象,甚至助长所谓的"文化自卑"现象。

5.5.2.2　少年(11～17岁)

少年学习外语的优势是他们的认知能力已发展到较高水平,其语言意识较为敏感,模仿力和记忆力极强,又比儿童更善于利用语言交际策略,理解语言和文化的能力较强,从而促进语言输入的处理(Lersan 2003)。少年的情感屏障没有成年人那么高,一般不会像成年人那样过于计较他人对自己的态度,情感屏障低有利于内在语言学习机制的正常运转。同时,少年又能和成年人一样,利用已学会的语言规则对语言输出进行监控,而儿童一般缺乏监控语言输出的能力。由于这些优势的存在,少年的外语学习速度往往要超过儿童和成年人,这一时间段也许是人一生中学习外语的最佳时段,但少年时期一般有较重的学业负担,学校的科目很多,他们往往无法抽出充足的时间用在多门外语的学习上,如果合理安排、充分利用时间,学习两门外语应该是可行的,这种多外语学习的经历将为成年后进一步的外语学习打下扎实的基础。

5.5.2.3　成年(18岁及以上)

成年人的大脑神经联系已完全建立起来,思维方式已经完善,语言意识很强,因而可以非常容易地处理复杂的语言形式和内容,在掌握外语阅读、写作等方面占绝对优势;成年人学习目的明确,学习动力强大,知识经验丰富,理解能力及联想能力、记忆力都比较强;在开始学习外语时运用母语和监控知识也可使他们在最初阶段比儿童学得快(Littlewod 2002)。他们的劣势在于,建立标准的外语发音模式常遇到难以克服的困难;在吸收和运用日常交际语言、并使之直接发展为交际能力方面,成年人明显要比儿童和少年差。但是,在童年和少年阶段有过成功的外语学习经历的成年人,尤其是具有多外语学习经验的成年人,一般都能很快地进入状态,再学一门外语对他们而言并不是一件难事。而那些从未学习过外语的成年人,尤其是事务繁多而不能专注于学习的成年人,往往无法持之以恒,学习缺乏连续性,不少人学习外语的功利性较强,方法又不得当,总幻想着有捷径可走,跟着社会上的潮流频繁地更换学校、教材和教师,结果往往误入歧途、学无所成。

综上所述,年龄是影响外语学习的一个重要因素,但不同的年龄各有其优势和劣势,因此,年龄并不是影响外语学习的最重要的因素,更不是唯一的因素。由于智力层次、社会背景和环境条件不同,各人在情感、认知和生理方面的发展不一样,将来人们即使找到所谓的最佳年龄和关键期,恐怕也是因人而异的。在外语学习的过程中,应从实际出发,既要重视关键期的积极作用,又要避免过分夸大关键期对外语学习的影响。

5.6　结　　语

在众多的个体差异构成中,本章节讨论了对于语言习得过程影响较大的五大因素：语言学能、学习风格、性格特征、学习动机和年龄,试图阐述这些差异对于学习结果的影响,并解释这些因素是如何影响输入的处理和习得的发生的。然而,不容忽视的一点是,学习者的个体差异还将受到教学方法的影响,两者相互作用才共同决定了学习结果,这一点将在下一章中讨论。

第六章

外语课堂教学方面的启示和应用

6.0 引　语

外语习得研究的主要目的之一就是提高课堂外语教学的质量，而外语教学法在很大程度上也应该立足于学生是如何学习外语的，因此，将这两者联系起来是极其恰当的。但是，了解习得发生的过程和特点，只是帮助我们更加了解课堂里的学生，从而针对教师应采取什么行为来促进学生的语言学习提出一些指导性的原则和建议，它不同于教师所使用的教学法手册，这种手册涵盖了几百年来语言教学所积累下来的种种教学技巧和教学活动，这些具体的"技巧"和"活动"并不是本章节所要讨论的内容，之前有关多外语学习的语言习得原理、认知规律及学习者个体差异的讨论，并不能为外语教学中所出现的所有具体问题提供确切的答案，只是希望能够加深教师对课堂教学中外语学习规律，尤其是多外语学习规律的了解，从而在选择和确定教学活动、教学方法时有所依据。

本章中，我们将讨论有关外语课堂教学的四个方面。第一个方面，关于以语言形式为中心的教学的种类及其对语言习得过程的影响；第二个方面，探讨课堂中外语学习者所处的语言环境；第三个方面，依据个体差异理论，讨论当学习者所面对的教学方法与他们的语言学能、学习风格、性格特征、学习动机和年龄相匹配时，他们的学习需求是否能得到更好的满足；最后一个方面，根据多外语学习的特点,探讨如何利用有经验的多外语学习者的整体认知优势,增强多语意识,促进多外语学习。同时,我们将根据外语学习者的认知特点和学习规律,提出一些外语教学的原则和建议。

6.1 语言形式教学的作用

语言形式教学是指将重心放在语言的形式上的教学,包括语法讲解和词汇解释。对于语言形式教学的争议已经持续了许多年了。以前,传统的教学方法是语法翻译法,教学的重点就是详尽地解释一个又一个的语法现象和语言点,而现代的许多教学方法却倾向于将语法讲解排斥在外,认为外语学习应模仿母语学习的环境,只要有大量的自然的语言输入,同时又给予学生机会进行意义协商和外语语言输出,学生就能习得语言。然而,自然的东西是不是就是最好的呢?语法和词汇的教学是否完全没有必要呢?这是我们必须深入研究和思考的问题。当然,目前还有许多教师继续依赖于语法规则和词汇的讲解进行外语教学,许多学生也期待着教师的这种详细清晰的讲解。要了解教师如何才能真正地帮助学生习得外语,再次讨论一下语法和词汇教学问题是十分必要的。

6.1.1 语言形式教学对外语学习的作用

到目前为止,已有大量的实验试图验证语法教学对于外语学习的作用,而且它们使用了各种不同的研究方法。有些学者将课堂学习者与自然环境中的学习者进行比较,而有些学者则致力于研究某一特定的语法规则的详尽讲解是否会导致这一语法规则的习得。他们评估学习效果的方式也各不相同,有些实验使用的是正规的语言测试成绩(如多项选择题),而有些实验则是从较为自然的语言交流中捕捉某种特定的语法规则的正确使用率。研究方法的多样性使得不同研究结果之间的可比性不高,因此很难下一个简单的定论。但是,概括起来,我们可以从四个方面探讨这些实验的结果。

第一类研究试图验证接受语法教学的学习者是否能达到更高的总体语言水平。结果表明,答案是肯定的,尤其当语法教学的同时伴随着大量的自然的语言输入时。

第二类研究试图证明语法教学对于学习者使用某些特定的语言形式的精确度是否有影响。大多数的实验结果都支持了语法教学的积极作用。当该语言形式较为简单(即不需要复杂地信息处理)、而且带有一个明显的特定功能时,语法教学往往会起作用。但是,如果教学的内容是一个比较复杂的语法结构,大大超出了学习者现有的语言知识,也许这种效果就只能在一些有预先准备的语言使用情形下才能显现出来(如考试、写作),因为这时学生能够有意识地关注这一语法结构。或者另一种可能是,学习者会将这种讲解储存在大脑里,帮助自已在以后的某个时候习得这一语法结构,这就和语言输入处理过程相吻合了。

第三类研究试图证明语法教学和习得顺序之间的关系。各种实验证明,接受语法教学的学习者在词素和语法结构的习得顺序上与未接受语法教学的学习者基本是一致的。语法教学似乎无法改变习得的自然顺序,提前讲授某个语言点反而会使学习者尽量避免使用这一结构,这也就阻碍了习得的发生。这一实验结果与 Krashen 的输入假设也是相一致的,只有当输入稍稍超前于学习者当前的语法知识水平时,才会有助于习得的产生。不过,也有一些实验证明,当形式教学的内容是不受语言发展制约、相对独立的语言形式时,不管学习者处在何种语言水平,这种教学都是成功有效的。而且,当语言习得是指认知性习得,而不是产出性习得时,这种语言发展制约很可能也不会产生影响了。不过,充足的证据已经表明,语法教学能有效地促进学习者沿着自然的习得顺序前进得更快一些,因为它起到了增强自觉意识的作用。

第四类研究试图证明语法教学的效果是否具有可持续性,即这一效果是长期性的、还是短期性的。这一类研究的结果差异较大,到目前为止还不能作出定论。但是,足够的证据表明,至少有一部分课堂讲授的语法结构,学习者是能够长期地掌握的。有一些实验还提示,要使某种语法结构的教学效果经久不衰,学习者必须在以后的交流中经常不断地使用这种语法结构。

总之,这些实验对于我们更深入地理解语法教学与外语学习之间的复杂关系是极具启迪作用的。足够的实验证据已经表明,语法教学对于提高总体语言水平、提高语言的精确度都是有利的,语法教学还能加快自然习得的速度,而且这种效果在一些情况下是长期的。因此,语法教学显然对于外语学习具有促进作用,我们不应将它看成是学习外语的另一种独立的模式,而应该把它作为促进自然语言发展的一种方法。如果这种教学能考虑到学习者的个体因素,其作用就更大了。

6.1.2　不同类型的语言形式教学

前一节我们讨论了语言形式教学是否对复杂的外语习得过程有帮助,这一节将讨论另一个同等重要的问题,甚至对外语教学实践来说更重要的一个问题,即"何种类型的语言形式教学对外语习得的作用最大?"。我们将通过对几种不同的教学形式的对比来讨论这一问题。

6.1.2.1　形式关注与形式焦点

区分形式关注(focus on forms)与形式焦点(focus on form)是非常重要的。形式关注是指将语言点独立出来,一个一个地进行讲授和测试的教学,这种类型的教学依据的是结构派教学大纲;形式焦点是指"依据一定的原则交替地关注语言意义和语言形式"的教学(Long 1991),这种教学往往遵循的是任务型教学大纲,在进行互动式活动的过程中让学生的注意力聚焦到某些语言特征上。Long 认为形式关注式教学尽管强调了语言形式,但效果往往适得其反,而形式焦点式教学却能引导学生更快速有效地习得语言。

如何在课堂的互动式活动中引导学生关注语言形式呢? 目前运

用较广的主要有两种方法：一是精心设计活动内容。要顺利完成该活动，学习者必须在交流的同时关注某些语言特征，许多实验都证明这对语言学习是极其有效的。二是在互动活动中针对学习者的语言错误，由教师提供修正性反馈。尽管许多学者都对课堂上教师的修正性反馈的性质和作用兴趣浓厚，做了大量的研究，但结果并不一致。然而，有相当一部分实验证明，当修正性反馈针对的是交流中自然出现的语言错误或正在费力地进行中的意义协商时，修正性反馈确实有利于习得的产生。但是，教师的口头修正很可能无法引起学习者的足够关注，因此有些研究认为，如果语言形式教学能与自然习得过程同步，就能极大地促进习得的产生。

总之，形式焦点式的语言教学似乎对于语言教师极具吸引力，因为它是一种兼顾了语言"流利度"和"准确度"的综合性教学方法。

6.1.2.2 内隐式与外显式教学

内隐式教学要求学习者根据所给出的语言范例归纳出语言规则，而外显式教学则先给出一条语言规则，然后要求学习者操练它的使用。现有的一些教学方法对比实验表明，内隐式或外显式教学法的有效与否取决于所教授的语言结构类型和学习者的个性。外显式教学也许更适合于针对成年人讲授较为复杂的新语言点，而内隐式教学可能更适合于擅长归纳性思维的学习者，尤其当所涉及的语言点较为简单时，但是值得注意的是，无论教师给出多少范例和引导，有相当一部分学习者还是无法归纳出明确的语法规则，因为有些学习者严重缺乏这方面的归纳能力。

外语语言特征的外显知识是影响语言习得的一个重要因素，对于目标语言特征具有外显知识的学习者更容易注意到自然语言输入中的这些语言特征，而且这些学习者比较外语输入内容与当前自身的中介语语言规则差异的认知过程会加快，这样，外显式教学或许就能对习得过程产生积极的作用。

6.1.2.3 理解与操练

传统的语言形式教学法通常会给学生一些操练机会，在这些操练过程中,学习者意识到他们正在学习的某个词汇或句型结构,并试图按要求正确地产出包含该目标语言点的句子。然而,关于语言课堂上这种操练的作用的相关研究表明,学习者操练某个特定的语言点的强度与他们以后在会话中使用该语言点的准确性并不具备相关性,这与我们先前讨论的有关语言形式教学对于习得顺序的作用也相吻合,操练无法让学习者习得该语言点,其主要的原因可能就是学习者还未达到相应的语言水准,并没有做好学习该语言点的准备。但是,操练确实是提高学习者使用已经习得的语言点的准确性的有效方法之一。作为一种教学手段,操练的主要问题出现在讲授具有发展衔接性的新语言点时。

因此,另一种替代性的活动——“理解任务”得到了一些学者的赞赏,所谓的“理解”就是让学习者能够辨别某个特定的语言点的意义。在“理解任务”课堂上,教师精心准备了包含某些特定的词汇和语法结构的语言输入,要求学习者以各种形式(如图片标注、动作反应等)表现出他们对输入的理解,学习者首先要注意到输入中某个特定的语言特征,并且理解它的意思才能完成“理解任务”。这与输入处理过程的各个阶段相对应,输入中那些被注意到的语言特征经过分析被存储到短期或中期记忆里,但并没有成为学习者现有语言体系的一部分。以理解为导向的语言形式教学的一个理论依据是,掌控学习者从统觉的语言输入到理解的语言输入、甚至到吸纳阶段的转变,从心理语言学角度看,比确保学习者到达整合阶段并重新建构他们的中介语体系要容易得多。理解任务使教师避开了习得顺序这一尚无定论的难题,通过限定教学目标,使课堂教学与学习者的学习方式更加吻合。

总而言之,究竟哪一种教学最有利于习得产生目前还没有定论,但有证据表明,让学习者在参与有意义的互动活动的同时注意到某些语言特征(即形式焦点)会产生良好的学习效果;而帮助学习者建构外显知识也有助于习得的进程;尽管以语言产出为目的的课堂操练或许能帮助学习者更好地掌控和运用他们已经部分习得的语言形式,理解任务也许能更有效地帮助学习者习得具有发展衔接性的新语言点。

6.1.3　结语　.

从上文的讨论中我们可以得出结论:虽然习得一门外语并不一定需要语言形式教学,但它确实对习得有帮助,尤其是能加速"自然"习得的进程。在自然语言环境下,学习者对语言形式的关注可能降到了最低,语言形式教学能使学习者关注某些特定的语言特征,从而大大地提高习得速度。当然,语言形式教学并不能直接导致学习者的新语言点内在化,但它为学习者提供了一个切入点,也就是说,语言形式教学并不能使学习者当场习得正在讲授的语言点,但为它今后的习得(不管是短期之内或较长时间之后)打下了基础、做好了铺垫。正如 Gass(1991:37)所言,语言形式教学"触发了最终导致语法体系重组的第一步"。语言形式教学帮助学习者有选择性地关注语言形式和语言输入中形式与意义之间的关联,能有效地帮助学习者注意到语言输入与自身中介语体系之间的差异,从而意识到修正中介语体系的必要性。

总之,现有的证据已相当充分地证明了形式语言教学对外语习得的促进作用,值得一提的是,当这种教学与学习者自身的学习风格及其他个体因素相匹配时,其作用也许最为显著。

6.2　创建一个适宜习得的课堂

对于习得过程中语言输入、互动活动及语言输出的认识,使我们能从内部去了解教学的本质,从表面来看,教学是一种技巧或方法,实际上它就是给学生提供一系列的机会,让他们能够通过课堂上的互动活动习得另一门语言。笔者将从三方面探讨一下教学活动可以如何帮助创建一个适宜习得的课堂。

6.2.1 提供适宜习得的语言输入

没有人能够离开语言输入而学会一门语言,大量的语言输入是外语学习成功的一个必要条件,创建一个语言输入丰富的语言教学大纲或许是成功的语言教学的一个最重要的特征。然而,仅仅这样还是不够的,学习者所接触的语言输入的质量也是至关重要的,他们所需要的是适宜习得的语言输入。

首先,学习者需要的语言输入必须是经过调整而适合他们水平的语言。这里"调整"的概念是非常重要的,一味让学习者接触那些所谓的"完全真实性"的、大大超越他们现有语言能力的语言输入似乎没有什么意义。习得发生与否的关键,并不在于输入的材料是否完全是本族语使用者在交流中所使用的语言,而在于学习者是否能够处理这些输入,从而达到理解和习得的阶段。研究已经证实,对语言结构和会话结构作出相应调整的语言输入有助于学习者理解、进而习得输入中的新知识。

同时,调整的语言输入还必须包括学习者还未习得的某些语言形式。在第四章的实验中,这一点是通过学习前测试而做到的,在日常的教学实践中,这一点也不难做到,正如 Krashen 所说的,教师的"粗略估计"基本可以达到这个目的,尤其是对于那些长期从事教学工作、教学经验丰富的教师而言。事实上,要找到学生能够完全理解其意义和语言形式的简单的语言输入反而不是一件易事。

另外,教师如何引导学生去处理他们所接触到的语言输入也是一个重要的因素。前文已经提到,学习者的处理能力是有限的,常常难于同时处理语义和语言形式。他们往往会根据学习任务的要求和他们自身的学习自标,将他们有限的资源用在其中某一项的处理上。然而,没有对语言形式的注意,就不可能发生习得,因而教师必须引导学生关注语言形式。事实上,课堂可以成为唤起学生的选择性注意的理想场所,Sharwood Smith(1991)将课堂称作"输入的强化器"。所谓的输入强化,Sharwood Smith(1991:118)指的是"使输入更加醒目突显的过程",输入强化与前文所讨论的输入注意或统觉的输入有相似之处,但又不完全相同,其主要差异在于输入强化可以由学习者引发,也可以由外部事物所引发,而输入注意或统觉则是纯粹的学习者自身内在的过程。例如,教师可以将某个表示曲折变化的词素形式涂成红色,或在某种教学活动中集中使用某个句型结构,通过这种外在的输入强化活动来引发学生的关注。当然,并不是所有的外部突显的输入行为都会导致学生的注意,学生也许在打盹、也许思想在开小差、也许根本就没有领会教师的良苦用心。教师应努力通过外部手段吸引学生关注某种语言形式,但这种关注是否发生则取决于学生。

当然,这并不是说课堂教学要回归到传统的语法翻译法,而是说,从外部强化语言输入是语言课堂的一大优势,可以促进自然的习得过程。而且,学习者有时无法察觉自身的中介语体系与目标语之间的差异,这时强化的输入的出现往往能较有效地预防其语言发展的停顿,何况,明确而直接的纠错,或外显性语法讲解等输入强化形式对某些类型的语法变化可能是必需的。也就是说,授课的目的是帮助学习者不断发现自身的外语体系所存在的不足,因此,教师要充分利用课堂上各种有利的手段,促进这一自我发现过程的出现。

6.2.2 构建适宜习得的互动式活动

前面我们强调了教师提供正确的语言输入的重要性,但这并不意味着要以牺牲互动式活动为代价,恰恰相反,互动式活动是促进习得发生的有效方法,而且对于许多语言学习者来说,课堂是最基本的、也许也是唯一的能够用外语进行面对面直接交流的地方,因此,在课堂上应该积极提倡互动式活动的开展。

教师们面临的一大困难,就是如何让那些语言水平较低或不太愿意参与课堂交流的学生也参加到互动式活动中来。一个有效的方法就是设计和使用"听和做"活动,即教师下一些指令,而学生按指令实施一些具体的行为,如画一幅画、拼一些图片等。同时,学生在听不明白时可以提问,要求教师进行解释或重复,提问的一些句型也可以由教师事先提供给学生,这样学生语言产出的压力就减轻了,但是他们仍然能够在一定程度上控制这种互动式活动的进行。

尽管这类活动非常有效,但这一类活动对教师的要求极高,当学生提问时,教师必须给予合适的回答,这样才能促进习得的发生。通常,学生会要求教师解释其指令中的一些生词,而教师往往会给出过多或过难的解释,超出了学生所能处理的能力,这自然会妨碍习得的发生,最好的生词解释应该是简短易懂的,因此,组织这类互动式活动要求教师具有较高的交流技巧。

"听和做"活动能导致一种特定形式的互动活动——即意义协商。但是,教师该如何运用互动式活动帮助学习者尝试一些他们还未完全习得的语言形式呢?一种方法就是让学习者控制话题。当学习者控制了话题,或至少控制了所给话题的具体内容展开之后,教师就会有更多的机会通过重复、扩展、延伸和提示等方法,帮助学生构建他们的语言输出,就像儿童时期母亲帮助孩子学习母语一样。换句话说,教师此时所提供的语言输入正是学习者所最需要的,是他们想表达而不能正确恰当地表述的那部分内容,这样就最容易引起学习者的重视,从而促进习得的产生。

由学生控制话题的展开,具有很重要的意义。首先,它确保了学生的兴趣,可以让他们自由谈论自已喜欢的内容;其次,它能使教师了解哪些是学生已经完全习得的语言知识、哪些正处于习得的边缘,这样,教师就可以有的放矢地帮助他们使用并且习得这些语言形式。教师的作用就是通过示范,帮助学生们注意到自已所说的语言和理想的表达方法之间的差异。

要让学生控制话题,就必须创造一系列的课堂活动,使学生成为教学活动的主角,这就是我们下面要讨论的话题。

6.2.3 任务型语言教学

这里所说的任务是指以语言意思为基础、围绕某个话题而展开的课堂活动,任务的目的是引发大量的意义协商,从而为语言的发展带来更高质量的、更精雕细琢的输入,最终推动中介语体系的发展。

研究表明,不同的任务类型对意义协商的影响是不同的。例如,双向信息交流任务的信息结构迫使会话双方进行均等的意义协商,既提供信息又接受信息,直到双方的信息都得到理解,它比单向信息交流更能引起语言形式和会话结构的调整;有计划的任务相对于无计划的任务,能使外语学习者在意义协商过程中产出更复杂、更规范的语言输出,使互动交流更为积极有效。

在任务型教学活动中,学习者需要关注的主要是说的内容,而不是表达的方式。较为典型的、目前运用甚广的这类活动就是各种"信息差异"活动和"意见不一致"活动,所谓的"信息差异"活动就是给不同的学习者以不同的信息,为共同完成教师所指定的任务,学习者之间必须进行信息的交流;"意见不一致"活动就是给学习者一个富有争议性的话题,让持不同观点的学习者互相阐述自己的论点,开展口头辩论。这两类活动的目的都是引发学习者之间的自然的语言交流。

一般来说,这些活动是在学习者两人或两人以上的小组之间进行的,这样就能确保由学习者自已控制对话内容,因为没有教师参与其间。同时,由于学习者是作为地位等同的社会个体参与这些活动的,整个谈话的格局更趋于平衡,从而会产生更多的意义协商。当学习者的语言水平参差不齐时,教师应把主要信息交给水平较低的学生,这样就容易产生更多的互动活动,活动结果也更成功。虽然两人对话和小组讨论对于语言学习是非常重要的,然而,在课堂上实际操作时也会出现一些问题。当学生们的母语都是同一种语言时,他们常常会依赖母语进行意义协商;还有一些学生不是认真地对待这些活动,这样语言输出和意义协商的程度就会很低。

但是,值得注意的是,这类语言教学活动并不一定非得在小组之中进行,事实上,这类活动完全可以由教师与全班一起进行。从某种意义上说,这么做的效果更好,因为这就保证了学生能够及时获得教师的标准语言示范,这是非常有利于习得的产生的。不过,在这种情形下,由于教师与学生的地位不同,发言的权利很可能不会均等地分摊,这样就极易造成由教师控制对话进展的局面,对话的格局很容易转变成传统的一问一答再修正错误的模式。如果这样的话,学习者就不太可能进行意义协商了,更谈不上从标准示范中获益了。

那么如何避免出现这种情形呢? 一种方法就是确保所需交流的信息控制在学生手上,而不是在教师手上。把信息交给学生,让学生传递信息给教师,由教师来完成这一活动的要求,这就能帮助学习者进一步地控制交流内容。另一种方法就是允许学生预先考虑一下活动的内容,尤其是在"意见不一致"活动中,一定的思考时间会使学生准备好更多的观点和论据,使他们更愿意参与交流,从而控制话题的展开。

最后,也是最高难度的一个问题,就是如何设计出既强调意义交流又重视语言形式的任务型课堂活动。较理想的一种方法就是设计出一种特定的意义交流活动,而这种交流会刺激学生大量地使用某种特定的语法形式,如过去时,教师可以通过示范给予学生正确的语言输入,并在学生错误表达该语法形式时发出澄清请求,这样就能使学生有机会重组句子、修正错误。当然,学生的注意力还是集中在意思表达上,而不是语言形式的正确使用上,因此,有时候一些学习者未必能意识到这一语言重点,而且,并不是五花八门的每一种语言形式都能够被设计到某种活动中去,这也是困扰外语研究者和教师的一大难题,但不管怎么说,这种方法本身是一种兼顾语义和语言形式的有效教学方法。

能使学生在口头交流中关注语言形式的另一种方法就是 Ellis (1993)提出的所谓的"意识增进型任务",意识增进型任务就是让学生将语法作为讨论的话题,这也是讲授语法的一种归纳性方法,要求学习者针对特定的语言材料通过交流,包括互相之间的意义协商,自己发现并总结语法规则。在前一节中,笔者已提出,外显知识有利于注意的产生,能促使学习者注意到自身外语体系与目标语之间的差距,而这种注意是语言习得最初的一步,也是必不可少的一步。意识增进型任务也能促进习得的产生,它能加强输入处理的深度,因为思考并谈论语法自然比单纯的聆听教师讲解语法对脑力活动的要求更高,同时这种思维和交流是用目标语进行的,这样就不仅能促进新知识的习得,还有助于分析和重构现有的知识。

6.3 教学方法与学习者之间的匹配

语言习得过程的研究显示,学习者具有某些共性,因此,学者们试图针对这些共性找到一种最有效的语言教学方法,然而,第五章已经讨论过,学习者学习外语的方式差异极大,这就意味着即使是最好的教学方法也不一定人人适用,每个学习者所适合的教学方法是各不相同的。显然,最有效的教学法必须与学习者的个体因素相匹配。

到目前为止,有关教学法匹配的实验研究并不是很多,有些实验的结果是显著的、惊人的,明确了匹配的积极作用,但有些只是勉强地支持了这一做法,还有一些则实验结果不明,因此,目前对此还无法下一个定论,但作为一种有理有据的理论,不妨在实际教学中探索尝试一下。

6.3.1 教学方法与语言学能之间的匹配

在个体差异领域,最个性化的因素也许就是语言学能,它对外语学习的结果影响巨大,高学能的学习者与一般学能的学习者相比优势明显,更不用提那些低学能的语言学习者了。然而令人欣慰的是,高质量的语言教学有可能消除部分学能差异。

根据前文所讨论的语言学能的定义,低学能可以从两个方面加以弥补,即增加学习时间和降低学习要求。由于学习要求往往是由权威部门统一制定的,显然无法降低,这就意味着必须增加学习者的学习时间。笔者建议,在学生入校时进行 MLAT 或 PLAB 测试,根据测试结果进行分班,并根据特定的学习要求确定每个班级各自不同的课时数。也就是说,由于最终要求达到的外语水平是统一的,而总的学习时间跨度也是一致的(如初中为三年),因此,不同班级的学生每周的外语课时应有所不同。

同时,这些测试中各部分的成绩可以作为诊断的依据,帮助教师更好地了解学生在语言学习中的弱项和强项,从而调整课堂学习环境和教学方法,以适应学生的特点。Wesche(1981)曾做过一个有趣的实验,他找到两组学习者,A 组学习者 MLAT 或 PLAB 的总分很高,而 B 组学习者分析能力较强,但在音位编码能力和听力方面的分数较低,当这两组学习者分别接受与之相匹配的教学方法时,即 A 组使用视听法和归纳法,而 B 组使用分析和推理的方法,两组学习者都表现得同样出色,而且超出了对照组(两组对照组采用的是互补型教学法,即 A 类学习者使用分析推理法,B 类使用视听和归纳法)。这一结果对于我们的课堂教学是具有启发和指导意义的。

6.3.2　教学方法与学习风格之间的匹配

在匹配教学法研究中,另一个大受欢迎的个体变量就是学习风格,特别是场独立和场依存。然而,研究的结果并不尽如人意,只有 Abraham(1985)的实验产生了明显的结果:场依存的学习者更适合于归纳性教学方法。然而,第五章已经讨论过,场独立和场依存并不是一成不变的,尽管每个人都有一定的倾向性,但同一个学习者会根据学习任务的要求而发挥出不同程度的场独立和场依存能力。

对于反思型和冲动型的学习者,教师应因势利导。既要允许冲动型的学生踊跃发言,不过度指责他们的错误,又要适当照顾反思型的学生,可适当放慢节奏,给予他们一定的思考时间,鼓励他们表达自己的观点。第五章也已经谈到,优秀的语言学习者应该是结合了这两者的长处的学生。

因此,在语言课堂上,一方面,教师要尽量了解学习者的认知风格,给予相匹配的教学方法,另一方面,教师也要鼓励和敦促学生尽量运用不同的认知风格来适应学习环境。如果同一个班级的学习者的认知风格迥然不同,教师应注意尽量使自己的教学方法多样化一些,以满足不同学生的需求。

6.3.3 教学方法与性格特征之间的匹配

第三个要考虑的因素是性格,特别是内向型和外向型。前文已经讨论过,尽管外向型性格的学生更乐于参与课堂活动,但外向型性格对于习得的产生并不具备优势,内向型和外向型的学习者都能成功地学好外语。因此,在实际教学中,教师要慎重使用那些旨在激发外向型性格特征的教学方法,如模仿、情景对话、戏剧表演等,教师应考虑到文化和传统的影响及不同学生对于外向和内向的不同评判标准,应避免过多、过火地使用这类方法。为示公正,教师也应安排一些适合内向型学生的课堂活动,如听、读和写等。

6.3.4 教学方法与学习动机之间的匹配

第四点值得考虑的是学习动机。由于学习动机有不同的类型,因此教师应该了解学生的动机来源,这样在选择教学材料和提供课堂信息时可充分考虑学生的学习动机,从而满足他们不同的学习需求。例如,对于打算移民国外、融合型动机较强的外语学习者,教师在选择阅读材料、讨论话题和课堂例句时,就应围绕着该语言使用国的社会和文化内容而展开。

但是,教师该如何对待那些动机不足、甚至没有动机的学习者呢?正如前文所指出的,强大的学习动机能促进外语学习的成功,反之,成功的学习也会激发强大的动机,如果说前者是教师无法控制的,那后者则是教师的努力方向。教师应该努力使学生获得愉快而成功的学习体验,仔细挑选既不太难又不很容易的学习任务,使学生既有兴趣参与又能获得成功的满足感,这样也就培养了学生的结果性动机;教师还可以通过安排一系列形式多样的课堂活动激发学生对课堂学习的兴趣从而培养学生的内在动机。

6.3.5　教学方法与学习者年龄之间的匹配

学习者的年龄结构差异决定了他们的认知能力和心理特点的差异,这是教学法不可忽视的一个重要个体差异。以我国的大中小学生年龄为例,笔者建议,小学阶段实施"快乐外语教学",中学阶段实施"系统外语教学",大学阶段实施"应用外语教学"。三个阶段虽然都以学习和掌握外语语言技能、相关文化知识和交际功能为教学目标,但每个阶段的侧重却有所不同,教学内容和方法也应有所差异。

6.3.5.1　小学阶段

小学阶段应主要突出语言内容的生活性和趣味性,淡化语言结构的系统性。首先,该年龄段的儿童的生理和心理特点决定了他们爱好模仿、善于模仿。虽然二语习得理论对外语学习中是否存在最佳年龄仍然存在较大的分歧,但目前争议最少的结论是:年龄越小,越容易获得地道的本族人口音。根据神经生理学家的研究结果,人的语言能力在青春期 10 岁前便完成其侧向大脑左半球的过程,在这之前是儿童学习发音的最佳年龄段。此后,大脑侧向所引起的僵化和呆板会影响到发音。因此,处在 3～10 岁这个年龄阶段的儿童大脑可塑性最强,他们听觉敏锐、模仿能力强、又勇于实践,这些正是他们能够自然习得语音,甚至可以达到本族语者水平的优势所在。

其次,该阶段儿童的情感状态要求语言课堂应充满互动性。Schumann(1980)在研究青春期前后语言习得的区别时,提出了儿童在语言习得中的"神入"现象。"神入"指的是语言习得者与他人接近并达成他人所认同的意愿和能力。Schumann 指出,这种意愿和能力是语言学习者习得语言整体能力的重要组成部分。在儿童后期到青春期前(5～14 岁之间)的学习者更具有这种能力。因此,语言学习对于儿童语言学习者具有更强的社会和情感方面的渗透力。也就是说,儿童语言学习者处在一种更开放、更变通的状态,他们接受所输入的语言的速度更快,最终所达到的程度也更高。同时,儿童天生爱自由,好活动,有强烈的好奇心和求知欲。所有这些情感状态要求教师在课堂上给学生提供足够的活动空间,使学生在游戏中发现、习得语言规律,并了解和接受相关的文化知识。

而且,快乐教学、游戏教学符合小学阶段的认知特点。游戏教学在古今中外的儿童教育中均起到了不可忽视的重要作用。历史上我国教育家就在有关儿童教育的游戏教学方面有过论述。程颐曾说过:"教人未见意趣,心不乐学。"朱熹亦强调"乐学"的重要。王守仁则主张"今教童子,必使其趋向鼓舞,中心喜悦。"同样,西方第一个提出把游戏和教学结合起来这一思想的学前教育之父——德国教育家福禄培尔也认为:游戏是儿童活动的特点,通过游戏,儿童的内心活动变为独立自主的外部自我表现,从而获得愉快、自由和满足,并保持内在与外在的平衡,儿童游戏往往伴随着语言的表达,这有利于儿童语言的发展。

因此,笔者认为,早期的外语学习中必须引入充满乐趣的游戏教学,使小学课堂有声有色,学生乐在其中。小学阶段的外语课堂应本着模仿、游戏、快乐等基本原则实施教学活动,给学生以自由,给学生以兴趣,给学生以活动,使他们在快乐中学习外语,在笑声中发展语言。

6.3.5.2 中学阶段

中学阶段应主要突出语言系统的整体性和通用性。如果说小学阶段旨在激发学生的外语学习兴趣,培养良好的语言学习习惯,奠定扎实的语音、词汇和会话基础的话,那么,中学外语教学的目的就是有系统地、全面地提高学生的外语综合素质,使学生掌握听、说、读、写、译基本语言技能,也就是说外语要基本过关。所谓外语的通用性,主要是指语言的生活性、文学性和共用性,不同于特殊用途外语。中学阶段是个人未来发展的打基础阶段,这一阶段的学生在记忆力、求知欲、精力等方面处于旺盛时期,他们朝气蓬勃、精力充沛、热情开朗、模仿和接受能力强、具有较强的可塑性,这些特点使他们在学习一门新的语言时比成年人更具有优势；他们的智力水平、思想和性格的日趋成熟以及抽象思维的发展，也使他们在某些方面比小学生更适合外语的学习。因此，中学阶段是大幅度扩充各类外语词汇量、系统学习语言规则、广泛阅读的黄金时期，也是培养学生良好的学习习惯和综合语言能力的重要阶段。古人云：师傅引入门，修行在自身。根据学生的年龄特征和认知特点，中学阶段的外语学习应系统深入，强调探究式和自主性学习。

中学年龄阶段的学生具备了探究式和自主性学习的生理和心理基础。我国当代中学生大多数是 12～18 岁的青少年。这是个生理和心理逐渐走向成熟的阶段，此时，他们的思维已发展到了抽象思维、逻辑思维阶段，即他们能够离开具体事物，依靠内部语言，在头脑中把所思考的内容和形式分开，这意味着他们已具备相当的基础来进行复杂的外语学习；他们的自我意识、独立意识以及自我评价能力逐步加强；智力和记忆力迅速进入高峰期；主观能动性和自律能力都比小学生有显著的提高，这些都为探究式、自主性外语学习奠定了基础。

综上所述，中学外语教学应充分利用中学生的这些优势，在课堂上鼓励学生通过各种各样的学习任务，在体验、实践、讨论、合作和探究中发展听、说、读、写的综合语言技能，创造条件让学生探究自己所感兴趣的问题并自主解决问题，强调让学生在人际交往中得体地使用外语。总之，通过系统的、自主的探究式学习，使学生在宝贵的中学六七年左右时间里，在词汇量、阅读量和听、说、读、写、译等技能方面有突飞猛进的提高，这应是中学阶段外语教学的主要模式。

6.3.5.3　大学阶段

大学阶段应主要以学生所选专业的宽口径学科知识为主要学习内容，突出外语为专业教学与科研服务的功用，使外语成为掌握最新学科知识、了解学科前沿成果的必要工具。

语言教学的最终目的是语言的应用。语言应用能力应包括日常语言运用能力和学术语言运用能力两个方面。在高中阶段，我们强调的是日常语言的运用,但是对于大学高等教育而言,我们应相应地将语言运用的层次上升为学术语言的运用,即学生运用该语言实现有意义的、符合学术语境的逻辑性思维。学术语言的运用并不仅仅是对某些在学术讨论中经常出现的词汇的简单套用,还涉及到一整套在该语言使用国家中被广泛接受和使用的思考方式和表述思想的方式,例如,在英语表达中非常强调证据的重要性和代表性,强调批判性思维。而且,日常语言中运用较多的是主观性的表达方式,而在学术语言中,意义的表达则更强调客观性、逻辑性和系统性。重视学术语言运用能力的培养是大学外语的教学目标,也是社会对高级专业人才的客观要求。

进入大学阶段的学生已接近成年,具备了独立思维、独立决策的能力,也具有了相当的情感控制能力,因此,大学阶段专业外语的教学应采用以学生为中心的启发式、讨论式教学模式,培养学生独立思考、表述思想、开拓创新的能力,全面提升学生的综合素质。

教师应该积极引导学生参加丰富多彩的课堂实践活动,使学生学以致用,增加对外语语言工具性的认识。实践活动的方式可以多种多样,教师可以根据专业特色、学生水平和教材内容,设计适当的课堂实践活动,例如:

新闻报道:每次上课前请1~2名学生用外语报道本专业领域内发生的一两则国内或国际新闻。学生讲完后,教师可以就学生所讲内容进行总结,并引出一些最新的时事性的词汇,或让学生发表评论,表达对该则新闻的看法。这种课堂活动不仅有助于学生锻炼口语表达能力,也有助于学生通过电视、广播或网络等手段关注本专业的学科前沿信息。

案例分析:可结合教材内容及专业方向,组织学生分组讨论国外企业案例、法律诉讼案例、病人案例、建筑设计案例等,然后让学生独自进行分析,并写出分析报告。案例分析有助于培养学生实际分析问题和解决问题的能力,同时也有助于学生提高外语书面表达的能力。

专题讨论：让学生根据所学内容及本专业的外语表达方式，就本专业的一种专业现象或研究课题展开课堂讨论。教师可事先给出讨论的课题，让学生就该专业课题进行广泛的阅读，以收集足够的资料和信息。这种专题讨论可以增强学生自主学习专业知识的动力和科学研究的能力，同时有助于外语语言的组织能力和论证能力的提高。

热点辩论：教师可根据学生的专业知识水平，结合教学内容，选定辩论题目，然后指导学生广泛阅读有关资料，查阅书刊文件及互联网信息，为热点问题辩论做好充分的准备，然后进行课堂辩论。通过辩论，学生们可以在增加专业知识的同时，提高外语水平，增强表达能力。

模拟实践：根据专业特点，在明确模拟活动的目的和步骤，并在学生做好充分准备的情况下，可进行各种模拟实践，如：模拟国际会议，模拟商务谈判、模拟法庭等，使学生在逼真的环境中积极运用已掌握的专业知识和外语知识。俗话说，书到用时方恨少，这种实践活动既能充分调动学生的参与热情，又能使他们在使用中发现自身的不足，从而促进学生更加积极地学习。

总之，大学外语教学要遵循以学生为主体的原则，强调外语的工具性和实用性。具体教学中多以启发诱导为主，鼓励学生独立思考，积极参与课堂讨论，培养学生的开拓创新能力，同时增加实践活动，深化自主研究性学习，以课题方式指导学生提高独立学习收集和运用资料、提出研究论证的能力。在教师的指导下培养学生用外语学习本专业知识的能力和习惯，同时又反过来提升外语水平，真正做到学以致用，在使用中提高外语水平，两者复合发展。通过教和学两方面的努力，全面提升学生的综合素质。

总之，语言学能、学习风格、性格特征和学习动机等都会影响到教学法的使用效果，因此，教师在实际的课堂教学中应根据学生的个体差异随时进行调整，尤其当学生的个体差异较大时，增加课堂活动的多样性不失为一个好方法，可满足不同学生的不同需求。学习者的年龄也是影响外语教学法的一个重要因素,必须根据年龄特点因材施教,才能使外语能力与认知能力得到有益的同步发展。

6.4 发挥多语学习认知优势

对于多外语学习者的研究表明,学习者已有的语言知识和外语学习经验对另一门外语的学习有很大的影响,因此,在三语教学中就需要从各个环节帮助学习者有效地利用这些认知优势。

6.4.1 有效运用已知的语言知识

以前的二语习得研究着重探讨语言间的差异问题,认为母语知识会干扰目标语的学习,外语教师也因此在课堂上尽量避免引入母语知识,还鼓励学生们用目标语思考和交流,以尽量避免激活学习者已有的语言知识。一些调查发现,多外语课堂教学中极少强调几种语言间的相同点,更没有将其视为一种教学贯例。但是积极运用此前已有的语言知识已成为语言学习过程中很必要的一个学习策略,在外语课堂中有效地利用已经建立起来的语言体系,给予母语和已知外语一定的地位无疑是有益的。我们有必要重新研究母语在二语或多语课堂中的作用,通过心理语言学的研究角度去探索语言学习中语际间的学习策略使用问题,以更好地补充传统的语言对比法所无法涵盖的内容。

Jessner(1999)的研究表明,多语者的语言库是建立在语言间的共性部分之上的,但是在多语课堂中教师们却极少关注几种语言之间的共同点,往往忽略了学生们已经掌握的语言知识,甚至认为这是一种消极的影响。二语习得领域的研究已经表明我们应该重视语言体系之间的相似点,因为正是由于我们将相似性作为参照才能凸显其相异性。Ringbom(1987)也认为语际间词汇的相似性非常重要,它能够解释心理语言学的一些问题(比如词汇储存的问题），并呼吁"我们的研究应该关注学习者已经感知到的语际间以及语际内的相似性，而不要过于关注基于语言学分析得出的母语与目的语之间的差异"（p. 42）。在三语或多语习得中，尤其是当所学语言之间类型相近时，我们在课堂教学中应该注重将学生此前学习多种语言的经历结合起来，关注语言间的相似点。学习第三门语言时，学生会将这个过程与习得二语的过程区分开来，有意识地反思他们在二语习得中所运用的学习策略，并将这些策略运用到三语中。同样的过程也会发生在他们学习第四门语言时。因此，教师们应该鼓励学生充分发挥之前的学习策略，认同并分享他们所学的知识，这样就更能激发他们的学习动力。此外，我们也提倡教师在多语课堂中和学生们分享自己的学习策略，使教师和学生都能够在学习过程中越来越认识到几种语言间的交互所带来的积极影响。同时，我们还需着重于三种或多种语言间的相似性，相应地开展教材编写工作并开辟教师培训的新途径，提高师生们的元语言意识。

从语言学习的角度出发，多语者形成了一种综合的学习能力，能够对不同的语言经历（比如孩童时代的学习、正规训练、独立自主的学习、跨文化交际等不同的学习场合和方式）中所学习到的多种不同类型的知识和技巧进行反思和利用。因此，教师不仅仅应充分考虑到学生此前对自我形象的认知、他们的语言习得过程、知识结构和学习体验，还应该提高学生对他们所拥有的多语资源库的意识并教授他们如何充分地利用这种特有的资源库。这并不是单纯地让学生意识到所学知识本身，而是要让他们了解和反思学习到这些知识的途径和方法（Van Lier，1998），提高他们的语言交际能力和学习能力。另外，感知的语言距离（perceived language distance），即学习者所感知到的母语与目的语之间的相似度或相异度在二语习得者的迁移行为中起着重要作用。Kellerman（1995）将这种对语言类型之间的关系所具有的意识称之为心理类型（psychotypology），也就是说在某个学习阶段，几种语言间的相似性越高，母语就越有可能影响其他语言的发展,这种影响对学习者起到了一种促进作用,而并非完全是早先一些研究所提出的妨碍作用。事实上,即便学习者还没有完全掌握这种语言,但是他们已经掌握的任何一种语言知识都可以成为几种语言之间进行交互的契合点。

6.4.2 培养和提高多语意识

关于三语习得中的心理语言过程方面的研究对我们的课堂教学有着重要的指导意义。这方面的研究表明,元语言意识和学习策略能够对三语习得产生积极的影响,因此教师们需要鼓励学生采纳一些学习方法来提高语言意识、改进学习策略,并在教学中将三种语言综合起来纳入教学大纲,根据不同的社会语言环境设定针对三种语言的不同的学习目标。这样,几种语言的教学大纲就能够相互融合起来。

语言意识与多语能力的发展息息相关。语言意识是一个非常宽泛的现象,是一种能够对母语或外语进行思考的能力,同时学习者还能够将这种思考清晰地表述出来。这种观点超越了纯语言范畴,提倡一种多语言的整体分析方式,明确体现了学习者架构起来的不同语言之间的联系、使用语言的不同目的、语言习得的方式以及习得过程背后的诸多因素。因此近年来,语言学家们开始强调语言意识与多语现象之间的紧密关系,倡导教师们采纳教诲式方法(didactic approach)来提高学生的多语意识。这种方法主要包括以下六个方面的内容:

第一,教师们需要关注学生的语言表征问题,因为一方面语言表征会影响学生未来学习一门新语言的动力、付诸实践的努力以及他们的各个学习阶段;另一方面,语言表征会影响学生整个外语学习的生涯以及建构语言库的过程,同时也影响着他们在跨文化交际场合中的态度(这些态度要么会阻碍交流,要么会增进交流)。

第二,教师们需要鼓励学生在习得一门新语言、全方位地提高其语言能力的过程中,善于激活他们此前的语言知识以及学习策略,知晓不同语言和文化之间的关系和迁移现象。

第三,教师们应该运用语言对比研究的方法(contrastive approach),鼓励学生对他们所认知的语际间距离和客观的语际间距离进行反思,因为这种语际距离有可能对在学习新语言过程中激活之前的语言学习经历起阻碍作用。由于学生们在迁移行为中体现出来的对于不同语言之间异同点的认知十分重要,教师们就更应对此给予关注,优化他们的语言库。

第四,教师们需要帮助发展学生的横向语言能力(transverse competencies),充分调动和发挥语言库中的不同语言以及不断习得的新语言,灵活处理与母语背景不尽相同的谈话者的交流场合,运用各自的社会情感、文化背景、语言策略以及资源库,应对各种交际情景。

第五,教师们应该帮助学生了解更有效的学习语言的方法,提高对过程性知识(procedural knowledge)、迁移的可能性以及学习任务共通性的意识,最终让他们能够监控学习的过程,明确学习任务的目的。

第六,教师们应该在学生学习过程或语言交际行为中通过采取一些激励措施(empowerment strategies)来帮助他们提高自信,加强自我控制感,从而发挥他们的学习自觉性,培养自主意识(learner autonomy)。

综上所述,提高学生的语言意识对于他们形成多语身份、培养多语能力大有裨益,因此教师们应重视培养学生多语能力的意识,使他们在运用语言的时候能够表现出一定的批判性反思的能力、决策能力以及独立行为的能力(Renou, 2001)。这些能力不仅在多语资源库的运用中得到体现,还可以在习得不同语言的过程以及不同的语言交际需求中得到体现。同时,教师们也要了解学生们的语言表征及其语言习得过程的个体特点,让他们在课堂中有意识地反思这些问题,提高他们的语言能力和交际能力。我们相信这种综合地、全方位地提高学生多语意识的方法能成为一条培养学生多语能力的有效途径,同时也是必要途径。这样,学生们在面对多样化的交际需求和学习需求时能具有更强的自主性,并具备自如运用语言的能力。

6.4.3 实施一体教学框架

根据 Krashen(1982)关于可理解性输入的理论,足够大的可理解性输入是习得二语或三语的必要充分条件。对此,我们有大量的研究支持这个观点。比如在自然语境下孩童就能够在没有正式训练的情况下达到母语一般的流利程度。由此类推,我们应该在外语课堂上通过泛读增加可理解性输入,提高学生的语言水平。此外,为了创造改善学生习得多种语言的条件,教师们应尽量增加学生们接收书面或口语模式的可理解性输入的机会,因此开设不同语言的泛读课程是十分必要的。然而,尽管 Krashen 强调了在语言习得过程中可理解性输入的重要性,但是在我们的课堂教学中还存在一些现实问题,比如课堂教学的时间是有限的,不太可能给学生提供充足的可理解性输入的书面或口语语料。因此,除了尽可能地给他们提供这些输入之外,教师还应鼓励学生积极运用目的语,进行口语和书面输出。

在此,我们倡导教师要在多语课堂教学中和教案设计上有效结合多个语种的可理解性输入和可理解性输出,将目的语的使用和输出作为明示教学(explicit teaching)的一部分。使用目的语能够增强学生的自我意识(sense of self),也就是他们对于自我的认识,了解自己的形象以及自己能够变成什么形象。这种认识反过来亦能构成语言习得的强大动力。这一点对于那些母语在社会语言地位构架中处于较为底层的学生来说尤为重要。对此,我们可以借鉴 Cummins(2001)提出的将语言的意义、语言形式和语言运用整合为一体的教学框架(参见表 6.1)。该框架对我国的多语教学课堂现状有着重要的教学启示。

**表 6.1　关注语言意义、语言形式和语言运用的
一体教学框架（Cummins，2001）**

A. FOCUS ON MEANING
　　Making Input Comprehensible
　　Developing Critical Literacy

B. FOCUS ON LANGUAGE
　　Awareness of Language Forms and Uses
　　Critical Analysis of Language Forms and Uses

C. FOCUS ON USE
　　Using Language to：
　　　Generate New Knowledge
　　　　Create Literature and Art
　　　Act on Social Realities

　　该框架除了将可理解性输入这个要素纳入教学中,强调关注语言的意义(focus on meaning)之外,还从一个更为广阔的角度出发去审视语言习得的成功条件,摒弃了此前生硬的分割,将语言、认知和社会文化、社会政治等诸多因素融为一体。相应地,将语言的使用置于核心地位并使之成为外语习得的重要因素,这不仅仅是因为它与学生对语言各个方面的知识构建直接相关,而且还能够提高学生的语言认知能力。此外,学生如果能够在真实情景下娴熟地口头或书面运用目的语,那么他们的文化和语言身份就能够在课堂以及课堂以外更广阔的区域产生认同感。

　　关注语言的意义构成这个一体教学框架的首要元素,进一步肯定了充足的可理解性输入是语言习得中的必要条件。应该指出的是,我们不应仅仅停留在字面意义去诠释"可理解性输入"这个概念。在语言习得过程中,学生除了理解表层的语言输入外,还应深入了解语言中的概念和词汇,同时训练他们的批判性思维能力,这些都是可理解性输入的核心内容。这就意味着学生们能够将文本意义、教学意义和自身的经历、此前掌握的知识结合起来,激活他们的认知图示,用批判的眼光去分析文本内容,并将这些分析的结果运用到一些

语言任务中。总之,当学生在学习某个学科内容时,教师们应该超越对"可理解性输入"这个概念表层的、肤浅的理解,引导学生对课堂中的多语言输入进行深层次的认知和语言处理。

一体教学框架中的第二个元素,关注语言形式,指出了培养学生语言意识的重要性。这不仅包括关注语言的形式,而且还包括培养学生的批判性语言意识,鼓励他们探讨不同语言和权力之间的关系。为了有效地关注语言形式,教师们应该通过阅读为学生们提供大量的目的语输入,同时也提供广泛的书面或口头运用目的语的机会。很多学者和语言教育工作者认为培养学生的语言意识能够增强他们的身份认同感。下面我们推荐一些教学内容,为已经开展或筹划中的多语教学模式提供参考。这些内容并不仅仅停留在教授学生语言形式和功能的层面上,而是旨在培养学生对不同语言的批判性思维能力,并且能够针对不同社会情境中的语言使用进行思考。这些教学内容包括:

1. 语言体系的结构(比如发音和拼写、地区性以及社会阶层性口音、语法以及词汇之间的关系);

2. 完成语言的不同功能和目的的方式;

3. 不同音乐和文学形式的语言规范;

4. 在不同语境下恰当的表达法(比如,表达需要符合礼貌原则的不同文化中的规范,需要符合街头使用的语言和学校使用的语言的规范,日常用语和书面用语的规范,以及政治派系语言的规范等等);

5. 语际间对比(比如同源词、谚语等等);

6. 单语语境和多语语境中语言使用的广泛性(比如在多语语境中进行语码转换、语言维护、英语作为国际通用语等等)

教师们应该系统地将提高学生的批判性语言意识贯穿在多语课堂教学中,使学生们能够充分利用这些语言资源以供其表达使用。计算机技术也有助于学生收集、内化并巩固他们的语言知识,并将其用途有效地拓展到智力层面和个体身份上。

一体教学框架中的第三个元素,关注语言的使用,强调了学生们必须通过几种语言来表达自己的身份,展示自己的智力水平。这样,多语言习得才不会仅仅是个抽象的学习过程,也不会局限于课堂之中。积极使用目的语有助于提高学生整体的读写能力,强化他们的自我认知。为了提高他们使用语言的动力,教师们需要创造真实的交流场景,使学生们能够进行口语和书面的双向交流。如果课堂中缺乏积极和真实的语言使用环境,那么学生们就无法积极地运用目的语进行学术或口头交流。在多语教学中,鼓励学生在不同的课程中运用目的语进行写作是教学的主要手段,教师可以根据具体情况设计"写作任务"(writing task)。比如,可以将语言水平较高和语言水平较低的学生配对,用目的语互相写传记,记录同伴的语言、文化、经济、社会以及心理历程,探索对方的成长历程。写好之后可以上传到网上的教学平台,学生们之间可以传看并且进行同伴评估(peer review),也可以选择用他们较强的那门语言写作,然后互相评估。这种教学法能够锻炼学生用不同的语言进行写作的能力,同时提高了他们在班上的地位。在这个相互学习的过程中,学生们创造了知识,增强了自我意识和身份认同。

总之,在学生们习得三语技巧的过程中,教师所提供的可理解性输入只是一个起点。除此之外,他们还应为学生提供可理解性语言输出的机会,使他们的认知发挥到最大水平,增强他们对于语言和学科内容的理解,同时为学生提供足够多的机会在真实的交流场合中使用语言,让他们共同创造知识,增强多语身份认同。这样,学生习得语言的热情得以激发,并为语言的魅力而着迷。

6.5　结　　语

多外语习得研究作为二语习得研究的一个分支,不仅具有重要的理论价值,而且具有重要的教学实践意义。多外语习得理论的引入给外语教学带来了新的视角，促使教师在教学过程中自觉地运用多外语习得的规律，根据学生的外语学习过程和学习特点来组织教学，并且重视学生的个体差异对外语学习的影响，从而更有效地发展学生的外语能力。

然而，外语习得领域目前还没有一套单独的完整的理论能够全面涵盖语言课堂的各个不同方面，如学习材料、学习者、教师、学习环境等，也就是说，还没有单独的一套理论能应对外语教师每天所面对的错综复杂的教学实际情况。因此，外语习得理论与语言教学的联系并不是全方位的，但习得理论确实为语言教学的某些方面提供了具有启示性的指导性原则。

依据前几节的讨论，本章就课堂教学如何通过丰富的互动活动提供丰富的语言输入；如何强化语法教学的积极作用，将语言形式与语言意义有效地结合起来；以及如何考虑到个体的差异，以保证学习者与教学方法之间的有效匹配，真正做到因材施教，提出了一些观点和建议。但是，面对语言课堂的复杂性和外语教师长期以来积累的丰富的宝贵的经验和智慧，多外语习得理论又岂敢指手划脚、班门弄斧？由于目前的习得理论还不能就外语教学中的所有实际问题给出明确的答案，多外语习得研究还有很长的路要走。

参 考 书 目

Abraham, R. 1985. "Field independence-dependence and the teaching of grammar". *TESOL Quarterly* 20: 689 – 702.

Adjemian. 1976. "On the nature of interlanguage system". *Language Learning* 26: 297 – 320.

Albert, R. 1998. "Das bilinguale mentale lexickon". *Deutsch als Fremdsprache* 35: 90 – 97.

Anderson, R. 1983. "Transfer to somewhere". In S. Gass & L. Selinker (eds.), *Language Transfer in Language Learning*. Rowley, MA: Newbury House, 177 – 201.

Aronin, L & O Laoire, M. 2004. "Exploring multilingualism in cultural contexts: Towards a notion of multilinguality". In C. Hoffmann & J. Ytsma (eds.), *Trilingualism in Family, School and Community*. Cleveland: Multilingual Matters.

Aronin, L. & Singleton, D. 2008. "Multilingualism as a new linguistic dispensation". *International Journal of Multilingualism* 5: 1 – 16.

Bachman, L. F. 1990. *The Fundamental Considerations in Language Testing*. Oxford: OUP.

Baker, C. 2001. *Foundations of Bilingual Education and Bilingualism*. Clevedon, UK: Multilingual Matters.

Ball, A. & Ellis, P. 2008. "Identity and the writing of culturally and linguistically diverse students". In C. Bazerman (ed.), *Handbook of research on writing*. London: Routeledge, 499 –

513.

Baquedano-Lopez, P. & Kattan, S. 2009. "Growing up in a multilingual community: Insights from language socialization". In A. Peter & W. Li (eds.), *Handbook of multilingualism and multilingual communication*. NY: Mouton de Grunyter, 69 – 99.

Bardel, C. & Y. Falk. 2007. "The role of the second language in third language acquisition: the case of Germanic syntax". *Second Language Research* 23. 4: 459 – 484.

Beacco, J. C. 2005. *Languages and Language Repertoires: Plurilingualism as a Way of Life in Europe*. Reference study. Language Policy division. Strasbourg: Council of Europe.

Beacco, J. C. & Byram, M. 2003. *Guide for the Development of Language Education Policies in Europe: From Linguistic Diversity to Plurilingual Education*. Strasbourg, France: Council of Europe.

Bialystok, E. 1991. *Language processing in bilingual children*. Cambridge: CUP.

Bialystok, E. 2001. *Bilingualism in Development: Language, Literacy and Cognition*. Cambridge: CUP.

Bialystok, E. 2004. "The impact of bilingualism on language and literacy development". In K. Bhatia & W. C. Ritchie (eds.), *The Handbook of Bilingualism*. Malden, MA: Blackwell Publishing, 577 – 601.

Bialystok, E. & Ryan, E. B. 1985. "A metacognitive framework for the development of first and second language skills". In B. L. Forrest-Pressley, G. G. MacKinnan & T. G. Waller (eds.), *Metacognition, Cognition and Human Performance*.

New York Academic 7: 207 – 252.

Bialystok, E., Craik, F. I. M., Grady, C., Chau, W., Ishii, R. & Gunji, A. 2005. "Effect of bilingualism on cognitive control in the Simon task: Evidence from MEG". *NeuroImage* 24. 1: 40 – 49.

Bild, E. R. & M. Swain. 1989. "Minority Language Students in a French Immersion Programme: Their French Proficiency". *Journal of Multilingual and Multicultural Development* 10: 255 – 274.

Bock, K. 1995. "Sentence production: from mind to mouth". In J. L. Miller & P. D. Eimas (eds.), *Speech, Language and Communication*. San Diego, CA: Academic Press, 81 – 216.

Bono, M. & Stratilaki, S. 2009. "The M-factor, a bilingual asset for plurilinguals? Learners' representations, discourse strategies and third language acquisition in insitutional contexts". *International Journal of Multilingualism* 6. 2: 207 –227.

Bot, K. D. 2004. "Applied linguistics in Europe". In S. M. Gass & M. Sinfree (eds.), *World Applied Linguistics*, 57 – 68.

Brochy, C. 2001. "Generic and/or specific advantages of bilingualism in a dynamic pluralingual situation: The case of French as official L3 in the school of Samedan (Switzerland)". *International Journal of Bilingual Education and Bilingualism* 4: 38 – 49.

Brown, H. D. 1980. "The Optimal Distance Model of Second Language Acquisition". *TESOL Quarterly* 14: 157 – 164.

Brown, H. D. 1987. *Principles of Language Learning and Teaching* (2nd ed.). New Jersey: Prentice Hall.

Busch, D. 1982. "Introversion-extroversion and the EFL

Proficiency of Japanese Students". *Language Learning* 32：109 - 132.

Canale, M & Swain, M. 1980. "Theoretical bases of communicative approaches to second language teaching and testing". *Applied Linguistics* 1：1 - 47.

Carroll, D. 2000. *Psychology of Language*. Beijing：Foreign Language Teaching and Research Press.

Carroll, J. & Sapon, S. 1959. *Modern Language Aptitude Test — Form A*. New York：the Psychological Corporation.

Carroll, J. 1981. "Twenty-five Years of Research on Foreign Language Aptitude". In K. Diller (ed.), *Individual Differences and Universals in Language Learning Aptitude*. Rowley, MA：Newbury House.

Carroll, J. 1990. "Cognitive abilities in foreign language aptitude：then and now". In Parry and Stansfield (eds.), Language Aptitude Reconsidered. Englewood Cliffs, N. J.：Prentice Hall.

Castellotti, V. & Moore, D. 2002. *Social Representations of Languages and Teaching*. Reference study. Language Policy division. Strasbourg：Council of Europe.

Cenoz *et al.* 2001. *Cross-linguistic Influence in Third Language Acquisition: Psycholinguistic Perspectives*. Multilingual matters.

Cenoz, J. & Genesee, F. 1998. "Psycholinguistic perspectives on multilingualism and multilingual education". In J. Cenoz & F. Genesee (eds.), *Beyond bilingualism: Multilingualism and multilingual education*. Clevedon：Multilingual Matters, 16 - 32.

Cenoz, J. & Hoffmann, C. 2003. "Acquiring a third language：

What role does bilingualism play?" *The International Journal of Bilingualism* 7. 1: 1 – 5.

Cenoz, J. & Jessner, U. 2000. *English in Europe: The acquisition of a third language.* Clevedon: Multilingual Matters.

Cenoz, J. & Valencia, F. 1994. "Additive trilingualism: Evidence from Basque Country". *Applied Psycholinguistics* 15: 195 – 207.

Cenoz, J. , B. Hufeisen & U. Jessner. (eds.) 2001. "Third language acquisition in the school context". *International Journal of Bilingualism and Bilingual Education* 4. 1: 61 – 75.

Cenoz, J. , B. Hufeisen & U. Jessner. (eds.) 2001. *Beyond second language acquisition: Studies in tri- and multilingualism.* Tubingen: Stauffenburg.

Cenoz, J. , B. Hufeisen & U. Jessner. (eds.) 2003. *The Multilingual Lexicon.* Dordrecht: Kluwer Academic.

Cenoz, J. 1991. *Enseñanza-aprendizaje del inglés como L2 o L3.* Leioa: Universidad del Pais Vasco.

Cenoz, J. 2001. "The effect of linguistic distance, L2 status and age on crosslinguistic influence in third language acquisition". In J. Cenoz, B. Hufeisen & U. Jessner (eds.), *Crosslinguistic influence in third language acquisition: psycholinguistic perspective.* Clevedon: Multilingual Matters, 8 – 20.

Cenoz, J. 2003a. "The addictive effect of bilingualism on third language acquisition: A review". *The International Journal of Bilingualism* 7. 1: 71 – 87.

Cenoz, J. 2003b. "The role of typology in the organization of the multilingual lexicon". In J. Cenoz, B. Hufeisen & U. Jessner （eds.）, *The Multilingual Lexicon*. Dordrecht: Kluwer Academic Publishers, 103 – 116.

Cenoz, J. *et. al.* （eds.) 2003c. *The Multilingual Lexicon*. Dordrecht: Kluwer Academic Publishers.

Cenoz, J. , B. Hufeisen & U. Jessner, （eds.) 2001. *Crosslinguistic Influence in Third Language Acquisition: Psycholinguistic Perspectives*. Clevedon: Multilingual Matters.

Cenoz, J. , Hufeisen, B. , & Jessner, U. 2001. "Towards trilingual education". *International Journal of Bilingualism and Bilingual Education* 4.1: 1 – 10.

Cenoz, J. & Jessner, U. （eds.) 2000. *English in Europe: The Acquisition of a Third Language*. Clevedon: Multilingual Matters.

Cenoz, J. 2000. "Research on multilingual acquisition". In J. Cenoz & U. Jessner （eds.), *English in Europe: the Acquisition of a Third Language*. Clevedon: Multilingual Matters, 39 – 53.

Chapelle, C. & Roberts, C. 1986. "Ambiguity Tolerance and Field Independence as Predictors of Proficiency in English as an L2". *Language Learning* 36: 27 – 45.

Clark, E. & Hecht, B. 1983. "Comprehension, Production, and Language Acquisition". *Annual Review of Psychology* 34: 325 – 349.

Clark, H. & Clark, E. 1977. *Psychology and Language*. New York: Harcourt Brace Jovanovich.

Clyne, M. & Cassia, P. 1999. "Trilingualism, immigration and relatedness of language". *I. T. L. Review of Applied Linguistics* 123 – 125, 54 – 57.

Clyne, M. 1997. "Some of the things trilinguals do". *The*

International Journal of Bilingualism 1: 95 - 116.

Coady, J. & Huckin, T. (eds.) 1997. *Second Language Vocabulary Acquisition*. Cambridge: Cambridge University Press.

Cohen, A. D. 1995. "In which language do/should multilinguals think?" *Language, Culture and Curriculum* 8. 2: 99 - 113.

Cook, V. (eds.) 2002. "Introduction: Background of the L2 user". In V. Cook (ed.), *Portraits of the L2 User*. Clevedon: Multilingual Matter, 1 - 28.

Cook, V. 1991. "The poverty of the stimulus argument and multicompetence". *Second Language Research* 7. 2: 99 - 113.

Cook, V. 1992. "Evidence for multi-competence". *Language Learning* 42. 4: 557 - 592.

Cook, V. 1993. "Holistic multi-competence: Jeu d'esprit or paradigm shift?" In B. Kettemann & W. Wieden (eds.), *Current issues in European second language acquisition research*. Tubingen: Narr, 3 - 9.

Cook, V. 1995. "Multi-competence and the learning of many languages". *Language, Culture and Curriculum* 8: 93 - 98.

Cook, V. 1996. *Second Language Learning and Language Teaching* (2nd ed.). London: Edward Arnold.

Cook, V. 1999. "Going beyond the native speaker in language teaching". *TESOL Quarterly* 33: 185 - 209.

Corder, S. P. 1971. "Idiosyncratic dialects and error analysis". *International Review of Applied Linguistics* 9. 2.

Corder, S. P. 1981. *Error Analysis and Interlanguage*. Oxford: Oxford University Press.

Coste, D., Moore, D., Zarate, G. 1997, *Compétence Plurilingue et Pluriculturelle*. Strasbourg, Conseil de l'Europe.

Crookes, G. & Schmidt, R. 1989. "Motivation: Reopening the Research Agenda". *University of Hawaii Working Papers in ESL* 8: 217 – 256.

Crystal, D. 2003. *A Dictionary of Linguistics & Phonetics* (5th ed.). Malden: Blackwell Publishing.

Cummins, J. 1976. "The influence of bilingualism on cognitive growth: A synthesis of research findings and explanatory hypotheses". *Working Papers on Bilingualism* 9: 1 – 43.

Cummins, J. 1979. "Linguistic interdependence and the educational development of bilingual children". *Review of Educational Research* 49. 2: 222 – 251.

Cummins, J. 1981. "The role of primary language development in promoting educational success for language minority students". *Schooling and language minority students: A theoretical framework.* LA: National Dissemination and Assessment Center, 3 – 49.

Cummins, J. 1991. "Interdependence of first and second language proficiency". In E. Bialystok (ed.), *Language Processing in Bilingual Children.* Cambridge: CUP, 70 – 89.

Cummins, J. 2001. "Instructional conditions for trilingual development". *International Journal of Bilingual Education and Bilingualism* 4. 1: 61 – 75.

De Angelis, G. & L. Selinker. 2001. "Interlanguage transfer and competing linguistic systems in the multilingual mind". In J. Cenoz, B. Hufeisen & U. Jessner (eds.), *Crosslinguistic Influence in Third Language Acquisition: Psycholinguistic Perspectives.* Clevendon: Multilingual Matters, 42 – 58.

De Angelis, G. 2005. "Interlanguage transfer of function words". *Language Learning* 55. 3: 379 – 414.

De Angelis, G. 2007. *Third or Additional Language Acquisition*. Clevedon, UK: Multilingual Matters.

De Angelis, G. & Selinker, L. 2001. "Interlingual transfer and competing linguistic systems in the multilingual mind". In J. Cenoz, B. Hufeisen, & U. Jessner (eds.), *Cross-linguistic Influence in Third Language Acquisition: Psycholinguistic Perspectives*. Clevedon, UK: Multilingual Matters, 42 – 58.

De Bot, et al. 2005. *Second Language Acquisition: An advanced Course*. London: Routeledge.

De Bot, K. 1996. "The Psycholinguistics of the Output Hypothesis". *Language Learning* 46: 529 – 555.

De Bot, K. 1992. "A bilingual production model: Levelt's speaking model adapted". *Applied Linguistics* 13.1: 1 – 24.

De Bot, K. 2004. "The multilingual lexicon: Modeling selection and control". *International Journal of Multilingualism* 1.1: 17 – 32.

De Bot, K. 2005. *Second Language Acquisition: an Advanced Resource Book*. New York: Routledge.

De Bot, K. & Schreuder, R. 1993. "Word production and the bilingual lexicon". In R. Schreuder & B. Weltens (eds.), *The Bilingual Lexicon*. Amsterdam/Philadelphia: Benjamins, 191 – 214.

De Groot, A. & Hoecks, J. 1995. "The development of bilingual memory: evidence from word translation by trilinguals". *Language Learning* 45.4: 683 – 724.

De Groot, A. & Nas, G. L. J. 1991. "Lexical representation of cognates and non-cognates in compound bilingualism". *Journal of Memory and Language* 30.

De Groot, A. 1992. "Bilingual lexical representation: A closer look at conceptual representations". In R. Frost & L. Katz (eds.), *Orthography*, *Phonology*, *and Meaning*. Amsterdam: Elsevier.

De Groot, A. 1993. "Word-type effects in bilingual processing tasks: support for a mixed-representation system". In R. Schreuder & B. Weltens (eds.), *The Bilingual Lexicon*. Amsterdam/Philadelphia: Benjamins, 27 – 51.

Dewaele, J. & Oudenhoven, J. 2010. *The effect of multilingualism*. Dordrecht, NL: Foris.

Dewaele, J. 1998a. "Lexical Inventions: French Interlanguage as L2 versus L3". *Applied Linguistics* 19. 4: 471 – 490.

Dewaele, J. 1998b. "Lexical inventions: French interlanguage as L2 and L3 on the language mode continuum". In J. Cenoz, B. Hufeisen & U. Jessner (eds.), *Cross-linguistic Influence in Third Language Acquisition: Psycholinguistic Perspectives*. Clevedon: Multilingual Matters, 69 – 89.

Dewaele, J. 2001. "Activation or inhibition? The interaction of L1, L2 and L3 on the language mode continuum". In J. Cenoz, B. Hufeisen & U. Jessner (eds.), *Cross-Linguistic Influence in Third Language Acquisition: Psycholinguistic Perspective*. Clevedon: Multilingual Matters, 69 – 89.

Dewaele, J. 2007. "The effect of multilingualism, sociobiographical and situational factors on communicative anxiety and foreign language anxiety of mature language learners". *The International Journal of Bilingualism* 11. 4: 391 – 410.

Dewaele, J. & Pavlenko, A. 2003. "Productivity and lexical richness in native and non-native speech: A study of cross-cultural effects". In V. Cook (ed.), *The Effects of the Second Language on the First*. Clevedon: Multilingual

Matters, 120 – 141.

Dewaele, J. 2002. "The effect of multilingualism and socio-situational factors on communicative anxiety of mature language learners". In Ytsma and M. Hooghiemstra (eds.), *Proceedings of the Second International Conference on Trilingualism*, Leeuwaarden: Fryske Akademie (CD Rom).

Diaz, R. M. & Klingler, C. 1991. "Towards an explanatory model of the interaction between bilingualism and cognitive development". In E. Bialystok (ed.), *Language Processing in Bilingual Children*. Cambridge: CUP, 167 – 191.

Dijkstra, T. 2003. "Lexical processing in bilinguals and multilinguals: the word selection problem". In J. Cenoz, B. Hufeisen & U. Jessner (eds.), *The Multilingual Lexicon*. Dordrecht: Kluwer Academic Publishers, 11 – 26.

Dijkstra, T. & Van Heuven, W. J. B. 1998. "The BIA model and bilingual word recognition". In J. Grainger & A. Jacobs (eds.), *Localist Approaches to Human Cognition*. Hilldale, NJ: Erbaum, 189 – 225.

Dijkstra, T. & Van Heuven, W. J. B. 2002. "The architecture of the bilingual word recognition system: from identification to decision". *Bilingualism, Language and Cognition* 5: 175 – 197.

Dijkstra, T. & van Hell, J. V. 2003. "Testing the language mode hypothesis using trilinguals". *International Journal of Bilingual Education and Bilingualism* 6: 2 – 16.

Diller, K. (ed.) 1981. *Individual Differences and Universals in Language Learning Aptitude*. Rowley, MA: Newbury House Publishers.

Dornyei, Z. 2005. *The Psychology of the Language Learner:*

Individual Differences in SLA. Routledge.

Dornyei, Z. & K. Csizer. 1998. "Ten Commandments for Motivating Language Learners: Results of an Empirical Study". *Language Teaching Research* 3: 203 – 229.

Doughty, C. 1991. "Second Language Instruction Does Make a Difference: Evidence from an Empirical Study of SL relativization". *Studies in SLA* 13: 431 – 469.

Dufour, R. & Kroll, J. F. 1995. "Matching words to concepts in two languages: A test of the concept mediation model of bilingual representations". *Memory and Cognition* 23: 166 – 180.

Dulay, H. & M. Burt. 1973. "Should we teach children syntax?" *Language Learning* 23: 245 – 258.

Ecke, P. 2001. "Lexical retrieval in a third language: Evidence from errors and tip-of-the-tongue states". In J. Cenoz *et al*. (eds.), *Cross-linguistic Influence in Third Language Acquisition: Psycholinguistic Perspectives*. Clevedon: Multilingual Matters.

Ecke, P. 2005. "Language attrition and theories of forgetting: A cross-disciplinary review". *International Journal of Bilingualism* 8.3: 321 – 354.

Edwards, M. & Dewaele, J. M. 2007. "Trilingual conversations: A window into multicompetence". *International Journal of Bilingualism* 11.2: 221 – 242.

Ehrman, M. & Oxford, R. 1995. "Cognition Plus: Correlates of Language Learning Success". *The Modern Language Journal* 79: 67 – 89.

Eisenstein, M. 1980. *Childhood Bilingualism and Adult Language Learning Aptitude*.

Ellis, R. & He, X. 1999. "The Roles of Modified Input and Output in the Incidental Acquisition of Word Meanings". *Studies in Second Language Acquisition* 21: 285 – 301.

Ellis, R. 1985. *Understanding Second Language Acquisition*. Oxford: Oxford University Press.

Ellis, R. 1993. "Interpretation-based Grammar Teaching". *System* 21: 69 – 78.

Ellis, R. 1994. *The Study of Second Language Acquisition*. Oxford: Oxford University Press.

Ellis, R. 1999. *Learning a Second Language Through Interaction*. Philadelphia: John Benjamins Publishing Company.

Færch, C. & Kasper, G. 1983. "Plans and strategies in foreign language communication". In C. Færch, G. Kasper (eds.), *Strategies in Interlanguage Communication*. London: Longman, 20 – 60.

Fender, J. 2001. "A Review of L1 and L2/ESL Word Integration Development Involved in Lower-Level Text Processing". *Language Learning* 51: 319 – 396.

Ferguson, C. 1971. "Absence of Copula and the Notion of Simplicity: A Study of Normal Speech, Baby Talk, Foreigner Talk and Pidgins". In D. Hymes (ed.), *Pidginization and Creolization of Languages*. Cambridge: Cambridge University Press.

Festman, J. 2004. "Lexical production as evidence for activation and control processes in trilingual lexical retrieval". Unpublished Ph. D. thesis, Bar-Ilan University.

Filliettaz, L. & Roulet, E. 2002. "The Geneva model of discourse analysis: An interactional and modular approach to discourse organisation". *Discourse Studies* 4. 3: 369 – 393.

Flynn, S. , Foley, C. & Vinnitskay, I. 2004. "The cumulative-enhancement model for language acquisition: comparing adults and children's patterns of development in first, second and third language acquisition of relative clauses". *International Journal of Multilingualism* 1: 13 – 16.

Fouser, R. 1995. "Problems and prospects in third language acquisition research". *Language Research*.

Fouser, R. J. 2001. "Too close for comfort? Sociolinguistic transfer from Japanese into Korean as an L≥3". In J. Cenoz, B. Hufeisen & U. Jessner (eds.), *Crosslinguistic Influence in Third Language Acquisition: Psycholinguistic Perspectives*. Clevendon: Multilingual Matters, 149 – 169.

Freeman, D. & Long, M. 1991. *An Introduction to Second Language Acquisition Research*. London: Longman.

Fuller, J. M. 1999. "Between three languages: Composite structure in interlanguage". *Applied Linguistics* 20. 4: 534 – 561.

Gajo, L. 2001. *Immersion, bilinguisme et interaction en classe*. Collection LAL. Paris: Didier.

Gardner, R. 1980. "On the Validity of Affective Variables in SLA: Conceptual, Contextual, and Statistical Considerations". *Language Learning* 30: 255 – 270.

Gardner, R. & McIntyre, P. 1992. "A Student's Contributions to Second Language Learning. Part 1: Cognitive Variables". *Language Teaching* 25: 211 – 220.

Gass, S. 1988. "Integrating Research: A Framework for Second Language Studies". *Applied Linguistics* 9: 198 – 217.

Gass, S. & L. Selinker (eds.) 1993. *Language Transfer in Language Learning* (revised edition). Amsterdam: John

Benjamins.

Gass, S. & Lakshmanan, U. 1991. "Accounting of Interlanguage Subject Pronouns". *Second Language Research* 7: 181 – 203.

Gass, S. & Selinker, L. 2001. *Second Language Acquisition — An Introductory Course* (2nd ed.). New Jersey: Lawrence Erlbaum Associates.

Gass, S. & Varonis, E. 1985. "Task Variation and Nonnative/ Nonnative Negotiation of Meaning". In S. Gass & C. Madden (eds.), *Input in Second Language Acquisition* (pp. 149 – 161). Rowley, M. A: Newbury House.

Gass, S. 1996. "Second Language Acquisition and Linguistic Theory: the Role of Language Transfer". In W. C. Ritchie and T. K. Bhatia (Eds.), *Handbook of Second Language Acquisition*. San Diego, CA: Academic Press, 317 – 345.

Gass, S. 1997. *Input, Interaction and the Second Language Learner*. New Jersey: Lawrence Erlbaum Associates.

Gass, S. 2006. "A Review of Interlanguage Syntax: Language Transfer and Language Universals". *Language Learning* 34. 2: 115 – 132.

Gass, S., Mackey, A. & Pica, T. 1998. "The Role of Input and Interaction in Second Language Acquisition: Introduction to the Special Issue". *The Modern Language Journal* 82: 299 – 305.

Gerard, L. & Scarborough, D. 1989. "Language-specific lexical access of homographs by bilinguals". *Journal of Experimental Psychology: Learning, Memory and Cognition* 15. 2: 305 – 315.

Gibson *et al.* 2001. "Learners of German as an L3 and their production of German prepositional verbs". In J. Cenoz *et al.*

(eds.), *Cross-linguistic Influence in Third Language Acquisition: Psycholinguistic Perspectives*. Clevedon: Multilingual Matters.

Gibson, M. & Hufeisen, B. 2003. "Investigating the role of prior foreign language knowledge: translation from an unknown to a known foreign language". In J. Cenoz *et al.* (eds.), *The Multilingual Lexicon*. Dordrecht: Kluwer Academic Publishers, 87 – 102.

Green, D. W. 1998. "Mental control of the bilingual lexico-semantic system". *Bilingualism: Language and Cognition* 1. 2: 67 – 81.

Green, D. W. 1986. "Control, activation, and resources: a framework and a model for the control of speech in bilinguals". *Brain and Language* 27: 210 – 223.

Grosjean, F. 1985. "The bilingual as a competent but specific speaker-hearer". *Journal of Multilingual and Multicultural Development* 6: 467 – 477.

Grosjean, F. 1992. "Another view of bilingualism". In R. Harris (ed.), *Cognitive processing in bilinguals*. Amsterdam: North Holland, 51 – 62.

Grosjean, F. 1995. "A psycholinguistic approach to code-switching: The recognition of guest words by bilinguals". In L. Milroy and P. Muysken (eds.), *One speaker, Two languages: Cross-disciplinary Perspectives on Code Switching*. Cambridge, UK: Cambridge University Press, 259 – 275.

Grosjean, F. 1997. "Processing mixed language: Issues, findings, and models". In A. De Groot & J. Kroll (eds.), *Tutorials in Bilingualism: Psycholinguistic Perspectives*. Hilldale, NJ: Erlbaum, 225 – 254.

Grosjean, F. 1998. "Studying bilinguals: methodological and conceptual issues". *Bilingualism: Language and Cognition* 1. 2: 131 - 149.

Grosjean, F. 2001. "The bilingual's language modes". In J. L. Nicol (ed.), *One mind, two languages: bilingual language processing*. Oxford: Blackwell, 1 - 22.

Grosjean, F. 2004. "Studying bilinguals: methodological and conceptual issues". In T. K. Bhatia & W. C. Ritchie (eds.), *The Handbook of Bilingualism*. Malden, MA: Blackwell Publishing, 32 - 63.

Guiora, A. , Paluszny, M. , Beit-Hallatimi, B. , Catford, J. , Cooley, R. , & Yoder D. C. 1975. "Language and person studies in language behavior". *Language learning* 25. 1: 43 - 61.

Guilford, J. P. 1980. "Cognitive styles: What are they?" *Educational and Psychological Measurement* 40: 57 - 61.

Hall, C. J. & Ecke, P. 2003. "Parasitism as a default mechanism in L3 vocabulary acquisition". In J. Cenoz *et al.* (eds.), *The Multilingual Lexicon*. Dordrecht: Kluwer Academic Publishers, 71 - 85.

Hamers, J. F. & Blanc, M. H. A. 1989. *Bilinguality and bilingualism* (1st ed.). Cambridge, UK: Cambridge University Press.

Hammarberg, B. 2001. "Roles of L1 and L2 in L3 production and acquisition. In J. Cenoz, B. Hufeisen & U. Jessner (eds.), *Crosslinguistic Influence in Third Language Acquisition: Psycholinguistic Perspectives*. Clevedon: Multilingual Matters, 21 - 41.

Han, Z. 2004. *Fossilization in Adult Second Language*

Acquisition. Clevedon: Multilingual Matters.

Hansen, J. & C. Stansfield. 1981. "The relationship of field dependent-independent cognitive styles to foreign language achievement". *Language learning* 31: 349 – 367.

Harmers, J. F. & Blanc, M. H. A. 2000. *Bilinguality and Bilingualism*. Cambridge, U. K. : Cambridge University Press.

Hatch, E. 1983. *Psycholinguistics: A Second Language Perspective*. Rowley, MA: Newbury House.

Hatch, E. & Brown, C. 1997. *Vocabulary, Semantics, and Language Education*. Cambridge: Cambridge University Press.

Herdina, P. & Jessner, U. 2000. The dynamics of third language acquisition. In J. Cenoz & U. Jessner (Eds.), *English in Europe: the acquisition of a third language* (pp. 84 – 98). Clevedon: Multilingual Matters.

Herdina, P. & U. Jessner. 2002. *A Dynamic Model of Multilingualism: Perspectives of Change in Psycholinguistics*. Clevedon: Multilingual Matters.

Herwig, A. 2001. "Plurilingual lexical organisation". In J. Cenoz, B. Hufeisen & U. Jessner (eds.), *Crosslinguistic Influence in Third Language Acquisition: Psycholinguistic Perspectives*. Clevendon: Multilingual Matters, 115 – 137.

Hoffmann, C. & Widdicombe, S. 1999. "Code-switching and language dominance in the trilingual child". *AILE Proceedings of 8th EUROSLA Conference*, Special Issue, 1: 151 – 162.

Hoffmann, C. & Stavans, A. 2007. "The evolution of trilingual code switching from infancy to school age: The shaping of trilingual competence through dynamic language dominance".

International Journal of Bilingualism 11. 1: 55 – 72.

Hoffmann, C. & Ytsma, J. (eds.) 2004. *Trilingualism in Family, School and Community.* Cleveland: Multilingual Matters.

Hoffmann, C. 1985. "Language acquisition in two trilingual children". *Journal of Multilingual and Multicultural Development* 6: 479 – 495.

Hoffmann, C. 1999. The status of trilingualism in bilingualism studies. In J. Cenoz, B. Hufeisen & U. Jessner (Eds.), Beyond second language acquisition: studies in tri- and multi-lingualism. (pp. 13 – 25). Tübingen: Staiffenburg.

Hoffmann, C. 2000. "Bilingual and trilingual competence: Problems of description and differentiation". *Estudios de Sociolinguistica* 1: 83 – 92.

Hoffmann, C. 2001a. "Towards a description of trilingual competence". *International Journal of Bilingualism* 5: 1 – 17.

Hoffmann, C. 2001b. "The status of trilingualism in bilingualism studies". In J. Cenoz, U. Jessner & B. Hufeisen (eds.), *Looking beyond Second Language Acquisition: Studies in Tri- and Multilingualism.* Tübingen: Stauffenburg Verlag, 13 – 25.

Holzman, P. S. & Klein. 1954. "Cognitive system principles of leveling and sharpening: individual differences in assimilation effects in visual time-error". *The Journal of Psychology* 37: 105 – 122.

Hufeisen, B. 1998. "L3: Stand der Forschung: was bleibt zu tun? [L3: Status of current research: what remains to be done?" In Hufeisen, B. & Lindemann, B. (eds.), *Tertiärsprachen:*

Theorien，*Modelle*，*Methoden*. Tubingen：Stauffenburg Verlag，169 - 184.

Hufeisen，B. 2000. "How do foreign language learners evaluate various aspects of their multilingualism?" In S. Dentler，B. Hufeisen & B. Lindemann（eds.），*Tertiar-und Drittsprachen. Projeke und empirische Undersuchungen.* Tubingen：Stauffenburg，23 - 56.

Hufeisen，B. 2004. "A Critical Overview of Research on Third Language Acquisition and Multilingualism Published in the German Language". *International Journal of Multilingualism* 1. 2：141 - 154.

Izumi，S. 2003. "Comprehension and Production Processes in L2 Learning：In Search of the Psycholinguistic Rationale of the Output Hypothesis". *Applied Linguistics* 24. 2：168 - 196.

James，C. 1996. "A cross-linguistic approach to language awareness". *Language Awareness* 5：138 - 148.

Jarvis，S. 2000. "Methodological rigor in the study of transfer：Identifying L1 influence in the interlanguage lexicon". *Language Learning* 50：245 - 309.

Jarvis，S. 2002. "Topic continuity in L2 English article use". *Studies in Second Language Acquisition* 24：387 - 418.

Jarvis，S. & Pavlenko，A. 2008. *Crosslinguistic Influence in Language and Cognition* New York：Routledge.

Javis，S. & T. Odlin. 2000. "Morphological type, spatial reference, and language transfer". *Studies in Second Language Acquisition* 22：535 - 556.

Jessner，U. 1999. "Metalinguistic awareness in multilinguals：cognitive aspects of third language learning". *Language Awareness* 8. 3：201 - 209.

Jessner, U. 2003. "The nature of cross-linguistic interaction in the multilingual system". In J. Cenoz, B. Hufeisen & U. Jessner (eds.), *The Multilingual Lexicon*. Dordrecht: Kuwer Academic Publishers, 45 – 55.

Jessner, U. 2006. *Linguistic Awareness in Multilinguals: English as a Third Language*. Edinburgh: Edinburgh University Press.

Jessner, U. 2008a. "A DST model of multilingualism and the role of metalinguistic awareness". *The Modern Language Journal* 92: 270 – 283.

Jessner, U. 2008b. "Language awareness in multilinguals: Theoretical trends". In J. Cenoz & N. H. Hornberger (eds.), *Knowledge about language*. New York: Springer, 1 – 13.

Jessner, U. 2008c. "Multicompetence approach to language proficiency development in multilingual education". In J. Cummins & N. H. Hornberger (eds.), *Bilingual education*. New York: Springer, 1 – 13.

Jessner, U. 2008d. "Teaching third language: findings, trends and challenges". *Language Teaching* 41.1: 15 – 56.

Johnson, K. 2001. *An Introduction to Foreign Language Learning and Teaching*. Harlow: Pearson Education Limited.

Jorda, M. P. S. 2001. "Unintentional and intentional code-switching in third language oral production". In S. Bjorklund (ed.), *Language as a Tool. Immersion Research and Practices*, 364 – 374.

Jorda, M. P. S. 2005. *Third Language Learners: Pragmatic Production and Awareness* Clevedon; Buffalo: Multilingual Matters.

Kagan, J. *et al*. 1964. "Information processing in the child: significance of analytic and reflective attitudes". *Psychological Monographs* 78.

Kecskes, I. 2005. "Cognitive approaches to bilingualism: Introduction to the special issue". *The International Journal of Bilingualism* 9.1: 1 – 6.

Kellerman, E. & M. Sharwood Smith. (eds.) 1986. *Crosslinguistic Influence in Second Language Acquisition*. Oxford: Pergamon.

Kellerman, E. 1979. "Transfer and non-transfer: where are we now?" *Studies in Second Language Acquisition* 2: 37 – 57.

Kellerman, E. 1983. "Now you see it, now you don't". In S. Gass & L. Selinker (eds.), *Language transfer in language learning*. Rowley: Newbury House, 112 – 134.

Kellerman, E. 1995. "Crosslinguistic influence: Transfer to nowhere?" *Annual Review of Applied Linguistics* 15: 125 – 150.

Kellerman, E. 2001. "New uses for old language: Cross-linguistic and cross-gestural influence in the narratives of non-native speakers". In J. Cenoz, B. Hufeisen, U. Jessener (eds.), *Crosslinguistic Influence in Third Language Acquisition: Psycholinguistic Perspectives*. Clevedon: Multilingual Matters, 170 – 191.

Kemp, C. 1999. "Multilinguals' performance on a grammaticality judgment task: do other languages make a difference?" Paper presented at the International Conference on Third language Acquisition and Trilingualism, 16 – 18 September, Innsbruck, Austria.

Kemp, C. 2007. "Strategic processing in grammar learning: Do multilinguals use more strategies?" *International Journal of Multilingualism* 4. 4: 241 – 261.

Klein, E. C. 1995. "Second versus third language acquisition: Is there a difference?" *Language Learning* 45. 3: 419 – 465.

Kolers, P. A. 1963. "Interlingual word association". *Journal of Verbal Learning and Verbal Behavior* 2: 291 – 300.

Kramsch, C. 1996. *Context and culture in Language Teaching*. Oxford: Oxford University Press.

Krashen, S. 1981. *Second Language Acquisition and Second Language Learning*. Oxford: Pergamon.

Krashen, S. 1982. *Principles and Practice in Second Language Acquisition*. New York: Prentice Hall.

Krashen, S. 1985. *The Input Hypothesis: Issues and Implications*. New York: Longman.

Krashen, S. 1987. *Principles and Practice in Second Language Acquisition*. London: Prentice Hall International.

Krashen, S. 1989. "We Acquire Vocabulary and Spelling by Reading: Additional Evidence for the Input Hypothesis". *Modern Language Journal* 73: 440 – 464.

Krashen, S. 1998. "Comprehensible Output?" *System* 26: 175 – 182.

Kroll, J. F. *et al*. 2005. "A cognitive view of the bilingual lexicon: Reading and speaking words in two languages". *International Journal of Bilingualism* 9. 1: 27 – 48.

Kroll, J. F. & Dijkstra, T. 2000. "The bilingual lexicon". In R. B. Kaplan (ed.), *The Oxford Handbook of Applied Linguistics*. Oxford: OUP, 301 – 321.

Kroll, J. F. & Sholl, A. 1992. "Lexical and conceptual memory in fluent and non-fluent bilinguals". In R. J. Harris. , *Cognitive*

Processing in Bilinguals. Amsterdam: Elsevier Science Publisher, 191 – 123.

Kroll, J. F. & Stewart, E. 1994. "Category interference in translation and picture meaning: Evidence for asymmetric connections between bilingual memory representations ". *Journal of Memory and Language* 33: 149 – 174.

Kroll, J. F. 1993. "Assessing conceptual representation for words in a second language". In R. Schreuder & B. Weltens (eds.), *The Bilingual Lexicon*. Amsterdam: John Benjamin Publishing, 53 – 82.

Lado, R. 1961. *Language testing: The construction and use of foreign language tests*. London: Longman.

Lambert, W. 1977. "The effect of bilingualism on the individual: cognitive and sociocultural consequences". In. P. Hornby (ed.), *Bilingualism: Psychological, Social and Educational Implications*. New York: Academic Press, 15 – 28.

Lamendella, J. 1977. "General principles of neuro-functional organization and their manifestations in primary and non-primary acquisition". *Language Learning* 27: 155 – 196.

Larsen-Freeman, D. & Long, M. 1991. *An Introduction to Second Language Acquisition Research*. London: Longman.

Larsen-Freeman, D. & Long, M. H. 2000. *An introduction to Second Language Acquisition Research*. Beijing: Foreign Language Teaching and Research Press.

Larsen-Freeman, D. 1997. "Chaos/complexity science and second language acquisition". *Applied Linguistics* 18.2: 141 – 165.

Larsen-Freeman, D. 2005. "Second language acquisition and the issues of fossilization: There is no end and there is no state of fossilization". In Z. Han & T. Odlin (ed.), *Studies of*

Fossilization in Second Language Acquisition. Clevedon: Multilingual Matters.

Lasagabaster, D. 1997. "Creatividad y conciencia metalingüística: Incidencia en el aprendizaje del inglés como L3". Serie Tesis Doctorales. Universidad del País Vasco. Departamento de Filología Inglesa y Alemana.

Lasagabaster, D. 2000. "Three languages and three linguistic models in the Basque educational system". In J. Cenoz & U. Jessner (eds.), *English in Europe: The Acquisition of a Third Language* (pp. 179 – 197). Clevedon: Multilingual Matters.

Lasagabaster, D. 2001. "The effect of knowledge about the L1 on foreign language skills and grammar". *International Journal of Bilingual Education and Bilingualism* 4. 5: 310 – 331.

Lemhofer *et al*. 2004. "Three languages, one ECHO: Cognate effects in trilingual word recognition". *Language and Cognitive Processes* 19: 585 – 611.

Lenneberg, E. 1967. *Biological Foundations of Language*. New York: John Wiley.

Lepke, H. 1977. "Discovering Student Learning Styles Through Cognitive Style Mapping". In R. Schulz (ed.), *Personalizing Foreign Language Instruction: Learning Styles and Teacher Options*. Skokie, Illinois: National Textbook Co.

Leung, Y. I. 2005. "Second vs. third language acquisition of tense and agreement in French by Vietnamese monolinguals and Cantonese-English bilinguals". In J. Cohen, K. MacAlister, K. Rolstad & J. MacSwan (eds.), *ISB4: Proceedings of the 4th International Symposium on Bilingualism*. Sommerville, MA: Cascadilla Press, 1344 – 1352.

Leung, Y. K. I. 2007. "Third language acquisition: why it is interesting to generative linguists". *Second Language acquisition Research* 23. 1: 95 – 114.

Levelt, W. 1989. *Speaking: From Intention to Articulation.* Cambridge, MA: MIT Press.

Levelt, W. 1993. *Lexical access in speech production.* Oxford: Blackwell.

Levelt, W. , Roelofs, A. & Meyer, A. S. 1999. A theory of lexical access in speech production. *Behavioral and Brain Science*, 22, 1 – 75.

Levin, J. , Divine-Hawkins, P. , Kerst, & Guttman, J. 1974. "Individual Differences in Learning from Pictures and Words: the Development and Application of an Instrument". *Journal of Educational Psychology* 66.

Li, W. 2007. "Dimensions of bilingualism". *The bilingualism Reader* (2nd ed.) London: Routledge, 3 – 22.

Littlewood, W. 2002. *Foreign and Second Language Learning.* 北京: 外语教学与研究出版社.

Long, M. 1981. "Input, Interaction and Second Language Acquisition". In H. Winitz (ed), *Native Language and Foreign Language Acquisition.* Annals of the New York Academy of Sciences: 379.

Long, M. 1983. "Native Speaker/Non-native Speaker Conversation and the Negotiation of Comprehensible Input". *Applied Linguistics* 4: 126 – 141.

Long, M. 1985. "Input and Second Language Acquisition Theory". In S. Gass & C. Madden (eds). , *Input in Second Language Acquisition.* Rowley, MA: Newbury House.

Long, M. 1980. *Input, Interaction, and Second Language*

Acquisition. Unpublished doctoral dissertation, University of California, LA.

Long, M. 1991. "Focus on form: a design feature in language teaching methodology". In De Bot *et al.* (eds.), *Foreign Language Research in Cross-cultural Perspectives.* Amsterdam: John Benjamins.

Long, M. 1996. "The Role of the Linguistic Environment in Second Language Acquisition". In W. Ritchie & T. Bhatia (eds.), *Handbook of Second Language Acquisition.* San Diego: Academic Press.

Loschky, L. & Bley-Vroman, R. 1993. "Grammar and Task-based methodology". In G. Crookes & S. Gass (eds.), *Task and Language Learning: Integrating Theory and Practice.* Clevedon: Multilingual Matters.

Loschky, L. 1994. "Comprehensible Input and Second Language Acquisition: What is the Relationship?" *Studies in Second Language Acquisition* 16: 303 – 323.

Ludi, G. & Py, B. 2009. "To be or not to be ... a plurilingual speaker." *International Journal of Multilingualism* 6. 2: 154 – 167.

Lyster, R. & Ranta, L. 1997. "Corrective Feedback and Learner Uptake: Negotiation of Form in Communicative Classrooms". *Studies in Second Language Acquisition* 19: 37 – 66.

Macaro, E. 2006. "Strategies for Language Learning and for Language Use: Revising the Theoretical Framework". *The Modern Language Journal* 90. 3: 320 – 337.

Mackey, A. 1995. *Stepping up the Pace, Input, Interaction and Interlanguage Development.* Unpublished Ph. D. dissertation. Sydney: University of Sydney.

Macnamara, J. Bilingual mental lexicon. *Elements*, 2005, 1, (1).

Macnamara, J. & Kushnir, S. 1971. "Linguistic independence of bilinguals: The input switch". *Journal of Verbal Learning and Verbal Behavior* 10: 480 – 487.

Magiste, E. 1979. "The competing language systems of the multilingual: A developmental study of decoding and encoding processes". *Journal of Verbal Learning and Verbal Behavior* 18: 79 – 89.

Magiste, E. 1984. "Learning a third language". *Journal of Multilingual and Multicultural Development* 5: 415 – 421.

Magiste, E. 1986. "Selected issues in second and third language learning". In J. Vaid (ed.), *Language Processing in Bilinguals: Psycholinguistic and Neuropsychological Perspectives*. Hillsdale, NJ: Lawrence Erlbaum Associates, 97 – 122.

Malakoff, M. & Hakuta, K. 1991. "Translation skill and metalinguistic awareness in bilinguals". In E. Bialystok (ed.), *Language Processing in Bilinguals*. Cambridge: Cambridge University Press, 141 – 166.

Mantero, M. 2007. "Toward ecological pedagogy in language education". In M. Mantero (ed.), *Identity and second language learning: Culture, inquiry, and dialogic activity in educational contexts*. Charlotte, NC: IAP, 1 – 11.

McClelland, J. L. & Rumelhart, D. E. 1981. "An interactive activation model of context effects in letter perception. Part 1". *An account of basic findings. Psychological Processes*. Tubingen: Gunter Narr Verlag, 5 – 16.

McLaughlin, B. 1987. *Theories of Second Language*. London: Edward Arnold.

McLaughlin, B. & Nayak, N. 1989. "Processing at new language: does knowing other language make a difference?" In W. H. Dechert & M. Raupach (eds.), *Interlingual Processes*. Tubingen: Gunter Narr Verlag, 172 – 194.

Mecartty, F. 2000. "Lexical and Grammatical Knowledge in Reading and Listening Comprehension by Foreign Language Learners of Spanish". *Applied Language Learning* 11: 323 – 348.

Meißner, F. 1998. Transfer beim Erwerb einer weiteren romanischen Fremdsprache: Das mehrsprachige mentale Lexikon [Transfer by acquiring a new Romansch foreign language: the multulingual mental lexicon]. In: Meißner, Franz-Joseph & Reinfried, Marcus (Hrsg.): *Mehrsprachigkeitsdidaktik: Konzepte, Analysen, Lehrerfahrungen mit romanischen Fremdsprachen*. Tübingen: Narr, 45 – 67.

Meißner, F. 2003. "EuroComDialect: learning and teaching Pluralingual comprehension". In Zybatow, Lew (Hg.) Sprachkopetenz — Mehrsprachigkeit — in Translation. Aken des 35. Linguistischen Kolloquiums. Tubingen: Narr, 33 – 46.

Meisel, J. 1983. "Transfer as a second language strategy". *Language and Communication* 3: 11 – 46.

Meuter, R. & Allport, A. 1999. "Bilingual language switching in nam g: Asymmetrical costs of language selection". *Journal of Memory and Language* 40: 25 – 40.

Missler, B. 2000. "Previous experience of foreign language learning and its contribution to the development of learning strategies". In S. Dentler, B. Hufeisen & B. Lindemann (eds.), *Tertiär—und Drittsprachen*. Tübingen: Stauffenburg Verlag, 7 – 21.

Moore, D. 2002. "Code-switching and learning in the classroom". *International Journal of Bilingual Education and Bilingualism* 5. 5: 279 – 293.

Moore, D. 2006. "Plurilingualism and strategic competence in context". *International Journal of Multilingualism* 3. 2: 125 – 138.

Morton, J. 1969. Interaction of information in word recognition. Psychological Review 76: 165 – 178.

Müller-Lancé, J. 2003. "A strategy model of multilingual learning". In Cenoz, J. , Hufeisen, B. & Jessner, U. (eds.), *The Multilingual Lexicon*. New York: Kluwer Academic Publishers, 117 – 132.

Müller-Lancé, J. 2003. "A strategy model of multilingualism". In Cenoz, J. & Hufeisen, B. (eds.), *The Multilingual lexicon*. (pp. 117 – 132). Kluwer Academic Publishers.

Muysken, P. 2000. *Bilingual Speech: A Typology of Code-mixing*. Cambridge: CUP.

Myers-Scotton, C. & Jake, J. L. 2000. "Explaining aspects of code-switching and their implications". In J. Nicol (ed.), *One mind, Two languages: Bilingual Language Processing*. Oxford: Blackwell, 91 – 125.

Naiman, N. , Frohlich, M. , Stern, H. & Todesco, A. 1978. "The Good Language Learner". *Research in Education Series* No. 7. Toronto: The Ontario Institute for Studies in Education.

Nation, R. & McLaughlin, B. 1986. "Experts and novices: An information-processing approach to the ' good language learner' problem". *Applied Psycholinguistics* 7: 51 – 56.

Navracsics, J. 2007. "Word classes and the bilingual mental lexicon". In Z. Lengye & J. Navracsics (eds.), *Second language Lexical Processes*. Toronto: Multilingual Matters Ltd.

Nayak, N., Hansen, N., Krueger, N. & McLaughlin, B. 1990. "Language-learning strategies in monolingual and multilingual adults". *Language Learning* 40: 221 – 244.

Nemser, W. 1971. "Approximative systems of foreign language learners". *International Review of Applied Linguistics* 9: 115 – 123.

Nobuyoshi, J. & Ellis, R. 1993. "Focused Communication Tasks". *English Language Teaching Journal* 47: 202 – 210.

Nunan, D. 1996. "Issues in second language acquisition research: Examining substance and procedure". In W. Ritcjie & T. K. Ba thia (eds.), *Handbook of Second Language Acquisition*. San Diego: Academic Press.

Nunan, D. 1999. *Second Language Teaching and Learning*. Boston: Heile & Heinle Publishers.

Odlin, T. 1989. *Language Transfer: Cross-Linguistic Influence in Language Learning*. Cambridge: Cambridge University Press.

Odlin, T. 2003. "Cross-linguistic influence". In C. Doughty & M. H. Long (eds.), *The Handbook of Second Language Acquisition*. Malden: Blackwell Publishing, 436 – 486.

Oksaar, E. 1977. "On becoming trilingual". In C. Molony (Ed.), *Deutsch im Kontakt mit anderen Sprachen*. Kronberg: Scriptor Verlag, 296 – 306.

Oliver, R. 1995. "Negative Feedback in Child NS-NNS

Conversation". *Studies in Second Language Acquisition* 17: 459 – 481.

Oliveria, A. L. & Anca, M. H. 2009. "'I speak five languages': Fostering plurilingual competence through language awareness". *Language Awareness* 18. 3: 403 – 421.

Oxford, R. L. 1990. *Language Learning Strategies: What Every Teacher Should Know*. Rowley, MA: Newbury House.

Paivio, A. 1986. *Mental Representations: a Dual Coding Approach*. Oxford. England: Oxford University Press.

Paivio, A. 1991. "Representation in bilinguals". In A. G. Reynolds (ed.), *Bilingualism, Multiculturalism and Second Language Learning*. Hillsdale, NJ: Lawrence Erlbaum, 113 – 126.

Paradis, M. 1985. "On the representation of two languages in one brain". *Language Sciences* 61. 7: 1 – 40.

Paradis, M. 1987. *The Assessment of Bilingual Aphasia*. Hillsdale: Erlbaum.

Pavlenko, A. & S. Jarvis. 2002. "Bidirectional transfer". *Applied Linguistics* 23: 190 – 214.

Pavlenko, A. 2003. "'I feel clumsy speaking Russian': L2 influence on L1 in narratives of Russian L2 users of English". In V. Cook (ed.), *Effects of the second language on the first*. Clevedon, UK: Multilingual Matters, 32 – 61.

Peacock, M. & Ho, B. 2003. "Student language learning strategies across eight disciplines". *International Journal of Applied Linguistics* 13. 2: 179 – 200.

Peal, E. & Lambert, W. E. 1962. "The relation of bilingualism to intelligence". *Psychological Monographs* 76. 27: 1 – 23.

Perecman, E. 1989. "Language processing in the bilingual:

Evidence from language mixing". In K. Hyltenstam & L. Obler (eds.), *Bilingualism across Lifespan*. Cambridge: CUP, 227 - 244.

Pica, T. 1988. "Interlanguage Adjustments as an Outcome of NS-NNS Negotiated Interaction ". *Language Learning* 38: 45 - 73.

Pica, T. 1992. "The Textual Outcomes of Native Speaker-Non-Native Speaker Negotiation: What do They Reveal about Second Language Learning ". In C. Kramsch and S. McConnell-Ginet (eds.), *Text and Context: Cross-Disciplinary Perspectives on Language Study*. Lexington, MA: D. C. Heath and Company.

Pica, T. 1996a. "The Essential Role of Negotiation in the Communicative Classroom". *JALT Journal* 78: 241 - 268.

Pica, T. 1996b. "Second Language Learning through Interaction: Multiple Perspectives ". *Working Papers in Educational Linguistics* 12: 1 - 22.

Pica, T. , Doughty, C. & Young, R. 1986. "Making Input comprehensible: Do Interactional Modifications help?" *ITL Review of Applied Linguistics* 72: 1 - 25.

Pica, T. , Holliday, L. & Morgenthaler L. 1989. "Comprehensible Output as an Outcome of Linguistic Demands on the Learner". *Studies in Second Language Acquisition* 11: 63 - 90.

Pica, T. , Young, R. & Doughty, C. 1987. "The Impact of Interaction on Comprehension". *TESOL Quarterly* 21: 737 - 758.

Pimsleur, P. 1966. *The Pimsleur Language Aptitude Battery*. New York: Harcourt Brace Jovanovich.

Post, M. 1990. *Listening in Language Learning*. New York: Longman.

Potter et al. 1984. "Lexical and conceptual representation in beginning and proficient bilinguals". *Journal of Verbal Learning and Verbal Behavior* 23: 23 - 28.

Poulisse, N. & T. Bongaerts. 1994. "First language use in second language production". *Applied Linguistics* 15. 1: 36 - 57.

Poulisse, N. 1990. *The use of compensatory strategies by Dutch learners of English*.

Poulisse, N. 1999. *Slips of the Tongue: Speech Errors in First and Second language Production*. Amsterdam: Benjamins.

Psaltou-Joycey, A. & Kantaridou, Z. 2009. "Plurilingualism, language learning strategy and learning style preferences". *International Journal of Multilingualism* 6. 4: 460 - 474.

Reid, J. 1987. "The Learning Style Preferences of ESL Students". *TESOL Quarterly* 21: 87 - 111.

Renou, J. 2001. "An examination of the relationship between metalinguistic awareness and second-language proficiency of adult learners of French". *Language Awareness* 10. 4: 248 - 267.

Ricciardelli, L. A. 1992. "Bilingualism and cognitive development in relation to threshold theory". *Journal of Psycholinguistic Research* 21: 301 - 316.

Richard, J. C. 1971. "A non-contrastive approach to error analysis". *English Language Teaching Journal* 25: 204 - 219.

Richard, J. C. 1976. "The role of vocabulary teaching". *TESOL Quarterly* 10: 77 - 89.

Ringbom, H. 1986. "Cross-linguistic influence and the foreign language learning process". In M. Sharwood Smith & E.

Kellerman (eds.), *Cross-linguistic Influence in Second Language Acquisition*. Oxford, UK: Pergamon Press, 150 – 162.

Ringbom, H. 1987. *The Role of the First Language in Foreign Language Learning*. Clevedon: Multilingual Matters.

Ringbom, H. 2001. "Lexical transfer in L3 production". In J. Cenoz et al (eds.), *Cross-linguistic Influence in Third Language Acquisition: Psycholinguistic Perspectives*. Clevedon, UK: Multilingual Matters, 59 – 68.

Ringbom, H. 2002. "Levels of transfer from L1 and L2 in L3 acquisition". In J. Ytsma & M. Hooghiemstra (eds.), *Proceedings of the Second International Conference on Trilingualism*. Leeuwaarden: Fryske Akademie (CD Rom).

Ringbom, H. 2007. *The Importance of Cross-Linguistic Similarity in Foreign Language Learning*. Clevedon: Multilingual Matters.

Rivers, W. M. 1979. "Learning a sixth language: An adult learner's daily diary". *The Canadian Modern Language Review* 36. 1: 67 – 82.

Rivers, W. P. 2001. "Autonomy at all costs: An ethnography of metacognitive self-assessment and self-management among experienced language learners". *Modern Language Journal* 85: 279 – 290.

Robinson, P. 1995. "Attention, Memory and the 'Noticing' Hypothesis". *Language Learning* 45: 283 – 331.

Romaine, S. 2003. "Variation". In C. Doughty & M. H. Long (eds.), *The Handbook of Second Language Acquisition*. Malden: Blackwell Publishing, 409 – 435.

Sagasta, Errasti, M. P. 2001. La producción escrita en euskara.

Castellano inglés en el modelo D y en el modelo de inmersión. Leioa: Universidad del País Vasco.

Sagasta Errasti, M. P. 2003. "Acquiring writing skills in a third language: the positive effects of bilingualism." *International Journal of Bilingualism* 7. 1: 27 - 42.

Sanz, C. 2000. "Bilingual education enhances third language acquisition: Evidence from Catalonia". *Applied Psycholinguistics* 21: 23 - 44.

Sanz, C. 2003. Review of Cenoz, Hufeisen and Jessner (eds.) 2001. *The Modern Language Journal* 87: 129 - 130. .

Schachter, J. 1974. "An error in error analysis". *Language Learning* 24, 205 - 214.

Schachter, J. & W. Rutherford. 1979. "Discourse function and language transfer". *Working Papers in Bilingualism*, 19. 1: 1 - 12.

Schmid, M. S. 2010. "Innovative and quantitative methods for bilingualism research". *Second Language Research* 26. 1: 5 - 11.

Schmidt, R. 2001. "Attention". In P. Robinson (ed.), *Cognition and Second Language Instruction*. Cambridge: Cambridge University Press.

Schmidt, R. 1990. "The Role of Consciousness in Second Language Learning". *Applied Linguistics* 11: 129 - 158.

Schmidt, R. 1993. "Awareness and Second Language Acquisition". *Annual Review of Applied Linguistics* 13: 206 - 226.

Schmidt, R. 1995. "Consciousness and Foreign Language Learning: A Tutorial on the role of Attention and Awareness in Learning". In R. Schmidt (ed.), *Attention and Awareness in Learning*. Honolulu, University of Hawaii at Manoa.

Schmidt, R. W. & Frota, S. N. 1986. "Developing basic conversation ability in a second language: A case study of an adult learner of Portuguese". In R. Day (ed.), *Talking to Learn: Conversation in Second Language Acquisition*. Rowley, MA: Newbury House, 237 – 326.

Schmitt, N. & Mc Carthy, M. (eds.) 1997. *Vocabulary: Description, Acquisition and Pedagogy*. Cambridge: Cambridge University Press.

Schreuder, R. & Weltens, B. (eds) 1993. *The Bilingual Lexicon*. Amsterdam: John Benjamins.

Schumann, J. H. 1980. "Affective factors and the problem of age in second language acquisition". K. Croft. *Readings on English as a Second Language: For Teachers and Teacher Trainees*. Cambridge, Mass: Winthrop.

Schonpflug, U. 2003. "The transfer-appropriate-processing approach and the trilingual's organization of the lexicon". In J. Cenoz et al. (eds.), *The Multilingual Lexicon*. Dordrecht: Kluwer Academic Publishers, 27 – 43.

Selinker, L. & J. Lamendella. 1978. "Two perspectives on fossilization in interlanguage learning". *Interlanguage Studies Bulletin* 3. 2: 143 – 191.

Selinker, L. & U. Lakshmanan. 1992. "Language transfer and fossilization: The multiple effects principle". In S. Gass & L, Selinker (eds.), *Language Transfer in Language Learning*. Amsterdam: John Benjamins, 197 – 216.

Selinker, L. 1969. "Language Transfer". *General Linguistics* 9. 2: 67 – 92.

Selinker, L. 1972. "Interlanguage". *International Review of Applied Linguistics* 10. 3: 209 – 231.

Selinker, L. 1992. *Rediscovering Interlanguage*. London: Longman Group Limited.

Shanon, B. 1991. "Faulty language selection in polyglots". *Language and Cognitive Processes* 6: 339 – 350.

Sharwood Smith, M. 1994. *Second Language Learning. Theoretical Foundations*. London: Longman.

Sharwood Smith, M. & Kellerman, E. 1986. "Cross-linguistic influence in second language acquisition: An introduction". In M. Sharwood Smith & E. Kellerman (eds.), *Cross-linguistic influence in Second Language Acquisition*. Oxford, UK: Pergamon Press, 1 – 9.

Sharwood Smith, M. 1991. "Speaking to Many Minds: on the Relevance of Different Types of Language Information for the L2 Learners". *Second Language Research* 7: 118 – 132.

Shooshtari, Z. G. 2009. "Generative syntactic transfer in L2 and L3 acquisition via the channel of translation". *English Language Teaching* 2. 1: 129 – 149.

Singleton, D. & D. Little. 1991. "The second language lexicon: Some evidence from university-level learners of French and German". *Second Language Research* 7. 1: 61 – 83.

Singleton, D. 1987. "Mother and other tongue influence on learner French: A case study". *Studies in Second Language Acquisition* 9: 327 – 346.

Singleton, D. 2003. "Perspectives on the multilingual lexicon: A critical synthesis". In J. Cenoz, B. Hufeisen & U. Jessener (eds.), *The multilingual lexicon*. Dordrecht: Kluwer, 167 – 176.

Singleton, D. 2006. *Exploring the Second Language Mental Lexicon*. Beijing: World Publishing Company.

Singleton, D. & O'Laoire, M. 2004. "Psychotypology and the 'L2 factor' in cross-lexical interaction: an analysis of English and Irish influence in learner French". Paper presented at EUROSLA – 2004, Edinburgh.

Singleton, D. & O'Laoire, M. 2005. "Cross-lexical interaction in Irish-English bilinguals' French: further exploration of the psychotypology factor". Paper presented at EUROSLA – 2005, Dubrovnik.

Singokurira, M. 1993. "Influence of languages other than the L1 on a foreign language: A case of transfer from L2 to L3". *Edinburgh Working Papers in Applied Languages* 4: 110 – 132.

Skehan, P. 1989. *Individual Differences in Second Language Learning*. London: Edward Arnold.

Skehan, P. 1998. *A Cognitive Approach to Language Learning*. Oxford: Oxford University Press.

Skehan, P. 1996. "A Framework for the Implementation of Task-based Instruction". *Applied Linguistics* 17: 38 – 62.

Snow, C. E. & Marian, H. H. 1978. "The Critical Age for Language Acquisition: Evidence from Second Language Learning". *Child Development* 49: 114 – 128.

Sparks, R. , Ganschow, L. & Patton, J. 1995. "Prediction of Performance in First-year Foreign Language Courses: Connections between Native and Foreign Language Learning". *Journal of Educational Psychology* 87: 635 – 655.

Spottl, C. & McCarthy, M. 2003. "Formulaic utterances in multilingual context". In J. Cenoz et al. (eds.), *The Multilingual Lexicon*. Dordrecht: Kluwer Academic Publishers, 133 – 152.

Stanovich, K. E. 1980. "Toward an Interactive-Compensatory Model of Individual Differences in the Development of Reading Fluency". *Reading Research Quarterly* 16: 32 – 71.

Stern, H. 2003. *Fundamental Concepts of Language Teaching*. 上海: 上海外语教育出版社.

Stratilaki, S. & Bono, M. 2006. "The M-factor, a bilingual asset for plurilinguals? Learners' representations, discourse strategies and third language acquisition in institutional contexts". *International Journal of Multilingualism* 6. 2: 207 – 227.

Strong, M. 1983. "Social Styles and L2 Acquisition of Spanish-speaking Kindergarteners". *TESOL Quarterly* 17: 241 – 258.

Suter, R. 1976. "Predictors of Pronunciation Accuracy in L2 Learning". *Language Learning* 26: 233 – 253.

Swain, M. & Lapkin, S. 1995. "Problems in Output and the Cognitive Processes They Generate: A Step Towards Second Language Learning". *Applied Linguistics* 16: 371 – 391.

Swain, M. 1985. "Communicative Competence: Some Roles of Comprehensible Input and Comprehensible Output in its development". In S. Gass & C. Madden (eds.), *Input in Second Language Acquisition*. Rowley, MA: Newbury House.

Swain, M. 1995. "Three Functions of Output in Second Language Learning". In G. Cook and B. Seidlhofer (eds.), For H. G. Widdowson: *Principles and Practice in the Study of Language*. Oxford: Oxford University Press.

Thomas, J. 1988. "The role played by Metalinguistic awareness in second and third language learning". *Journal of Multilingual and Multicultural Development* 9. 3: 235 – 246.

Thomas, J. 1992. "Metalinguistic awareness in second- and third-language learning". In R. J. Harris (ed.), *Cognitive Processing in Bilingual* s. Amsterdam: North Holland. 531 – 545.

Trahey, M. & White, L. 1993. " Positive Evidence and Preemption in the Second Language Classroom". *Studies in Second Language Acquisition* 15: 181 – 204.

Trahey, M. 1996. " Positive Evidence in Second Language Acquisition: Some Long-term Effects". *Second Language Research* 12: 111 – 139.

Tulving, E. & Colotla, V. 1970. Free recall in trilingual lists. Cognitive Psychology, 1970, 1, 86 – 98.

Tyler, M. 2001. "Resource Consumption as a Function of Topic Knowledge in Nonnative and Native Comprehension ". *Language Learning* 51: 257 – 280.

Ushioda, E. 1996. " Developing a dynamic concept of L2 motivation". In T. Hickey & J. Williams (eds.), *Language, education and society in a changing world*. Clevedon: IRAAL/Multilingual Matters.

Valencia, J. & Cenoz, J. 1992. " The role of bilingualism in foreign language acquisition: Learning English in the Basque Country ". *Journal of Multilingual and Multicultural Development* 13: 433 – 449.

Van den Branden, K. 1997. "Effects of Negotiation on Language Learners' Output". *Language Learning* 47: 589 – 636.

Van Lier, L. 1998. " The relationship between consciousness, interaction and language learning". *Language Awareness* 7. 2: 128 – 145.

VanPatten, B. & Cadierno, T. 1993. "Explicit Instruction and

Input Processing". *Studies in Second Language Acquisition* 15: 225 – 243.

VanPatten, B. 1990. "Attending to Content and Form in the Input: An Experiment in Consciousness". *Studies in Second Language Acquisition* 12: 287 – 301.

VanPatten, B. 1995. "Cognitive Aspects of Input Processing in SLA". In P. Hashemipour, R. Maldonaldo & M. vanNaerssen (eds.), *Studies in Language Learning and Spanish Linguistics: In Honor of Tracy D. Terrell*. New York: McGraw-Hill.

VanPatten, B. 1996. *Input Processing and Grammar Instruction*. Norwood, NJ: Ablex.

Vildomec, V. 1963. *Multilingualism*. Netherlands: A. W. Sythoff-Leyden.

Wei, L. X. 2003. "Activation of lemmas in the multilingual mental lexicon and transfer in third language learning". In J. Cenoz et al. (eds.), *The Multilingual Lexicon*. Dordrecht: Kluwer Academic Publishers, 57 – 70.

Weinreich, U. 1953. *Language in Contact: Finding and Problems*. New York: Linguistic circle of New York.

Wesche, M. 1981. "Language Aptitude Measures in Streaming, Matching Students with Methods, and Diagnosis of Learning Problems". In Diller, K. (ed.), *Differences and Universals in Language Learning Aptitude*. Mass: Newbury House.

White, L. 1989. *Universal Grammar and Second Language Acquisition*. Amsterdam: John Benjamins.

White, L. 1991. "Adverb Placement in Second Language Acquisition: Some Effects of Positive and Negative Evidence in the Classroom". *Second Language Research* 7: 133 – 161.

Williams，S. & B. Hammarberg. 1998. "Language switches in L3 production：implications for a polyglot speaking model". *Applied Linguistics* 19. 3：295 - 333.

Wilson，D. & Sperber，D. 2006. "Relevance theory". In G. Ward & L. Horn （eds.）, *Handbook of Pragmatics*. Oxford：Blackwell，607 - 632.

Wray，A. 2000. "Formulaic sequences in second language teaching：principle and practice". *Applied Linguistics* 21：463 - 489.

Wray，A. 2002. *Formulaic Language and the Lexicon*. Cambridge：CUP.

Zobl，H. 1993. "Prior linguistic knowledge and the conservatism of the learning procedure：Grammaticality judgements of unilingual and multilingual learners". In S. Gass & L. Selinker （eds.）, *Language Transfer in Language Learning* (revised edition). Amsterdam：John Benjamins，176 - 196.

布鲁纳.《教育过程》.北京：文化教育出版社,1982.

蔡金亭.《探索第二语言心理词汇》导读. 北京：世界图书出版公司,2006.

董燕萍,桂诗春.“关于双语心理词库的表征结构”.《外国语》. 2002年第 4 期,第 23—29 页.

董燕萍.“双语心理词典的共享(分布式)非对称模型”.《现代外语》. 1998 年第 3 期,第 1—29 页.

顾伟勤.《输入、互动和二语学习者》.上海：上海外语教育出版社,2008.

桂诗春.“'外语要从小学起'质疑”.《外语教学与研究》. 1992 年第 4 期,第 52—54 页.

桂诗春.《新编心理语言学》. 上海：上海外语教育出版社,2000.

郭桃梅,彭聃龄.“非熟练中—英双语者的第二语言的语义通达机制”.《心理学报》. 2002 年第 1 期.

贾冠杰."多语心理词汇模式与二语习得研究".《外语与外语教学》. 2008 年第 6 期,第 26—31 页.

蒋祖康.《第二语言习得研究》.北京:外语教学与研究出版社,1999.

李利等."熟练中—英双语者三语词汇的语义通达".《心理学报》. 2008 年第 5 期,第 523—530 页.

李利等."双语言语产生中的词汇提取机制".《心理科学进展》.2006 年第 5 期,第 648—653 页.

李荣宝,彭聃龄."双语表征研究的理论与实验方法 Ⅲ".《当代语言学》.2001 年第 4 期,第 289—304 页.

李荣宝,彭聃龄."双语者的语义表征".《现代外语》.1999 年第 3 期, 第 255—272 页.

刘承宇,谢翠平."《第三语言习得中跨语言影响的心理语言学研究》评述".《当代语言学》.2006 年第 4 期,第 372—377 页.

刘润清."决定语言学习的几个因素".《外语教学与研究》.1990 年第 2 期,第 27—31 页.

刘伟志等."第二语言的语义通达机制的实验研究".《宁波大学学报》.2005 年第 4 期,第 20—24 页.

马晓雷."中国英语学生词汇提取过程中的跨语言竞争".《解放军外国语学院学报》.2007 年第 1 期,第 47—52 页.

沈昌洪,吕敏."动态系统理论与二语习得".《外语研究》.2008 年第 3 期,第 65—68 页.

盛瑞鑫等."熟练维—汉双语者汉语语义的通达机制".《心理学探新》.2007 年第 1 期,第 53—56 页.

束定芳,庄智象.《现代外语——教学理论、实践与方法》.上海:上海外语教育出版社,2008.

孙兵,刘鸣."双语词汇表征模型研究进展".《华南师范大学学报》. 2003 年第 2 期,第 122—127 页.

王宇红."关于语言状态、双语研究及外语教学".《外语与翻译》.2008 年第 3 期,第 51—57 页.

徐维华."双语现象的宏观与微观研究-兼评近年出版的两部双语研究专著".《外语研究》.2010 年第 2 期,第 36—39 页.

杨连瑞,张德禄.《二语习得研究与中国外语教学》.上海:上海外语教育出版社,2007.

曾丽,李力."对"三语习得"作为独立研究领域的思考".《外语与外语教学》.2010 年第 2 期,第 6—9 页.

朱效惠,姚璐."多语际迁移认知研究与双外语教学".《四川外语学院学报》.2008 年第 5 期,第 123—126 页.

重要术语汉英对照

（被）理解的输入　comprehended input

（学习）后测（试）　post-test

（学习）前测（试）　pretest

二语/L2 地位　L2 status

t 检验　t-test

巴斯克语　Basque

背景知识　background knowledge

本族语使用者　native speaker(NS)

本族语者语言知识　native-like knowledge

边缘语言　peripheral languages

变音附加符号　diacritical marker

标记性　markedness

标注　tag

标准差　standard deviation

表层结构　surface structure

并列双语　coordinate bilingualism

补偿性的　compensatory

参数　parameter

参数设定　parameter setting

参数重设　parameter resetting

操单语的学习者　monolingual learner

操单语者　monolingual

操多语者　multilingual

操双语的学习者　bilingual learner

操双语者　bilingual

策略能力　strategic competence

场独立　field independent

场依存　field dependent

陈述性知识　declarative knowledge

澄清请求　clarification request

冲动型　impulsivity

处理　process(v.)，processing(n.)

词汇表征　lexical representation

词汇假说　lexical hypothesis

词汇连接模型　word association model

词汇联系　lexical links

词汇提取　lexical access

词汇学习的寄生模型　parasitic model of vocabulary learning

词汇意义　lexical meaning

词素/词位　lexeme

词元　lemma

词在唇边现象　tip-of-the-tongue state /TOT

从属双语　subordinate bilingualism

存储　storage

大脑词库　mental lexicon

大脑映像　brain imaging

单词辨认　visual word recognition

单语能力　monocompetence

单语歧视　monolingual prejudice/bias

低阈值　lower threshold

第二语言　second language /L2

第二语言习得/二语习得　second language acquisition/SLA

第三语言　third language/L3

第三语言习得/三语习得　third language acquisition /TLA

第一语言　first language /L1

调整/修正　modification

调整的输出　modified output

定量研究　quantitative research

定性研究　qualitative research

动机　motivation

动态系统理论　dynamic system theory/DST

对比分析　contrastive analysis

对话结构调整　conversational adjustments

对话者　interlocutor

多词词项　multi-word items

多语　multilingualism

多语动态模型　dynamic model of multilingualism /DMM

多语的学习者　multilingual learner

多语加工模型　multilingual processing model

多语能力　multi-competence/multilingual proficiency/MP

多语身份认同　multilingual identity

多语习得　multilingual acquisition

多语互动激活模式（MIA 模式）　Multilingual Interactive Activation Model /MIA

多语性　multilinguality

多语学习的策略模型　a strategy model of multilingual learning

多语言中介语法　plurilingual intergrammar

多语因素　multilingualism factor/M-factor

多语语际系统　multilingual inter-system

发声系统/器　articulator

发现式学习　discovery learning

发音器　articulator

发展性相互依存假说　Developmental Interdependence Hypothesis

反馈　feedback

反思型　reflectivity

方差分析　analysis of variance / ANOVA

仿造/仿造词 calque

访谈法　interview

非本族语使用者　non-native speaker / NNS

非对称模型　the asymmetry model

非特定语言提取　language-unspecific selection

非线性(发展)　non-linearity

分立存储模型　separate store model

负(面)迁移　negative transfer

负面证据　negative evidence

附带习得　incidental acquisition

附加疑问句　tag question

复合型双语　compound bilingualism

改述　paraphrase

概念表征　concept representation

概念调节模型　concept mediation model

概念化速度　conceptual tempo

概念形成器/系统　conceptualizer

干扰　interference

感知到的共性　perceived similarity

感知的形式相似度　the perception of formal similarity

高阈值　upper threshold

格结构　dative construction

个案研究　case study

工具型动机　instrumental motivation

工具性作用　instrumental role

工具语　instrumental language

公式语/程式化语　formulaic utterances

功能词　function word

共享存储模型　shared store model

构成器　formulator

故态复萌　backsliding

关键期假设　critical period hypothesis

国防部语言学能测试　Defense Language Aptitude Battery/
DLAB

过程性知识　procedural knowledge

过渡能力　transitional competence

合作学习　cooperative learning

胡萝卜与棍子假说　Carrot and Stick Hypothesis

互动/相互作用　interaction

互动假说/交互假说　Interaction Hypothesis

互动式调整的输入　interactionally modified input

话语领域　discourse domain

基本的人际交流技能　basic interpersonal communication skills
(BICS)

基本语　base language

基线输入　baseline input

激活扩散　spreading activation

即时语法　spontaneous grammar

寄主　host

假定的共性　assumed similarity

假设语法　hypothetical grammar

间接反馈　indirect feedback

监察　monitor

监察论　Monitor Hypothesis

监督注意机制　Supervisory Attentional System/SAS

简化/简化型调整　simplification

简化冗余　redundancy reduction

僵化　fossilization

交际价值　communicative value

矫枉过正　hypercorrection

结构变更　alterations of structures

结构式输入　structured input

结果型动机　resultative motivation

结果型假说　Resultative Hypothesis

解码　code-breaking

借译　loan translation

借用　borrowing

近时性　recency

近似系统　approximative system

近因/新近效应　recency effect

敬语　honorific

句法　syntax

句法形式　syntactic form

决定理论　decision theory

军队语言学能测试　Army Language Aptitude Test /ALAT

卡方检验　Chi square test

可理解性/的输入　comprehensible input

可迁移性　transferability

客语言　guest language

跨语言互动　cross-linguistic interaction /CLIN

跨语言影响　cross-linguistic influence /CLI

扩散激活模型　spreading activation model

类型近似　typological proximity

理解　comprehension

理解错误　misinterpretation

理解核查　comprehension check

邻近密度　neighbourhood density

邻近效应　neighbourhood effect

弥补策略　compensatory strategy

描述统计学　descriptive statistics

明示器　specifier

默认的语言供源/供应语　default supplier (language)

母语　native language /NL

目标语　target language /TL

内部言语　internal speech

内容词　content word

内隐学习　implicit learning

内隐知识　implicit knowledge

内在(兴趣)假说　Intrinsic Hypothesis

内在(兴趣)动机　intrinsic motivation

皮姆斯勒语言学能测试　Pimsleur Language Aptitude Battery/
PLAB

平均数　mean

普遍语法　universal grammar/UG

歧义　ambiguity

前言语信息　preverbal message

情感过滤假说　Affective Filter Hypothesis

全沉浸式(外语教学)　immersion education programme

确认核查　confirmation check

确认请求　confirmation request

认知图示　cognitive schemata

认知性的学术性语言能力 cognitive academic language proficiency /CALP

融合型动机 integrative motivation

冗余 redundancy

上下文线索 contextual clues

社会建构主义 social constructivism

身份建构 identity construction

神入 empathy

生成不足 underproduction

生成错误 production errors

生成过度 overproduction

事后检验 post-hoc Tukey HSD analysis

输出 output

输出假说 Output Hypothesis

输入 input

输入假说 Input Hypothesis

双语歧视 bilingual prejudice

双语生成模型 bilingual production model

替代 substitution

听辨 audition

同步习得 simultaneous acquisition

同形异义词 homograph

同音异义词 homophone

同源词 cognate

统计显著性 statistical significance

统觉 apperception

统觉的输入 apperceived input

图式知识 schematic knowledge

推逼性输出 pushed output

推逼性输入 pushed input

推理 inferencing

外国人话语 foreigner talk /FT

外显学习 explicit learning

外显知识 explicit knowledge

外语化 foreignising

外语模式 foreign language mode

外语腔 talk foreign

外语效应 foreign language effect

完整语言系统 intact language system

文本意义 textual meanings

文化同理心 cultural empathy

稳定化 stabilization

无的迁移 transfer to nowhere

吸纳 intake

系统迁移 system transfer

系统知识 systemic knowledge

先天假设论 innatist hypothesis/innatist position/nativist position

显性语言知识 explicit knowledge

现代语言学能测试 Modern Language Aptitude Test /MLAT

相关分析 correlation analysis

相关系数 correlation coefficient

相似图形配对测试 Matching Familiar Figures Test /MFFT

详化型调整 elaboration

项目迁移 item transfer

心理类型 psychotypology

行为主义 behaviourism

形成性评价 formative evaluation

形式关注 focus on forms

形式焦点　focus on form

形态特征　morphological feature

性格　personality

选择性处理　selective processing

学能　aptitude

学习风格　style

言语理解系统　speech-comprehension system

一语/L1 地位　L1 status

译码　decode

意识增进法　consciousness-raising

意义协商　negotiation of meaning

因变量　dependent variable

音位编码能力　phonemic coding ability

有序习得　sequential acquisition

语法编码　grammatical encoding

语法感知能力　grammatical sensitivity

语际对应语法　interlingual correspondence grammar

语际共性　crosslinguistic similarity

语际互动　crosslinguistic interaction/CLIN

语际(间)影响　crosslinguistic influence/CLI

语际识别　interlingual identification

语际语言意识　crosslinguistic awareness

语码混用　code-mixing

语码转换　code-switching

语素/词素　morpheme

语言表征　language representation

语言混用　language mixing

语言距离　language distance

语言类型　language typology

语言模式假说　language mode hypothesis

语言耗损/磨蚀　language attrition

语言迁移　language transfer

语言使用/学习近况　recency

语言维护　language maintenance

语言形式教学　formal instruction

语言学能　language aptitude

语言意识　linguistic awareness

语言知识/应用领域　area of language knowledge/use

语言转换　language switching

语义学　semantics

语音编码　phonological encoding

语音计划　phonetic plan

语音设置　phonetic setting

语用学　pragmatics

预先调整的输入　premodified input

元语言意识　metalinguistic awareness

源语言　source language

造词　lexical invention

诊断性评价　diagnostic evaluation

整合　integration

整体观　holistic view

正（面）迁移　positive transfer

正面证据　positive evidence

直接反馈　direct feedback

中介语/语际语　interlanguage

重构　restructure

重铸　recast

注意（力）　attention

专用英语　English for Specific Purposes/ESP

自变量　independent variable

自然观察法　observation

自上而下处理法　top-down processing

自下而上处理法　bottom-up processing

总结性(终结性评价)　summative evaluation

总体迁移　overall transfer

学 习 前 测 试

Read the following list of words and translate those you know into Chinese.

1. scallion	2. broccoli
3. scouring pad	4. sink
5. eggplant	6. ladle
7. counter	8. broom
9. stove	10. faucet
11. canister	12. saucepan
13. dish drainer	14. dustpan
15. blender	16. cabinet
17. shelf	18. pepper
19. spice rack	20. oven
21. garbage can	22. towel
23. recliner	24. stool
25. cushion	26. pizza
27. lemonade	28. garlic
29. wardrobe	30. bacon
31. yogurt	32. wicker basket
33. kitchen knife	34. screw driver
35. tin-opener	36. corkscrew
37. carrot	38. jar

39. coffeepot

40. pumpkin

41. vodka

42. toaster

43. fork

44. chopstick

45. table cloth

46. pea

47. sugar tongs

48. tray

49. strawberry

50. sausage

附录二

语言学能测试试题及答案

(Parts of the test are adapted from *An Introduction to Foreign Language Learning and Teaching* by K. Johnson, 2001. Harlow: Pearson Education Limited.)

I. (5 minutes) The italicized word on the left below gives an approximate phonetic spelling of an English word. Circle the word on the right which has approximately the same meaning. For example, *luv* represents the word *love*. The answer is *affection*.

Example: *luv*　　carry　　exist　　(affection)　　wash　　spy

1. *cawz*　　men　　jobs　　cattle　　helmets　　ravens
2. *wor*　　hat　　battle　　train　　waterfall　　window
3. *layk*　　river　　handbag　　pond　　similar to　　dam
4. *hansum*　　money　　football　　writer　　journey　　good-looking
5. *cntri*　　open　　nation　　plant　　walk　　habit

II. (5 minutes) You are given two or more sentences. In the first sentence, there is one item italicized and in capital letters. Circle the item in the second or other sentences that does the same thing in its sentence as the word in capitals in the first sentence.

Example: *LONDON* is the capital of England.

He liked to go fishing in Maine.
Ⓐ　B　　　C　　D　　　E

1. Mary is cutting the *APPLE*.

326

My brother John is beating his dog with a big stick.
　　 A　　　　　B　　　　　　　C　D　　　　E

2. *MONEY* is his only object.

Not so many years ago，most farming was done by hand.
　　　　　　　　A　　B　　　C　　　D　　　　　　　　　E

3. There was much *TALK* about a rebellion.

Where is John? There is no doubt about it.
　　　　　　A　　　　　　　　B　　　　　C

There lay the dead horse. There I found my answer.
　　　　　　　　　　D　　　　　　　　　　　　　E

4. I gave *HIM* the book.

When Peter's mother died，Mary wrote a letter to him.
　　　　A　　　B　　　　　　C　　　　　D　　　E

5. Peter likes swimming *AND* Mary likes dancing.

Yesterday we all went to the theatre，but Mike stayed at
　　　　　　A　B　　　　C　　　　　　　　D　　　　　　　E

home.

Ⅲ. （10 minutes）The following sentences are in an invented language. Isolate the individual words and work out their meanings. Your analysis should be such that every segment of every sentence is assigned to some word; that is, when a sentence is broken up into words, there should be no residue.

a. hi-tiacumya-? "Is a cat listening carefully?"

b. hi-tisno-sist? "Is the little girl listening sleepily?"

c. mya-tsno-hi-ti. "The cat is listening sleepily. "

d. sisacuhi-ti. "A little girl is listening carefully. "

How does one express the following in this language?

1. cat _____

2. little girl _____

3. carefully _____

4. sleepily _____

5. a _____

6. the _____

7. is listening _____

Ⅳ. (3 minutes) The following numbers in italics are in an invented language. Read them over and over again for 3 minutes until you memorize them. Hand in this paper. Translate the telephone number you see in this language on another sheet of paper.

aeo   1

beda   2

vimt   3

meb   4

cony   5

fult   6

telephone number: fult cony aeo vimt beda meb aeo

Ⅴ. (5 minutes) Look at the following list of new words and try to memorize their spellings. After 5 minutes, hand in this paper and write down the words you can remember on another sheet of paper.

boodella	thomimeber
zeitgeber	spodosol
zeppelin	schwarzs
valinomydin	karyote
terato	toalexin

Key to the Test:

Ⅰ. 1. cattle 2. battle 3. pond 4. good-looking 5. nation

Ⅱ. 1. D 2. D 3. B 4. E 5. D

Ⅲ. 1. mya- 2. sis 3. cu 4. sno 5. a 6. t 7. hi-ti

Ⅳ. 6513241